乡村教育振兴与幼儿教师专业发展研究

——以山东地区的调研为例

刘伟民 李 妹 王静雅◎著

本书为国家社会科学基金『十三五』规划2018年度教育学一般课题『乡村振兴战略中的教育与代际流动研究』（项目号：BFA180069）成果；本书由山东管理学院学术著作出版基金资助出版。

乡村教育振兴

Rural Education Revitalization and
Preschool Teachers' Professional Development Investigation
—A Case Study in Shandong Province

经济管理出版社
ECONOMY & MANAGEMENT PUBLISHING HOUSE

图书在版编目（CIP）数据

乡村教育振兴与幼儿教师专业发展研究：以山东地区的调研为例/刘伟民，李妹，王静雅著．—北京：经济管理出版社，2021.12

ISBN 978－7－5096－7858－9

Ⅰ.①乡…　Ⅱ.①刘…　②李…　③王…　Ⅲ.①乡村教育—学前教育—师资培养—研究—山东　Ⅳ.①G615

中国版本图书馆 CIP 数据核字（2021）第 261530 号

组稿编辑：张广花
责任编辑：张广花　丁光尧
责任印制：黄章平
责任校对：蔡晓臻

出版发行：经济管理出版社
（北京市海淀区北蜂窝 8 号中雅大厦 A 座 11 层　100038）
网　　址：www. E－mp. com. cn
电　　话：（010）51915602
印　　刷：唐山玺诚印务有限公司
经　　销：新华书店
开　　本：720mm×1000mm/16
印　　张：12.75
字　　数：243 千字
版　　次：2022 年 6 月第 1 版　　2022 年 6 月第 1 次印刷
书　　号：ISBN 978－7－5096－7858－9
定　　价：88.00 元

序

随着城市化的深入推进和人口流动的加剧，农村教育面临着诸多变化和不确定性。一方面，大量农村学生进入城市学校，导致不少农村学校生源减少；另一方面，进入21世纪以来，学校的布局调整使城乡学校规模效应进一步放大，城乡教育资源配置失衡加剧。幼儿园质量提升和幼儿教师的专业发展是容易被忽视的关键问题，需要全社会加以关注与重视。

据调查，我国有超过1亿的0~6岁学龄前人口，占世界同龄人口的1/5。按照联合国教育、科学及文化组织（以下简称联合国教科文组织）2015年《全民教育全球监测报告》公布的数字，2014年全球3/4的国家幼儿教育入园率达到75%以上，而中国幼儿教育入园率仅为60.75%，不能接受幼儿教育的适龄儿童人数仍然十分庞大。据《中国教育统计年鉴2014》统计，全国具有大专学历以上的幼儿园园长和教师占比不到80%，边远农村地区占比不足60%，甚至还有4.86%的幼儿园园长和教师不具备高中学历。此外，有限的资源配置不均衡，在现阶段幼儿教育质量总体水平不高的情况下，造成城乡之间、城市的优质园和薄弱园之间存在巨大的质量差异。长期以来，全国幼儿教育经费投入不足，教育质量难以保证，尤其是农村幼儿园条件简陋、设施匮乏。

乡村振兴要先振兴教育。农村教育是当前教育体系中的薄弱环节。党的十九大报告指出，建设教育强国是中华民族伟大复兴的基础工程，必须把教育放在优先位置，深化教育改革，加快教育现代化，办好人民满意的教育。

幼儿教育因其特殊的社会职能而备受关注。随着全球科学技术的飞速发展和综合国力的激烈竞争，许多西方发达国家将幼儿教育水平作为评判国家竞争力的重要组成部分，并在立法或国家战略层面予以强调。20世纪90年代，美国为21世纪制定的教育目标明确提出，不让一个孩子掉队。当时新出生的美国人被称为“网络一代”“国际人士”“21世纪最具竞争力的一代”。美国将希望寄托在这一代人身上，并为他们的基础教育制订全面具体的培养计划。德国、法国等国家在20世纪80年代就着手早期教育立法，政府制订了幼儿教育发展计划和详细的教育大纲。英国和日本则推动了幼儿的免费义务教育进程。

幼儿教育普遍受到重视，是全球性家庭规模小型化趋势的反映。虽然现代家庭结构模式多样化，但核心家庭已成为主要模式。幼儿早期教育的价值早已得到经济学、社会学、心理学、脑科学等经验科学的印证，对于儿童早期教育的投入，可以节省他们成年以后用于补偿教育、医疗保健、康复和社会保障等方面的费用，减轻国家的经济负担。儿童在 6 岁之前的生长发育至关重要，在这一阶段，儿童学习的速度比其他时期都要快，处于生长发育的关键期和黄金阶段。而且关键期是由出生后一个接一个的敏感期组成，例如，出生后的 0 ~ 4 个月是人类婴儿听力的敏感期；1 岁左右是说话的敏感期；2 ~ 3 岁是生活习惯的敏感期……如果错过了关键期，孩子再学习这些技能就需要花费更多的时间和精力。反之，如果婴儿受到充分的爱抚、关怀、鼓励和刺激，并保证合理的营养和接受良好的健康护理，那么他们发育和学习的速度会更快。

进入 21 世纪以来，我国幼儿教育发展迅速。据笔者观察、总结，我国幼儿教育呈现出早教化、多元化、法制化、专业化四大趋势。首先是早教化，儿童 8 岁之前，尤其是 3 岁之前，对其进行精心照顾和关怀至关重要，将影响其一生，此为各阶层的社会共识。其次是多元化，社会主义市场经济体制的确立，使我国幼儿园办园体制也发生了相应的变化。原来由政府和企事业单位开办幼儿园的体制已被打破，形成了以公办幼儿园为骨干，以社会力量兴办幼儿园为主体，公办与民办、正规与非正规教育相结合的多元化发展格局。以社区为基础、示范性幼儿园为中心，灵活多样的幼儿教育形式相结合的幼儿教育服务网络逐渐形成。社区兴办幼儿教育将是我国教育的一大景观。再次是法制化，我国学前教育法制化势在必行。当今一些发达国家，都十分重视学前教育立法，美国、澳大利亚于 20 世纪 70 年代为学前教育立法，英国、德国、法国、韩国等也相继颁布学前教育法律。我国政府相继制定实施了《幼儿园管理条例》《幼儿园工作规程》等法规性文件，在一定程度上推动了学前教育事业的发展和教育质量的提高。但是，目前我国学前教育立法层次偏低，与义务教育、高等教育、职业教育等立法体系相比，学前教育与它们还存在一定的差距。面对国际幼儿教育的发展前景、面对教育这一为人生发展奠基的事业，学前教育专项立法势在必行。最后是专业化，幼儿教育是一个专业，幼儿教师专业化势在必行，提高幼儿教师专业化水平是当务之急。推进幼儿教师专业化进程一直是国际组织和各国政府努力的方向和共同的举措，在主要经济体内部已经成为教师教育不容忽视的潮流和热点。

总之，幼儿期是人的社会性行为、情绪情感、性格和认知等方面发展的关键阶段，如果在这一时期儿童没有得到科学的、适宜的、良好的教育，以后再弥补或矫正，家庭和社会可能会付出很大的代价。

在新时代背景下要求乡村幼儿教育质量进一步提升。党的十九大报告明确指出，要办好学前教育，实现幼有所育、学有所教，努力让每个孩子都能享有公平、高质量的教育。具体到乡村幼儿教师专业发展和队伍建设，《中共中央 国务院关于实施乡村振兴战略的意见》中明确指出，以市县为单位，推动优质学校辐射农村薄弱学校常态化，统筹配置城乡师资，并向乡村倾斜，建好建强乡村教师队伍。

鉴于此，刘伟民团队立足山东，对乡村振兴背景下乡村幼儿教师专业发展的现状、趋势、策略等理论和现实问题进行了大量的经验分析。本书使用文献计量方法对国内外相关文献进行知识图谱分析，基于文献的科学计量分析，找到了适宜的研究空间，对幼儿教师专业发展的现状和影响因素进行探讨，对政府、社会组织、幼儿园和幼儿教师等不同主体如何助力乡村振兴、促进幼儿教师专业发展提出有针对性的政策建议。其中，第一章讨论了我国幼儿教师专业发展的研究背景、研究意义、研究思路、研究方法和核心概念的界定等，同时运用 CiteSpace 进行了相应的文献计量分析，构建了研究的基本框架和基本内容；第二章基于调研数据的客观分析，对乡村幼儿教师的构成进行量化描述；第三章和第四章从社会支持、财政投入及专业认同等方面对问题进行归并，分析了问题的成因；第五章从政府、乡村幼儿园等机构和组织主体角度，讨论了乡村幼儿教师专业发展的政策路径和现实选项；第六章是对乡村幼儿教师专业发展的展望。

全书的主要观点可概括为乡村教育振兴是乡村振兴战略的重要组成部分，乡村幼儿教师专业发展是乡村教育振兴的关键环节；通过乡村学前教育资源配置实现教育公平的首要前提是乡村幼儿教师队伍建设和乡村幼儿教师专业发展，阻断乡村教育贫困及代际贫困的传承和流动；乡村幼儿教师专业发展的影响因素较多，需要国家、社会、乡村幼儿园及乡村幼儿教师自身等共同努力。

当前，我国部分幼儿教师的科研意识和能力薄弱，既缺乏对儿童行为、心理发展需要及问题的观察与分析能力，也缺乏运用理论指导实践的能力，分析、总结、提升自身教育经验的能力和意识均显著不足。刘伟民基于山东幼儿园的调查数据和已有研究，全面分析幼儿教师专业发展的现状和实施策略，一方面，对广大幼儿教师制订各自的专业发展规划、培养和提升科研意识具有一定的参考价值；另一方面，我国幼儿教育实证研究范式在发展具有中国特色的幼教事业过程中具有极强的现实意义，但类似研究却不多见。希望本书出版能在学前教育领域为我国合理化建设幼儿教育体系提供有益的借鉴。

吕国光

2021 年 8 月 1 日

目　录

第一章　绪论

第一节　研究背景及意义

一、研究背景

乡村幼儿教师专业发展质量提升是一个乡村幼儿教育质量提升的重要标志。随着幼儿逐渐增多，幼儿教育问题越来越受到国家的关注。目前，学前教育专业受到了更大的关注，学前教育要想提高教学质量，关键是要有高质量的师资力量。但到目前为止，关于学前教育专业发展路径的研究依然非常薄弱，特别是乡村幼儿教师专业发展路径的研究相对较少，需要社会和政府的关注和支持。

首先，在新时代背景下要求山东省乡村幼儿教育质量进一步的提升。“优先发展教育”已经成为国家和社会的高度共识。党的十九大报告明确指出要办好学前教育，实现幼有所育、学有所教，努力让每个孩子都能享有公平且有质量的教育①，山东省加大对学前教育人力与物力的投入，尤其是学前教育中处于弱势地位的乡村教育，更加需要一支优良的教师队伍来弥补城乡之间的差距，从而实现城市和乡村共同协调发展。

其次，乡村教育振兴背景下需要山东省乡村幼儿教师拓宽专业发展的路径。山东省幼儿教师事业发展的殷切需求之一是组建一支高素质、高质量的乡村幼儿教师队伍，优秀的乡村幼儿教师队伍是幼儿园教育质量提升的有力保障，然而现实中的幼儿教师队伍城乡差距明显。乡村幼儿教师专业发展面临着诸多问题，需

---

① 决胜全面建成小康社会　夺取新时代中国特色社会主义伟大胜利——在中国共产党第十九次全国代表大会上的报告［M］. 北京：人民出版社，2017.

要山东省人民政府着力组织乡村幼儿教师队伍提高素质和学习知识技能。山东省相关部门在发展幼儿教师专业素养的同时应优先提升乡村幼儿教师的专业素养，促进乡村幼儿教师的专业发展。

最后，城乡二元经济体制背景下需要进一步提高山东省乡村幼儿教师专业发展的理论知识和技能知识水平。山东省乡村幼儿教育发展缓慢，很大程度上影响了山东省学前教育的总体发展。乡村幼儿园管理体制、办学形式、自身实际情况等与城镇幼儿园存在差异。而且部分乡村幼儿教师在农村不受重视，地位不高。部分乡村幼儿教师没有得到应有的尊重。除此之外，部分乡村幼儿教师的培训机会较少，专业发展较困难，工作负荷重，与外界交流少，信息相对闭塞，致使其安于现状，很难在专业上谋求更高的发展。这样一来，乡村幼儿教育事业发展受到限制，有些地区甚至停滞不前，更加拉大了城乡幼儿教育的差距，不利于山东省乡村幼儿教育整体的发展。因此，山东省急需建设高素质的乡村幼儿教师队伍，缩小城乡教育差距，使山东省乡村幼儿教育得以稳步发展，其重要途径就是提升山东省乡村幼儿教师的专业发展水平和能力。

二、研究意义

乡村教育振兴背景下乡村幼儿教师专业发展的多元研究应以理论研究与实证探索相结合，有效探究乡村幼儿教师专业发展的多元路径，这既符合当前国内学前教育的发展趋势，又对提高乡村幼儿教师队伍的质量和提升其能力与专业素养具有理论意义和实践意义。

（一）理论意义

以乡村教育振兴为视角，界定乡村幼儿教师专业发展路径的概念内涵，丰富了乡村教育振兴背景下乡村幼儿教师专业发展路径的教师教育理论，探索了乡村幼儿教师专业发展路径的社会保障理论，拓展了乡村幼儿教师专业发展路径的乡村建设理论。具体为：以乡村教育振兴为背景，探究山东省乡村幼儿园教学质量的决定性因素，即乡村幼儿教师的专业知识、技能水平等专业发展的知识和技能。长期以来，乡村幼儿教师必备的知识都被视为不明确的问题，没有受到特别的关注，因此也缺乏深入的探索研究。由于现在山东省学前教育发展相对缓慢，乡村幼儿教师队伍的建设有待完善，乡村幼儿教师队伍的专业程度和专业素养都较弱，无法达到理想状态，其中，城市和乡村又存在巨大的差距，乡村幼儿教师想要发展是一件比较困难的事情，在城市和乡村学前教育发展中一直处于弱势的地位。在研究过程中关于乡村幼儿教师专业发展及发展路径的相关理论并不多，缺少区域性和乡村性的幼儿教师专业发展理论，缺少从多方面概述和解决乡村幼儿教师出现的理论性问题的相关研究，所以本书结合相关理论为山东省乡村幼儿教师专业的发展提供区域性和乡村性的理论参考，进一步完善山东省乡村幼儿教师专业发展的理论，进而为构建具有区域性及乡村性幼儿教师专业发展的多元路径提供相应的理论借鉴，丰富和完善山东省甚至全国乡村幼儿教师队伍建设的理论基础。

（二）实践意义

本书以乡村教育振兴为背景，结合选取山东省318位幼儿教师专业发展的调研数据，以乡村教育振兴与乡村幼儿教师专业发展的实践探索为基础，为山东省乡村幼儿教师专业发展政策的制定提供路径选择和模式借鉴，具有导向性；为山东省乡村幼儿教师专业发展中弱势群体的精准识别及保障关系的良性发展提供依据，具有针对性；把山东省乡村幼儿教师专业发展的保障对策构建问题纳入政府、社会组织、幼儿园及幼儿教师四者联动的平台来思考解决，具有操作性。具体为：以乡村振兴战略为背景，把山东省乡村幼儿教师发展现状等研究清楚，更好地发展山东省的乡村学前教育。现在山东省乡村幼儿教师流失较多，究其原因，乡村幼儿教师大多在乡村幼儿园的工作中遇到了相对较多的问题和困难，尽管乡村幼儿教师勇于解决，但没有明确的前进方向，很多乡村幼儿教师认为在乡村幼儿园很难得到更好的发展。所以，研究山东省乡村幼儿教师如何发展和制定专业发展路径是刻不容缓的事情，可以借助研究让乡村幼儿教师的发展路径更加清晰，有助于乡村幼儿教师在专业成长和生活中明确自己前进的方向，为乡村幼儿教师专业发展提供具有一定参考价值的实践支持。

三、核心概念

（一）乡村教育振兴

党的十九大报告中提出了乡村振兴战略，指出实施乡村振兴战略，加快推进农业农村现代化。农村教育现代化应在城乡教育实现基本均衡发展基础上，努力缩短实现农村教育现代化的时间，尽快实现城乡教育优质均衡发展、一体化融合发展和农村教育现代化目标。[①] 继统筹城乡发展、建设社会主义新农村之后，乡村振兴战略的提出为乡村的发展带来了前所未有的发展机遇。[②] 本书主要研究在乡村教育振兴背景下如何呈现幼儿教师专业发展（特别是乡村幼儿教师专业发展）的多元性，乡村教育振兴如何影响幼儿教师专业发展，幼儿教师专业发展如何进一步促进乡村教育振兴的实现。

---

① 郝文武．乡村振兴战略中农村教育现代化的本质和目标［J］．南京师大学报（社会科学版），2021（4）：31－39.

② 关浩杰．乡村振兴战略的内涵、思路与政策取向［J］．农业经济，2018（10）：3－5.

（二）乡村幼儿教师专业发展

幼儿教师专业发展是幼儿园教师作为新时代的学习主体自觉、主动、可持续地构建自身教育观、调节教育行为的过程；是逐渐达到幼儿园教师专业人员标准的过程；是幼儿教师在专业生涯中，学习幼儿教育的专门知识、内化幼教专业规范、形成幼儿教育专业精神、表现专业自主性并实现专业责任的历程①；是幼儿教师职业生涯发展的过程；不仅是教师个体化的学习与发展过程，同时还是幼儿教师不断地与空间情境、时间情境互动的结果②；是幼儿教师从非专业人员成长为专业人员且不断提升自己的专业素质的发展过程；是教师按照一定的专业要求，有意识地、持续地、系统地进行专业知识的学习、专业技能的获得、专业理念和良好师德的形成的动态发展过程③。本书中乡村幼儿教师专业发展是指在乡村教育振兴背景下，乡村幼儿教师④在专业成长环境、专业知识及专业技能等方面成长与发展的过程，进而促进乡村幼儿教师全面素养的提升及乡村振兴战略的顺利实现。

第二节　研究思路及方法

一、研究思路

本书沿着“发现问题—分析问题—解决问题”的逻辑顺序展开研究。首先，通过对已有国内外文献的梳理，掌握在乡村教育振兴背景下山东省乡村幼儿教师专业发展已有的研究状况，找到本书的支撑点，即研究方向；其次，编制山东省乡村幼儿教师专业发展调查问卷进行调查研究，针对调研的现实状况，从山东省乡村幼儿教师专业发展的起点追溯其产生的原因及影响因素，并对各影响因素进行数理统计分析；最后，在现状调研和归因分析的基础上，从乡村教育振兴的角

① 彭兵．成就专业的幼儿教师——幼儿教师专业发展的阶段研究［M］．北京：北京师范大学出版社，2012：12.

② Kelchtermans G. CPD for Professional Renewal：Moving beyond Knowledge for Practice［A］//In C. Day，J. Sachs（Eds.），International Handbook on the Continuing Professional Development of Teachers［M］．Maidenhead：Open University Press，2004.

③ 顾荣芳．论幼儿园教师专业成长的本质［J］．幼儿教育，2005（5）：16－17.

④ 本书中的乡村幼儿教师是指乡镇、村庄、郊区、城乡接合部及距离城市较近的幼儿园的教师等，城市周边幼儿园（相对离市区较远的幼儿园）的教师在本书中也被纳入了乡村幼儿教师队伍的调研及建设的范围内。

度提出山东省乡村幼儿教师专业发展的方法及对策。

二、研究方法

（1）文献法。采用文献计量学方法收集和分析国内外关于乡村教育振兴与乡村幼儿教师专业发展的文献资料，运用 CiteSpace 进行文献共被引图谱分析及对已有资料的微观面板数据分析，为研究的开展提供文献支持及理论基础，进一步明确研究的重要性和必要性。

（2）问卷调查法。以被调研的乡村幼儿教师为研究样本，运用 SPSS 19.0 进行分析，探究影响乡村幼儿教师专业发展路径的主要因素。对选取的山东省乡村幼儿教师研究样本进行发展路径及数理统计的实证检验，找出显著指标，揭示影响乡村幼儿教师专业发展路径的主要因素。

（3）访谈法。采用结构化访谈及半结构化访谈相结合的方式，通过面对面进行交流的方式进行，主要是为了考察山东省乡村幼儿教师在专业发展的多元性，更好地倾听其对于专业发展的看法。本书主要随机选取被调研的多个乡村幼儿园的教师（含园长及保育员）进行深入的个案访谈。在进行访谈时，协商好具体的时间、地点，向访谈对象交代清楚此次访谈的内容和可能用到的工具（录音笔等），做好总结，并及时整理访谈资料。

三、文献分析

（一）数据来源

本书以中国知网（CNKI）期刊数据库作为数据来源，以“教师专业发展”作为关键词进行篇名检索，文献时间跨度限定为 2001 ~ 2021 年，筛除一些不满足篇名、时间等条件的文献，共得到有效文献 2677 篇，选中有效文献的时间范围为 2001 年 1 月 1 日至 2021 年 7 月 1 日。

（二）结果分析

1. 文献年份分析

通过对符合我国教师专业发展研究年份分布条件的 2677 篇文献进行相应的分析，可以发现目前我国教师专业发展的大致情况，如图 1 - 1 所示。

根据所选文献发表年份分布图（见图 1 - 1）可以看出，我国教师专业发展领域的研究大致经历了三个阶段：一是初步发展阶段，时间为 2001 ~ 2004 年，该阶段的发文量较少，共计发表文献 142 篇，所发表文献比例占教师专业发展总体年份发表文献数量的 5.3%，平均每年的发文量为 35.5 篇；二是快速发展阶段，时间为 2005 ~ 2017 年，该阶段发文数量达到该研究领域发文数量的峰值，共计发表文献 2230 篇，占总体数量的 83.3%，平均每年的发文量约为 171.5 篇；

三是教师专业发展研领域究的降速发展阶段，时间为 2018～2021 年，前几年的快速发展使整个研究领域进入疲惫期，加之部分政策调整，使研究重心发生变化，这四年的发展速度放缓，共计发表文献达到 305 篇，占总体年份文献数量的 11.4%，平均每年的发文量约为 76.3 篇。可见，我国教师专业发展研究即使发展速度不同，但仍不断取得新的研究成果，推动着学科领域不断发展。

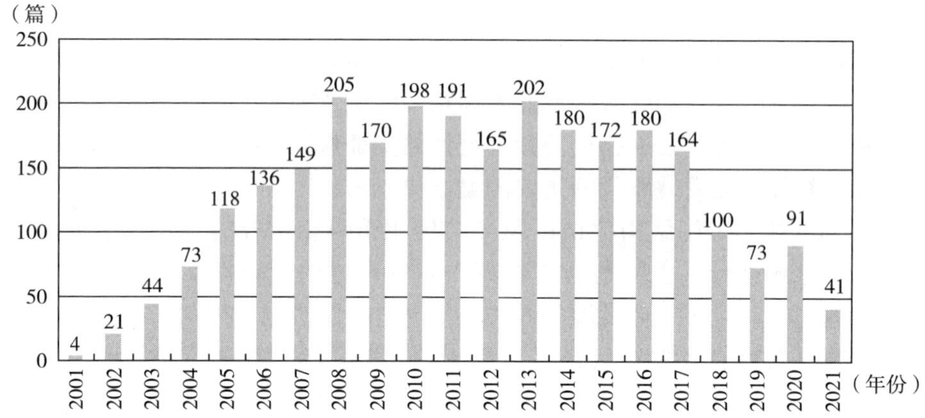

图 1－1　文献发表年份分布

资料来源：笔者整理。

2. 来源期刊分析

分析教师专业发展研究的来源期刊分布，可以准确地把握教师专业发展研究的期刊分布状况，既能为教师专业发展的相关研究学者发表论文提供指导，也能为期刊负责者指引相应准确的期刊发展方向，为期刊稳步发展提供便利条件。对 2677 篇以“教师专业发展”为关键词检索得到的文献运用中国知网期刊统计研究方法进行全面分析，发现教师专业发展领域的文献所分布期刊种类达到 135 种，每种期刊发文平均值为 19.82 篇。其中发文量大于等于 20 篇的期刊有《中国教育学刊》，在期刊中居首位，内容多是关于教师专业发展的基础研究论文，除此之外，该领域的主要来源期刊还有《教师教育研究》《中学政治教学参考》《中国成人教育》《中国电化教育》《化学教学》《中小学管理》等。从期刊的分布来看，我国教师专业发展研究的相关文献在整体上呈现较为集中的分布，《中国教育学刊》是该领域的主要发文期刊。

3. 关键词共现分析

从上述领域的研究核心及热点的关键词分析得出，衡量关键词的核心指标是中心性和频次，可通过图谱分析得出，如图 1－2 所示。

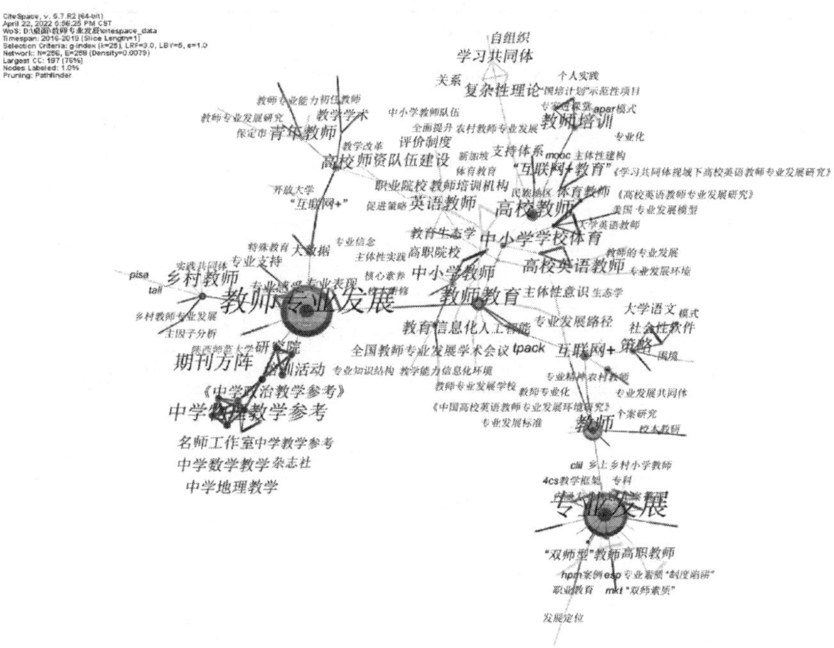

图1-2 关键词共现分布

资料来源：笔者绘制。

本书通过运用 CiteSpace 对所获得的文献数据进行可视化处理，并运用 CiteSpace 绘制国内教师专业发展研究的关键词共现知识图谱。在关键词中提取排名前 20 的频次，具体内容如表 1-1 所示。在教师专业发展研究关键词共现的知识图谱当中，每个节点代表一个关键词，且节点与节点之间的连线等同于该领域关键词与关键词之间的共现关系，关键词所出现的频次多少决定着图谱中关键词字体的大小，即如果一个关键词的字体越大，代表该词出现频率越高，图中关键词的字体越小，代表着该词出现频率越低。根据研究得出的关键词共现知识图谱（见图 1-2）与高频次关键词表（见表 1-1），教师专业发展、专业发展、教师是该关键词知识图谱当中频次位居前三的节点。图 1-2 中除以上三个关键词之外，教师的专业发展、农村教师专业发展、农村教师、策略、教师专业化、教师专业发展研究、中小学教师专业发展、校本培训、教师培训、乡村教师、幼儿教师、中小学教师、青年教师、体育教师、专业发展、专业知识、专业成长等关键词出现的频次也在前列。与其关键词字体大小同样重要的是关键词的频次，频次越高，说明该关键词在领域中越受重视。

表 1－1　高频次关键词分布

序号	频次	关键词
1	1495	教师专业发展
2	612	专业发展
3	145	教师
4	79	教师教育
5	76	教师的专业发展
6	52	农村教师
7	51	教师专业化
8	44	高校教师
9	41	策略
10	35	中小学教师
11	34	校本教研
12	31	教师培训
13	31	美国
14	31	校本培训
15	28	农村教师专业发展
16	25	对策
17	25	乡村教师
18	24	高职院校
19	23	大学英语教师
20	22	体育教师

资料来源：国家社会科学基金项目（项目号：BFA180069）和山东省教育科学规划课题（编号：YC2019183）项目的调查数据。

由表 1－1 可知，“教师专业发展”“专业发展”“教师”是频次最高的三个关键词，研究的数值分别为 1495、612、145。除此之外，“教师教育”“教师的专业发展”“农村教师”“教师专业化”“高校教师”“策略”“中小学教师”“校本教研”“教师培训”“美国”“校本培训”“农村教师专业发展”“对策”“乡村教师”“高职院校”“大学英语教师”“体育教师”关键词的频次也位居前列。

4. 关键词聚类分析

为能够更加全面地完成分析关键词共现图谱含义的目标，本书选择运用 CiteSpace 中的聚类功能，对教师专业发展的关键词共现知识图谱进行聚类分析，如图 1－3 所示。

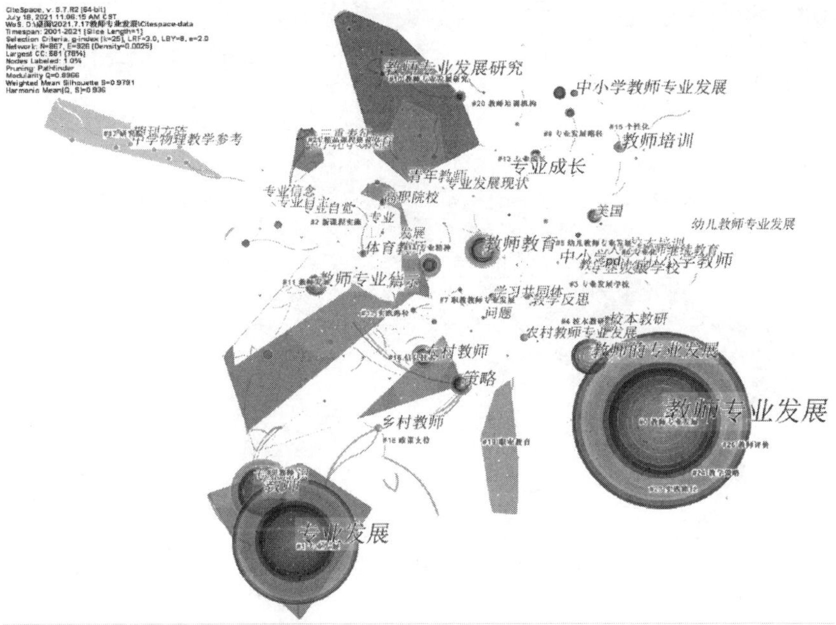

图 1－3　关键词聚类分布

资料来源：笔者绘制。

运用 CiteSpace 中的 LLR 算法对关键词数据进行提取，自动生成有关教师专业发展研究的高频关键词聚类图谱。聚类图谱中的 Q 值和 S 值显示，Modularity = 0.8966 >0.3，Mean Silhouette = 0.9791 >0.5，说明该图谱的聚类效果良好。通过聚类可以发现，我国教师专业发展研究主要分为 24 个小类别，分别为教师专业发展、专业发展、新课程实施、专业发展学校、校本教研、幼儿教师专业发展、专业化、职教教师专业发展、专业发展路径、教师、教师专业发展研究、教师发展、实践路径、专业成长、专业精神、个性化、信息技术、研究院、政策支持、职业教育、教师培训机构、精品课程建设、教学策略、教师评价。通过整理汇总分析可得，该领域的研究重点主要落实在教师专业发展对象研究、发展途径、发展内容、发展方式、发展改进策略、反馈整理等问题的研究上。

5. 关键词时区分析

我国教师专业发展的研究变化趋势可以通过关键词时区图谱分析得到，如图 1－4 所示。

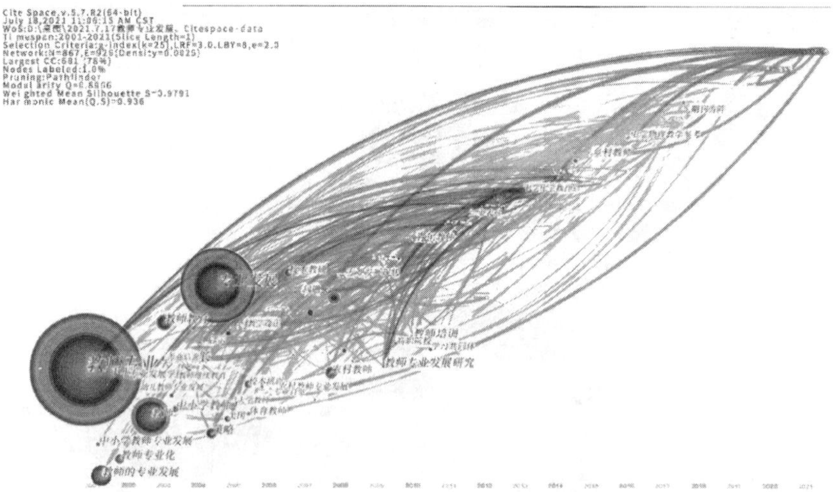

图 1－4　关键词时区分布

资料来源：笔者绘制。

2001 ~2004 年，研究的热点主要集中在教师专业发展、教师、教师的专业发展、教师专业化、中小学教师专业发展、教师教育、中小学教师、幼儿教师专业发展、专业信念、教师继续教育、策略、专业化、教师继续教育等；2005 ~ 2017 年，研究热点主要集中在专业发展、美国、体育教师、大学教师、校本教研、教学设计、专业自觉、问题、农村教师专业发展、农村教师、专业发展现状、教师专业发展研究、高职院校、教师培训、学习共同体、青年教师、三重表征、中学化学教育、乡村教师、中学物理教学参考、专业人格、教育信息化、学术交流会、互联网 +、与专家对话、中国物理教学参考等；2018 ~2021 年，研究热点主要集中在期刊方阵、高校日语教师、扎根理论、中学、“双高计划”、职业院校教师、乡村小学教师、乡村振兴、挑战、教师专业能力等。

6. 突现词引文分析

关键词的突现度可以有效地体现出每个关键词的影响力，是阶段研究中前沿的具体体现。利用 CiteSpace 共获取到 25 个突现词（见图 1 －5）。对教师专业发展领域的关键词突现强度进行分析，排名前 10 位的突现关键词顺序如下：教师的专业发展、教师专业化、反思、教师、校本教研、教师评价、校本研修、反思性教学、农村教师专业发展、教师个体。从突现关键词的持续时间来看，教师的专业发展、教师专业化、教育信息化与名师工作室持续的时间最长，长达 6 年。校本教研、反思性教学、途径、大学英语教师、教师培训、反思等突现词持续时间也较长。从最新的突现词来看，名师工作室、教育信息化、教师培训、乡村教师、青年教师等的研究是我国教师专业发展领域研究的前沿与重难点。

关键词	年份	强度	开始时间	截止时间	2001~2021年
教师的专业发展	2001	13.01	2001	2006	
教师专业化	2001	5.21	2002	2007	
反思	2001	4.27	2003	2006	
教师	2001	6.24	2004	2005	
校本教研	2001	5.98	2004	2008	
教师评价	2001	3.7	2004	2005	
校本研修	2001	3.69	2004	2007	
反思性教学	2001	3.36	2004	2008	
农村教师专业发展	2001	4.03	2005	2009	
教师个体	2001	3.6	2005	2008	
途径	2001	3.6	2006	2010	
大学教师专业发展	2001	3.4	2009	2012	
大学英语教师	2001	4.01	2011	2015	
幼儿教师	2001	3.55	2011	2014	
教师专业发展研究	2001	3.37	2011	2013	
外语教师	2001	4.88	2012	2015	
路径	2001	5.03	2013	2015	
高校教师	2001	3.67	2014	2016	
教育生态学	2001	3.34	2015	2017	
名师工作室	2001	6.53	2016	2021	
高校	2001	5.32	2016	2017	
教育信息化	2001	3.27	2016	2021	
青年教师	2001	3.91	2017	2019	
教师培训	2001	3.43	2017	2021	
乡村教师	2001	10.58	2018	2021	

图1-5 引文最强的前25个关键词分布

资料来源：笔者整理。

7. 发文机构分析

运用CiteSpace对教师专业发展领域文献的发文机构进行相关分析，可以得知我国教师专业发展研究的主要机构有哪些，以及这些机构之间的合作关系，如图1-6所示。

根据统计分析，得到关于我国教师专业发展研究的机构合作图谱，在机构合作图谱中，每个发文机构都有图谱中的节点代表，其中节点越清晰，则代表该机构所发表的文献数量越多，连线表示机构之间的合作关系。通过整体概况得出，我国教师专业发展领域研究机构之间的合作关系比较稀疏，多数为独立研究。从局部来看，少数机构之间也存在一定的合作，如上海师范大学教育学院、四川文理学院教育学院、陕西师范大学教育学院、四川师范大学教育科学学院之间具有一定的持续性合作关系；河北科技师范学院职业教育研究所、华东师范大学数学

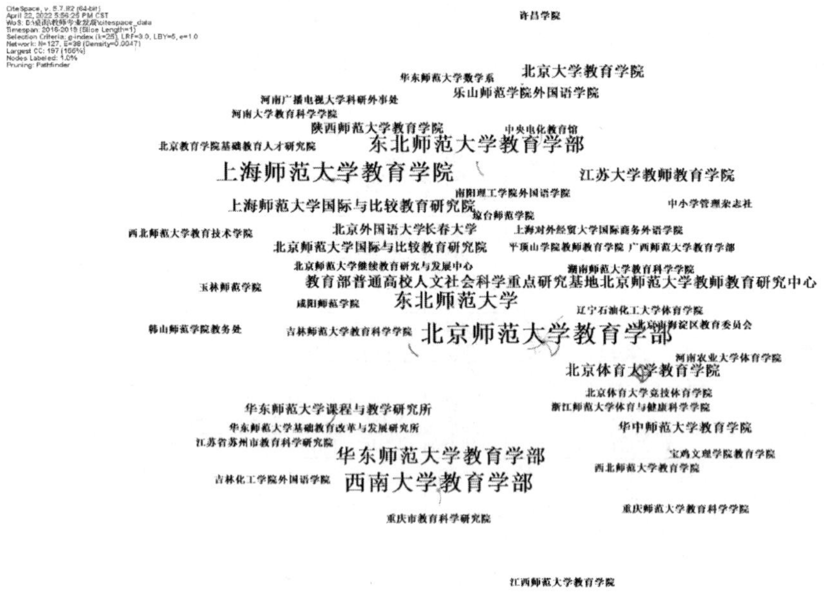

图1－6　发文作者机构合作分布

资料来源：笔者绘制。

系、天津职业技术师范大学职业教育教师研究院具有一定持续性的合作关系；教育部普通高校人文社会科学重点研究基地、华东师范大学职业教育与成人教育研究所、北京师范大学教育学部、北京体育大学教育学院、北京师范大学教师教育研究中心具有一定的持续性合作关系；华东师范大学课程与教学研究所、浙江师范大学教师教育学院具有一定的持续性合作关系；东北师范大学教育学部与吉林大学公共外语教育学院也具有一定的持续性合作关系，机构发文量如表1－2所示。

表1－2　机构发文量

序号	发文量（篇）	机构
1	31	华东师范大学课程与教学研究所
2	29	西南大学教育学部
3	22	上海师范大学教育学院
4	21	北京师范大学教育学部
5	17	东北师范大学教育学部
6	16	东北师范大学教育科学学院

续表

序号	发文量（篇）	机构
7	16	西北师范大学教育学院
8	12	江苏大学教师教育学院
9	11	浙江师范大学教师教育学院
10	11	西南大学教育学院

注：表中为发表文献数量≥10篇的机构。

资料来源：国家社会科学基金项目（项目号：BFA180069）和山东省教育科学规划课题（编号：YC2019183）项目的调查数据。

从机构的发文量来看（见表1－2），华东师范大学课程与教学研究所是国内教师专业发展研究的主要发文机构，发表文献31篇，除此之外，西南大学教育学部发表29篇文献，上海师范大学教育学院发表22篇文献，北京师范大学教育学部发表21篇文献，东北师范大学教育学部发表17篇文献，东北师范大学教育科学学院发表16篇文献，西北师范大学教育学院发表16篇文献，江苏大学教师教育学院发表12篇文献，浙江师范大学教师教育学院发表11篇文献，西南大学教育学院发表11篇文献，以上机构也是国内教师专业发展研究的发文机构支柱。

8. 发文作者分布分析

运用CiteSpace对教师专业发展领域文献发文作者进行详细分析，可以通过作者合作图谱清晰了解我国教师专业发展研究领域的主要作者以及作者与作者之间的合作关系，如图1－7所示。

根据统计得到我国教师专业发展研究的作者合作知识图谱，图谱中的每一个节点都代表一位文献作者，图中的节点越大越清晰，则代表该节点的作者发表文献的数量越多，作者与作者之间的合作关系由节点与节点之间的连线代表。整体来看，我国教师专业发展研究领域的作者与作者之间的联系较少。

从局部细节分析来看，少数作者之间也存在一定的友好合作关系。例如，秦丹、焦建利、钟洪蕊之间的合作；袁虎廷、林海、李春燕之间的合作；南海艳、张斌、王帅、展恩燕之间的合作；樊晓莉、连建华之间的合作；李森、崔友兴、肖建民之间的合作；熊华军、丁艳之间的合作。从作者的发文量来看，姜勇、胡惠闵、曲铁华、卢乃桂、汪明帅、李森等是国内幼儿教师专业发展研究的主要发文作者，发表文献数量分别为11篇、10篇、8篇、8篇、7篇、7篇，除此之外，林浩亮、张忠华、顾小清、李剑、秦丹、崔允漷、潘凌云、王陆、曲中林、王健、周钧等也是国内教师专业发展研究的主要发文作者（见表1－3）。

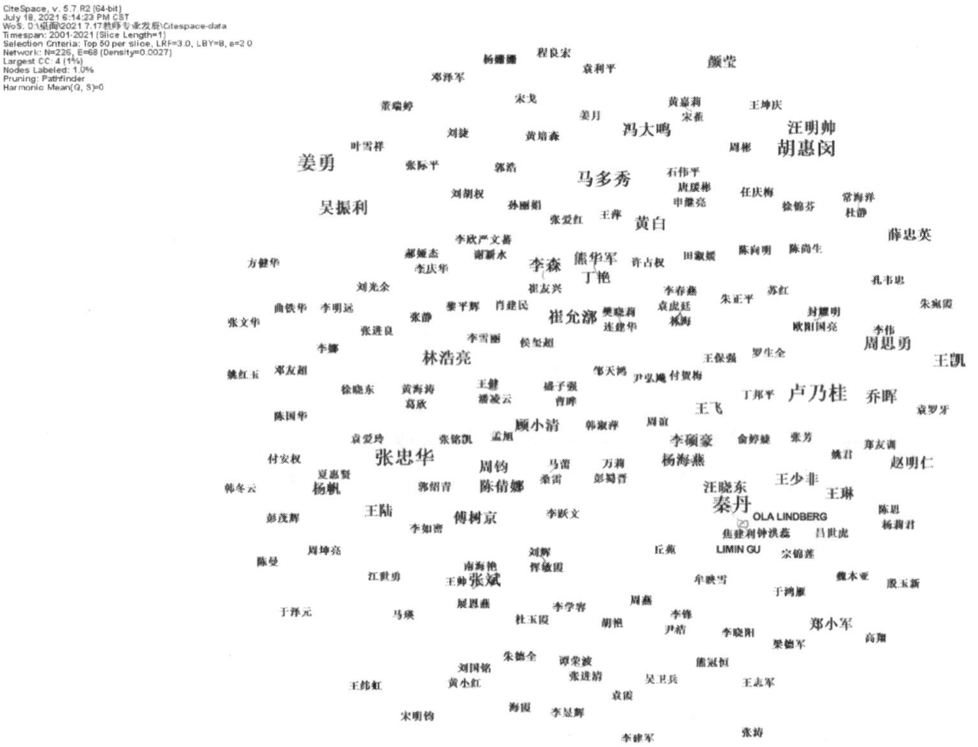

图 1－7　发文作者合作分布

资料来源：笔者绘制。

表 1－3　作者发文量

序号	发文量（篇）	作者	所属机构
1	11	姜勇	华东师范大学
2	10	胡惠闵	华东师范大学
3	8	曲铁华	东北师范大学
4	8	卢乃桂	香港中文大学
5	7	汪明帅	华东师范大学
6	7	李森	西南大学
7	6	林浩亮	韩山师范学院
8	6	张忠华	江苏大学
9	6	顾小清	华东师范大学
10	6	李剑	四川师范大学

续表

序号	发文量（篇）	作者	所属机构
11	6	秦丹	韩山师范学院
12	6	崔允漷	华东师范大学
13	5	潘凌云	江南大学
14	5	王陆	首都师范大学
15	5	曲中林	韩山师范学院
16	5	王健	华中师范大学
17	5	周钧	北京师范大学

注：表中为发表文献数量≥5 篇的作者。

资料来源：国家社会科学基金项目（项目号：BFA180069）和山东省教育科学规划课题（编号：YC2019183）项目的调查数据。

第二章　乡村幼儿教师队伍发展与专业发展现状

第一节　乡村幼儿教师队伍发展现状

乡村幼儿教师专业发展是乡村教育发展的重要组成部分和重点发展的优先领域，应确立农村幼儿教育优先发展的战略①，山东省乡村要加快农村人力资本积累②，大力发展乡村幼儿教育和乡村幼儿教师队伍建设，进而对乡村幼儿教师专业发展的现状进行探索。

一、乡村的幼儿教师队伍基本情况

在性别方面，以女性乡村幼儿教师为主，占比较大，如图 2 –1 所示。

根据图 2 –1，在被统计调研分析的幼儿教师中，男性乡村幼儿教师有 6 位（占比为 1.89%），女性乡村幼儿教师有 312 位（占比为 98.11%）。

在年龄方面，乡村幼儿教师年轻化是重要趋势，如图 2 –2 所示。

根据图 2 –2，在被统计调研分析的幼儿教师中，年龄分布中 20 岁及以下的乡村幼儿教师有 4 位（占比为 1.26%），21 ~ 25 岁的有 156 位（占比为 49.06%），26 ~30 岁的有 75 位（占比为 23.58%），31 ~35 岁的有 53 位（占比为 16.67%），36 ~40 岁的有 19 位（占比为 5.97%），40 岁以上的有 11 位（占

① 张琴秀，郭健．农村幼儿教师专业发展政府支持体系的构建——以山西省高平市 S 镇为例［J］．教育理论与实践，2014，34（32）：29 –31.

② 方航，程竹，陈前恒．农村教育投资存在同群效应吗？——基于中国家庭追踪调查（CFPS）的实证研究［J］．教育与经济，2021，37（3）：51 –58.

比为 3.46%）。

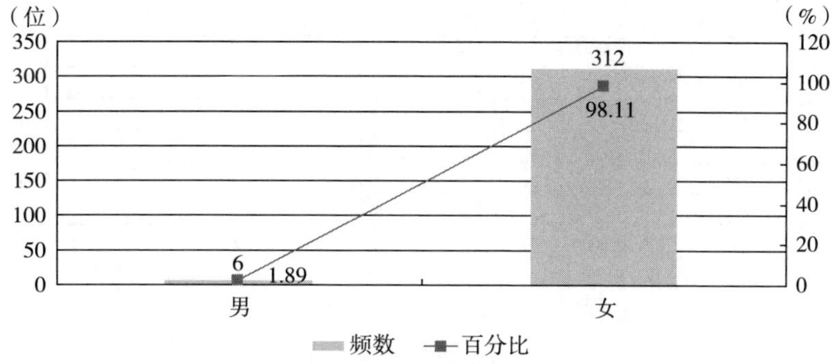

图 2-1　乡村幼儿教师的性别分布

资料来源：国家社会科学基金项目（项目号：BFA180069）和山东省教育科学规划课题（编号：YC2019183）项目的调查数据。

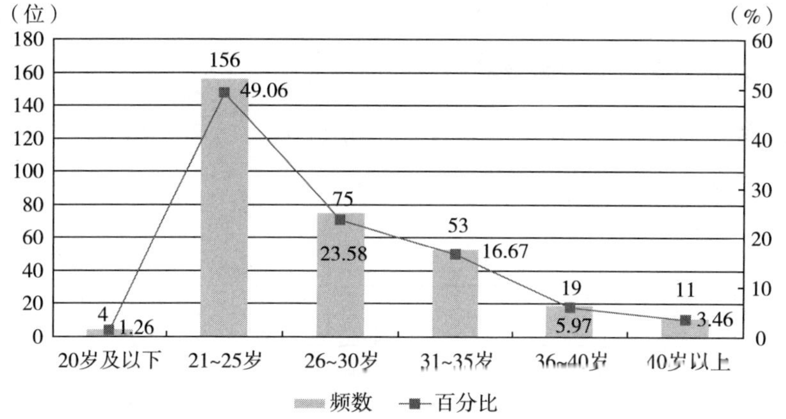

图 2-2　乡村幼儿教师的年龄分布

资料来源：国家社会科学基金项目（项目号：BFA180069）和山东省教育科学规划课题（编号：YC2019183）项目的调查数据。

在教龄方面，1~5 年是乡村幼儿教师的主要教龄，如图 2-3 所示。

根据图 2-3，在被统计调研分析的乡村幼儿教师中，教龄 1 年以下的有 58 位（占比为 18.24%），1~2 年的有 83 位（占比为 26.10%），3~5 年的有 88 位（占比为 27.67%），6~10 年的有 50 位（占比为 15.72%），10~15 年的有 26 位（占比为 8.18%），16 年及以上的有 13 位（占比为 4.09%）。

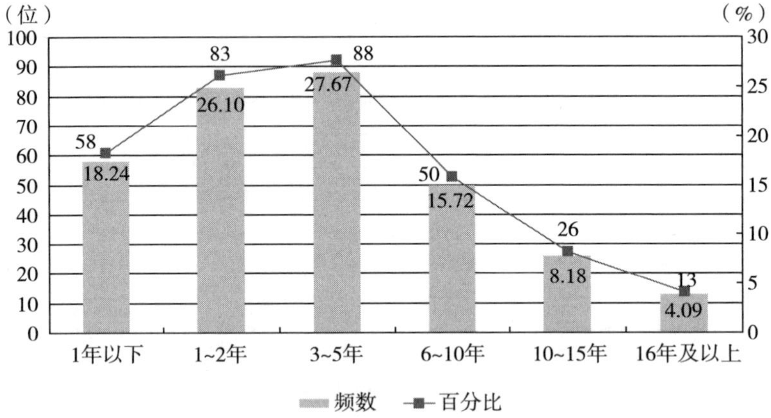

图2－3　乡村幼儿教师的教龄分布

资料来源：国家社会科学基金项目（项目号：BFA180069）和山东省教育科学规划课题（编号：YC2019183）项目的调查数据。

二、乡村幼儿教师自身发展状态

在学历分布方面，大专学历是乡村幼儿教师的主要学历水平，如图2－4所示。

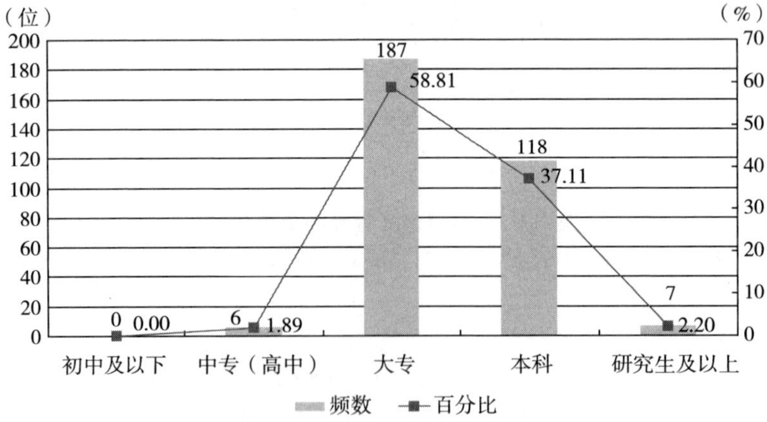

图2－4　乡村幼儿教师的学历分布

资料来源：国家社会科学基金项目（项目号：BFA180069）和山东省教育科学规划课题（编号：YC2019183）项目的调查数据。

根据图 2－4，在被统计调研分析的乡村幼儿教师中，学历为初中及以下的（这也许与调研取样有关，或许在未被调研的幼儿园存在乡村幼儿教师的学历为初中及以下的分布），学历为中专（高中）的乡村幼儿教师有 6 位（占比为 1.89%），大专学历的教师有 187 位（占比为 58.81%），本科学历的乡村幼儿教师有 118 位（占比为 37.11%），研究生及以上学历的乡村幼儿教师有 7 位（占比为 2.20%）。

在专业分布方面，绝大多数乡村幼儿教师的专业是学前教育，如图 2－5 所示。

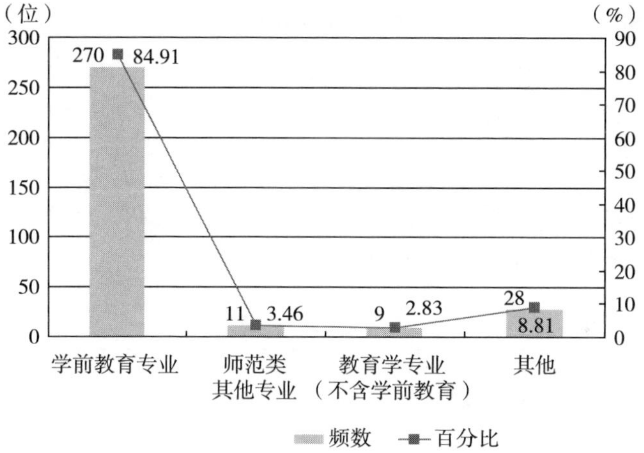

图 2－5　乡村幼儿教师的专业分布

资料来源：国家社会科学基金项目（项目号：BFA180069）和山东省教育科学规划课题（编号：YC2019183）项目的调查数据。

根据图 2－5，在被统计调研分析的乡村幼儿教师中，学前教育专业的教师有 270 位（占比为 84.91%），师范类其他专业的教师有 11 位（占比为 3.46%），教育学专业（不含学前教育）的教师有 9 位（占比为 2.83%），其他专业的教师有 28 位（占比为 8.81%）。

在乡村幼儿教师的级别方面，高级职称的教师相对较少，选择“其他”的相对较多，如图 2－6 所示。

根据图 2－6，在被统计调研分析的乡村幼儿教师中，一级教师有 26 位（占比为 8.18%），二级教师有 30 位（占比为 9.43%），三级教师有 14 位（占比为 4.40%），其他级别教师有 248 位（占比为 77.99%）。

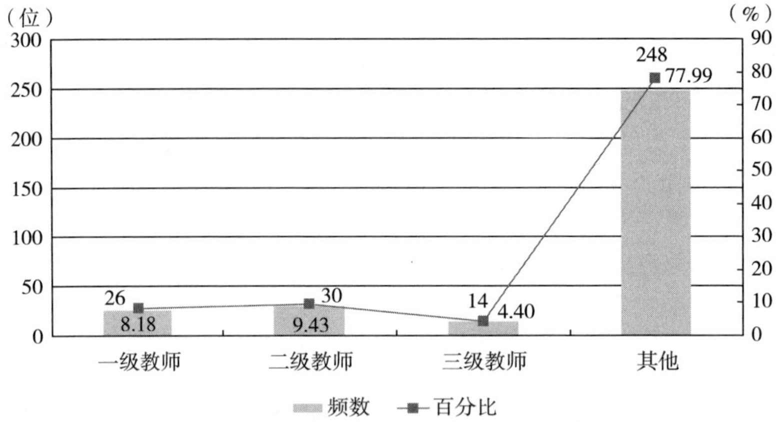

图 2-6　乡村幼儿教师的级别分布

资料来源：国家社会科学基金项目（项目号：BFA180069）和山东省教育科学规划课题（编号：YC2019183）项目的调查数据。

在"是否拥有幼儿园教师资格证"的调研中，持有幼儿园教师资格证的乡村幼儿教师占主导地位，如图 2-7 所示。

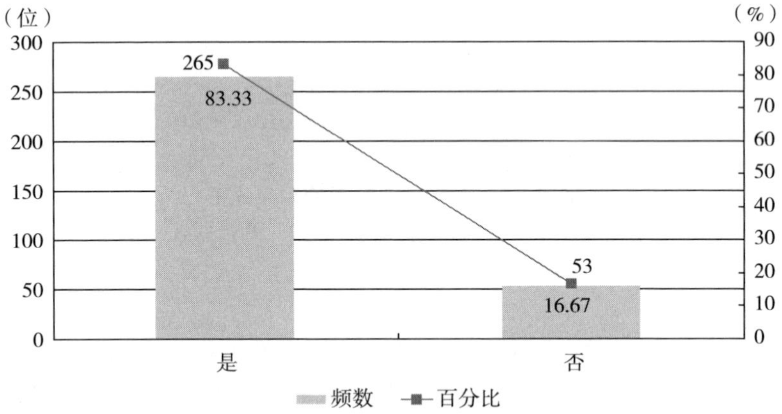

图 2-7　乡村幼儿教师资格证持有分布

资料来源：国家社会科学基金项目（项目号：BFA180069）和山东省教育科学规划课题（编号：YC2019183）项目的调查数据。

根据图 2-7，在被统计调研分析的乡村幼儿教师中，持有幼儿园教师资格证的乡村幼儿教师有 265 位（占比为 83.33%），未持有幼儿园教师资格证的乡村幼儿教师有 53 位（占比为 16.67%）。

在幼儿园编制方面，以没有幼儿园编制的乡村幼儿教师为主，已有编制的乡村幼儿教师占少数，如图 2 -8 所示。

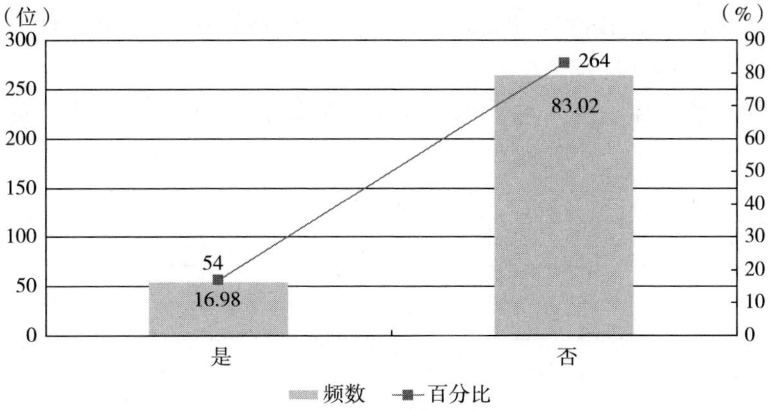

图 2 -8　乡村幼儿园编制拥有分布

资料来源：国家社会科学基金项目（项目号：BFA180069）和山东省教育科学规划课题（编号：YC2019183）项目的调查数据。

根据图 2 -8，在被统计调研分析的乡村幼儿教师中，有 54 名乡村幼儿教师拥有编制（占比为 16.98%），264 位乡村幼儿教师没有编制（占比为 83.02%）。

在其所在幼儿园的性质方面，较多的乡村幼儿教师所属单位为公办园，如图 2 -9 所示。

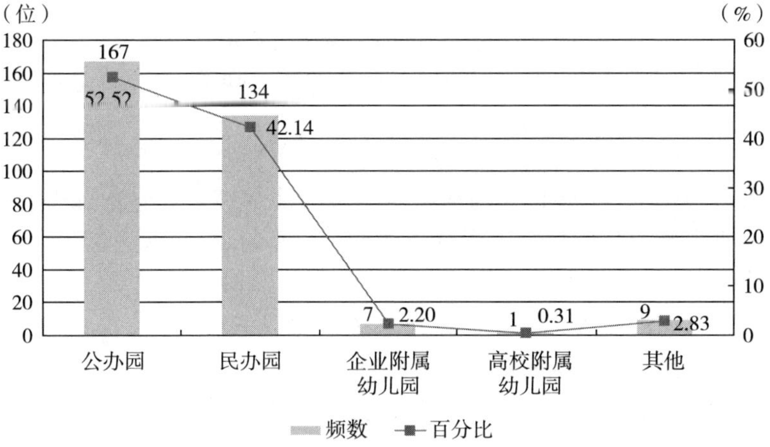

图 2 -9　乡村幼儿园性质分布

资料来源：国家社会科学基金项目（项目号：BFA180069）和山东省教育科学规划课题（编号：YC2019183）项目的调查数据。

根据图 2-9，在被统计调研分析的乡村幼儿教师中，公办园有 167 所（占比为 52.52%），民办园有 134 所（占比为 42.14%），企业附属幼儿园有 7 所（占比为 2.20%），高校附属幼儿园有 1 所（占比为 0.31%），其他性质幼儿园有 9 所（占比为 2.83%）。

在收入水平方面，乡村幼儿教师主要月收入在 2000~3000 元，如图 2-10 所示。

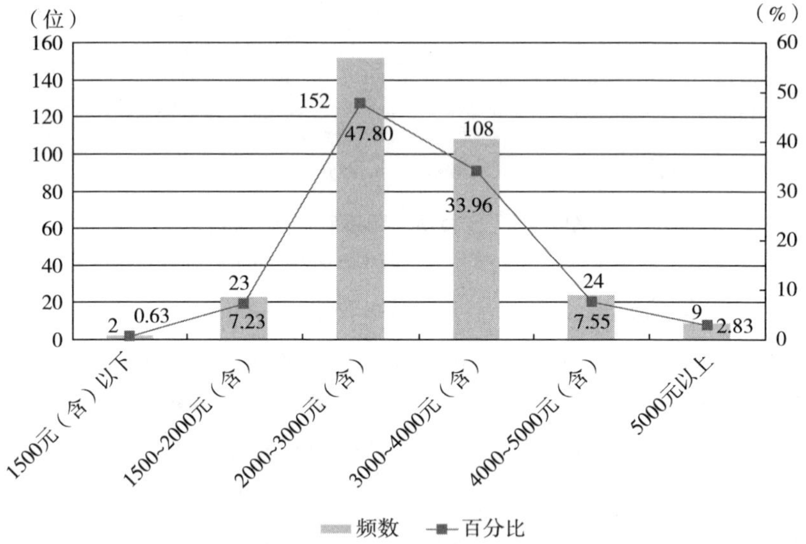

图 2-10　乡村幼儿教师收入的分布

资料来源：国家社会科学基金项目（项目号：BFA180069）和山东省教育科学规划课题（编号：YC2019183）项目的调查数据。

根据图 2-10，在所有相关的被调研乡村幼儿教师中，收入在 1500 元（含）以下的乡村幼儿教师有 2 位（占比为 0.63%），收入在 1500~2000 元（含）的乡村幼儿教师有 23 位（占比为 7.23%），收入在 2000~3000 元（含）的乡村幼儿教师有 152 位（占比为 47.80%），收入在 3000~4000 元（含）的乡村幼儿教师有 108 位（占比为 33.96%），收入在 4000~5000 元（含）的乡村幼儿教师有 24 位（占比为 7.55%），收入在 5000 元以上的乡村幼儿教师有 9 位（占比为 2.83%）。

在工作时间方面，每天工作 8~10 小时（含 10 小时）的乡村幼儿教师居多，如图 2-11 所示。

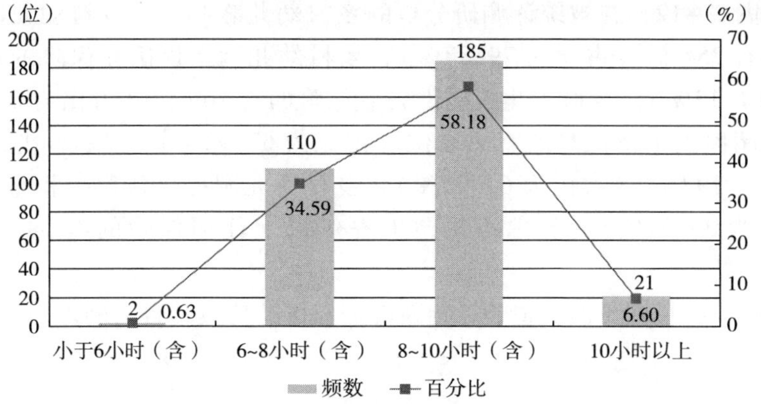

图 2－11　乡村幼儿教师工作时间的分布

资料来源：国家社会科学基金项目（项目号：BFA180069）和山东省教育科学规划课题（编号：YC2019183）项目的调查数据。

根据图 2－11，在对乡村幼儿教师进行统计分析的研究中，每天工作少于 6 小时（含）的乡村幼儿教师有 2 位（占比为 0.63%），每天工作 6～8 小时（含）的乡村幼儿教师有 110 位（占比为 34.59%），此外，185 位乡村幼儿教师（占比为 58.18%）的日工作时长为 8～10 小时（含）。每天工作 10 小时以上的乡村幼儿教师有 21 位（占比为 6.60%）。

在社会保障方面，乡村幼儿园为乡村幼儿教师提供的社会保障分布较为均匀，且覆盖范围较广（此部分问卷为多选项），如图 2－12 所示。

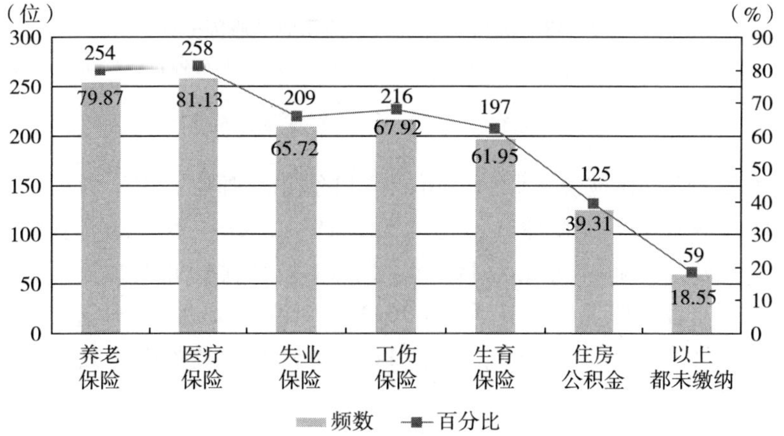

图 2－12　乡村幼儿园提供的社会保障分布

资料来源：国家社会科学基金项目（项目号：BFA180069）和山东省教育科学规划课题（编号：YC2019183）项目的调查数据。

根据图 2－12，在被统计调研分析的乡村幼儿教师中，乡村幼儿园提供养老保险的有 254 位（占比为 79.87%），乡村幼儿园提供医疗保险的有 258 位（占比为 81.13%），乡村幼儿园提供失业保险的有 209 位（占比为 65.72%），乡村幼儿园提供工伤保险的有 216 位（占比为 67.92%），乡村幼儿园提供生育保险的有 197 位（占比为 61.95%），乡村幼儿园提供住房公积金的有 125 位（占比为 39.31%），乡村幼儿园未提供以上任何保险的有 59 位（占比为 18.55%）。

在职业选择原因方面，主要影响因素是乡村幼儿教师自己的理想，如图 2－13 所示。

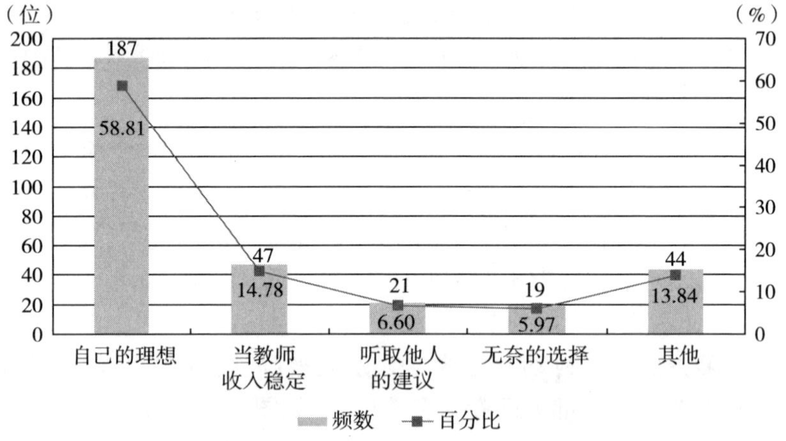

图 2－13　选择乡村幼儿教师职业的原因分布

资料来源：国家社会科学基金项目（项目号：BFA180069）和山东省教育科学规划课题（编号：YC2019183）项目的调查数据。

根据图 2－13，在被统计调研分析的乡村幼儿教师中，出于自己的理想选择幼儿教师职业的有 187 位教师（占比为 58.81%），47 位乡村幼儿教师因为收入稳定选择幼儿教师职业（占比为 14.78%），21 位乡村幼儿教师是因为听取他人的建议选择幼儿教师职业（占比为 6.60%），19 位乡村幼儿教师选择幼儿教师职业是出于无奈（占比为 5.97%），还有 44 位乡村幼儿教师由于其他原因选择幼儿教师职业（占比为 13.84%）。

第二节　乡村幼儿教师专业发展现状

一、乡村幼儿教师专业基本知识情况

在学习的基本理论知识方面，乡村幼儿教师学习过的幼儿教育基本理论知识以幼儿教育学为主（此部分问卷为多选），如图 2－14 所示。

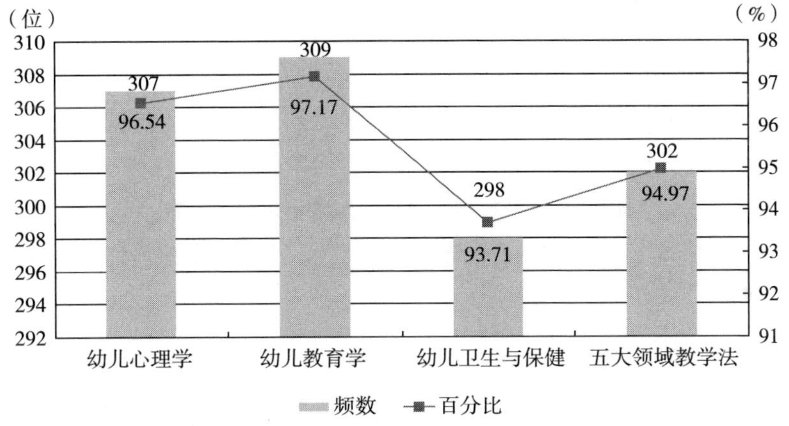

图 2－14　乡村幼儿教师学习的基本理论知识分布

资料来源：国家社会科学基金项目（项目号：BFA180069）和山东省教育科学规划课题（编号：YC2019183）项目的调查数据。

根据图 2－14，在被统计调研分析的乡村幼儿教师中，307 位乡村幼儿教师学习过幼儿心理学（占比为 96.54%），309 位乡村幼儿教师学习过幼儿教育学（占比为 97.17%），298 位乡村幼儿教师学习过幼儿卫生与保健（占比为 93.71%），302 位乡村幼儿教师学习过五大领域教学法（占比为 94.97%）。

在渴望进步的方向方面，乡村幼儿教师渴望能做得更好的方向相对均衡，（此部分问卷为多选），如图 2－15 所示。

根据图 2－15，在被统计调研分析的乡村幼儿教师中，261 位乡村幼儿教师渴望从工作中获得快乐（占比为 82.08%），248 位乡村幼儿教师希望增强自主学习的自觉性（占比为 77.99%），246 位乡村幼儿教师希望能对工作有更多的热情

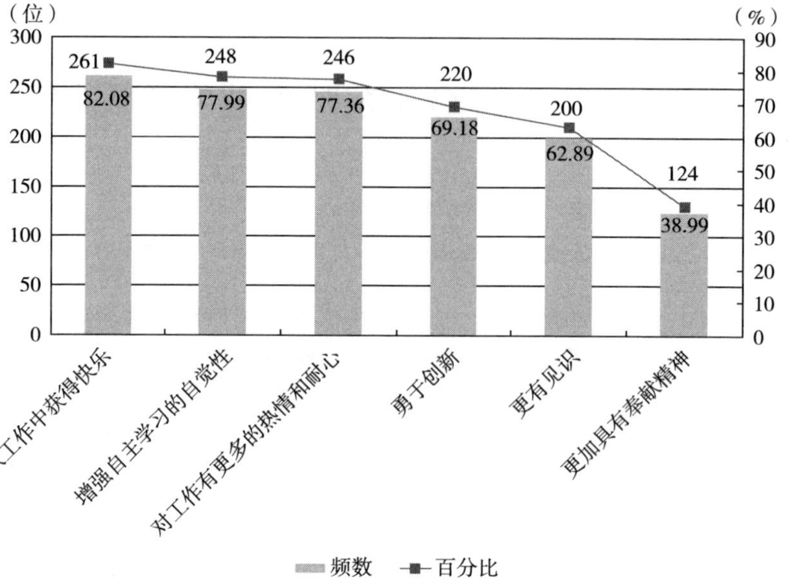

图 2-15　乡村幼儿教师渴望进步方向的分布

资料来源：国家社会科学基金项目（项目号：BFA180069）和山东省教育科学规划课题（编号：YC2019183）项目的调查数据。

和耐心（占比为 77.36%），220 位乡村幼儿教师希望能勇于创新（占比为 69.18%），200 位乡村幼儿教师渴望更有见识（占比为 62.89%），124 位乡村幼儿教师希望能更加具有奉献精神（占比为 38.99%）。

在需要的专业发展方式方面，乡村幼儿教师需要的专业发展方式具有多元性（此部分问卷为多选），如图 2-16 所示。

根据图 2-16，在被统计调研分析的乡村幼儿教师中，241 位乡村幼儿教师需要专家指导的方式促进专业发展（占比为 75.79%），174 位乡村幼儿教师需要自学研修的方式促进专业发展（占比为 54.72%），219 位乡村幼儿教师需要参与课题研究的方式促进专业发展（占比为 68.87%），230 位乡村幼儿教师需要园际之间相互观摩的方式促进专业发展（占比为 72.33%），241 位乡村幼儿教师需要幼儿园教研活动的方式促进专业发展（占比为 75.79%），200 位乡村幼儿教师需要教学反思的方式促进专业发展（占比为 62.89%），212 位乡村幼儿教师需要园本培训的方式促进专业发展（占比为 66.67%）。

在欠缺知识方面，乡村幼儿教师目前专业发展过程中欠缺的知识以个人实践知识为主（此部分问卷为多选），如图 2-17 所示。

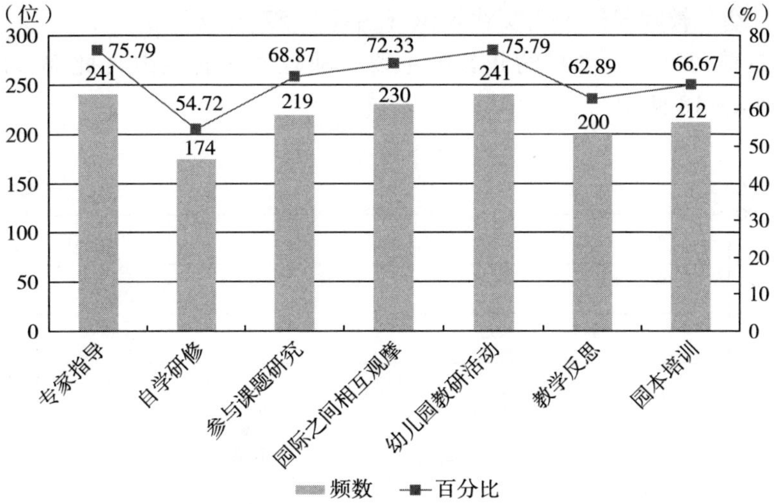

图 2－16　乡村幼儿教师需要的专业发展方式

资料来源：国家社会科学基金项目（项目号：BFA180069）和山东省教育科学规划课题（编号：YC2019183）项目的调查数据。

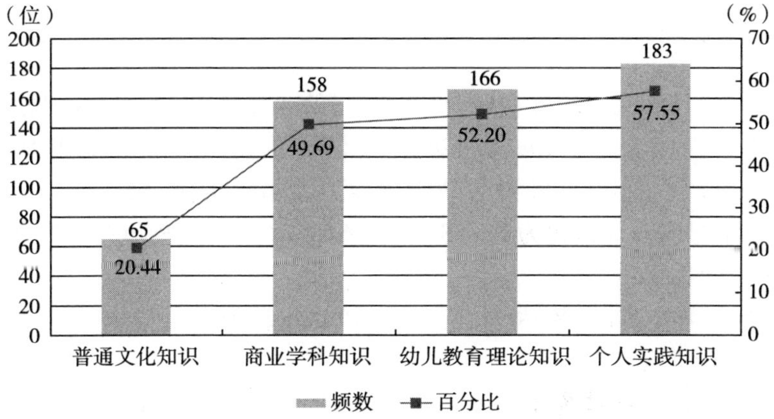

图 2－17　乡村幼儿教师欠缺知识的分布

资料来源：国家社会科学基金项目（项目号：BFA180069）和山东省教育科学规划课题（编号：YC2019183）项目的调查数据。

根据图 2－17，在被统计调研分析的乡村幼儿教师中，65 位乡村幼儿教师欠缺普通文化知识（占比为20.44%），158 位乡村幼儿教师欠缺商业学科知识（占比为49.69%），166 位乡村幼儿教师欠缺幼儿教育理论知识（占比为52.20%），

183 位乡村幼儿教师欠缺个人实践知识（占比为 57.55%）。

在欠缺能力方面，乡村幼儿教师主要欠缺教育科研能力（此部分问卷为多选），如图 2－18 所示。

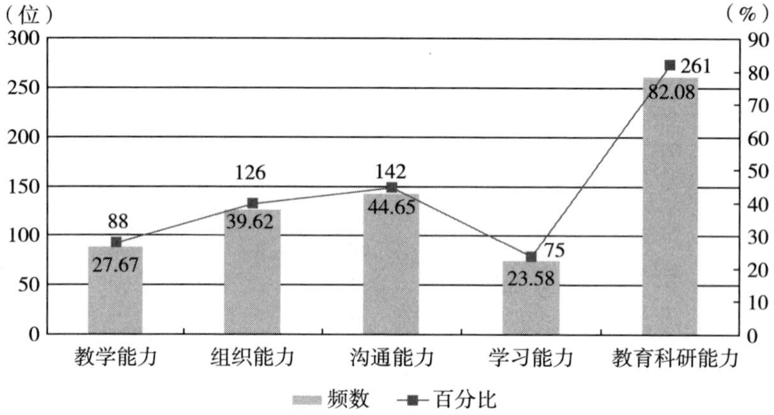

图 2－18　乡村幼儿教师欠缺教育科研能力的分布

资料来源：国家社会科学基金项目（项目号：BFA180069）和山东省教育科学规划课题（编号：YC2019183）项目的调查数据。

根据图 2－18，在被统计调研分析的乡村幼儿教师中，88 位乡村幼儿教师欠缺教学能力（占比为 27.67%），126 位乡村幼儿教师欠缺组织能力（占比为 39.62%），142 位乡村幼儿教师欠缺沟通能力（占比为 44.65%），75 位乡村幼儿教师欠缺学习能力（占比为 23.58%），261 位乡村幼儿教师欠缺教育科研能力（占比为 82.08%）。

在希望学习的专业发展内容方面，乡村幼儿教师最希望学习新颖的教学形式，如图 2－19 所示。

根据图 2－19，在被统计调研分析的乡村幼儿教师中，86 位乡村幼儿教师希望学习最前沿的教育理念（占比为 27.04%），120 位乡村幼儿教师希望学习新颖的教学形式（占比为 37.74%），49 位乡村幼儿教师希望学习不断创新的教学能力（占比为 15.41%），12 位乡村幼儿教师希望学习一日活动的范本（占比为 3.77%），28 位乡村幼儿教师希望学习较为经典的集体教学范式（占比为 8.81%），23 位乡村幼儿教师希望学习区域活动范例（占比为 7.23%）。

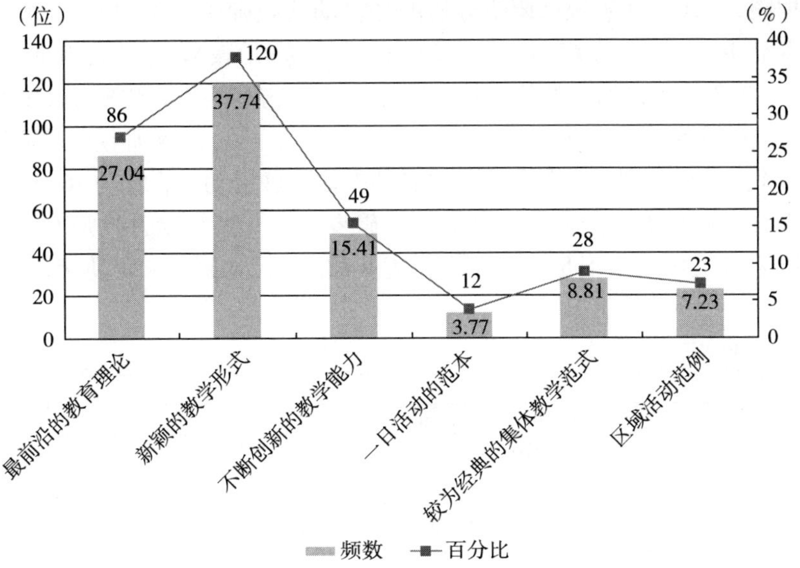

图2－19　乡村幼儿教师希望学习的专业发展内容的分布

资料来源：国家社会科学基金项目（项目号：BFA180069）和山东省教育科学规划课题（编号：YC2019183）项目的调查数据。

在曾参与的专业发展活动方面，乡村幼儿教师参加过的专业发展活动以上公开课为主（此部分问卷为多选），如图2－20所示。

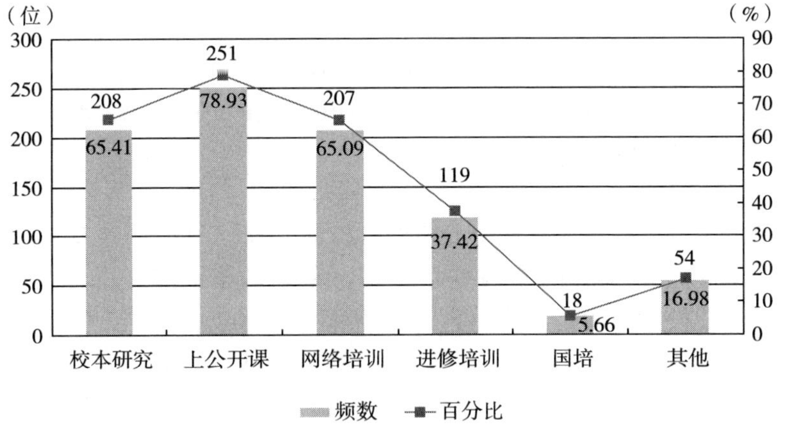

图2－20　乡村幼儿教师曾参与的专业发展活动的分布

资料来源：国家社会科学基金项目（项目号：BFA180069）和山东省教育科学规划课题（编号：YC2019183）项目的调查数据。

根据图2－20，在被统计调研分析的乡村幼儿教师中，208位乡村幼儿教师参加过校本研究（占比为65.41%），251位乡村幼儿教师上过公开课（占比为78.93%），207位乡村幼儿教师参加过网络培训（占比为65.09%），119位乡村幼儿教师参加过进修培训（占比为37.42%），18位乡村幼儿教师参加过国培（占比为5.66%），54位乡村幼儿教师参加过其他专业发展活动（占比为16.98%）。

在提升专业素养的阻碍因素方面，阻碍乡村幼儿教师提升教师专业素养的最主要原因来自工作经验不足（此部分问卷为多选），如图2－21所示。

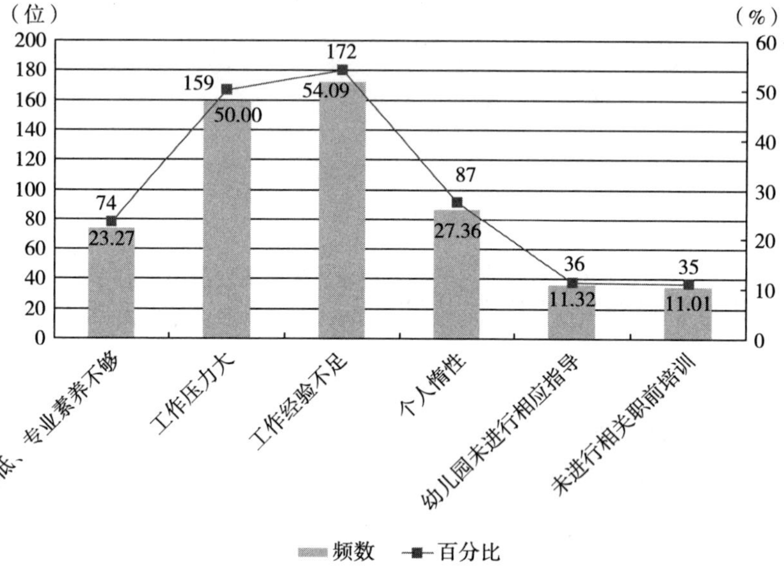

图2－21　乡村幼儿教师提升专业素养的阻碍因素的分布

资料来源：国家社会科学基金项目（项目号：BFA180069）和山东省教育科学规划课题（编号：YC2019183）项目的调查数据。

根据图2－21，在被统计调研分析的乡村幼儿教师中，74位乡村幼儿教师认为阻碍自己提升专业素养的原因是学历低、专业素养不够（占比为23.27%），159位乡村幼儿教师认为是工作压力大（占比为50.00%），172位乡村幼儿教师认为是工作经验不足（占比为54.09%），87位乡村幼儿教师认为是个人惰性（占比为27.36%），36位乡村幼儿教师认为是幼儿园未进行相应指导（占比为11.32%），35位乡村幼儿教师认为是未进行相关职前培训（占比为11.01%）。

在教学问题的处理方式方面，乡村幼儿教师遇到教学问题时，主要处理方式为与同事探讨，如图2－22所示。

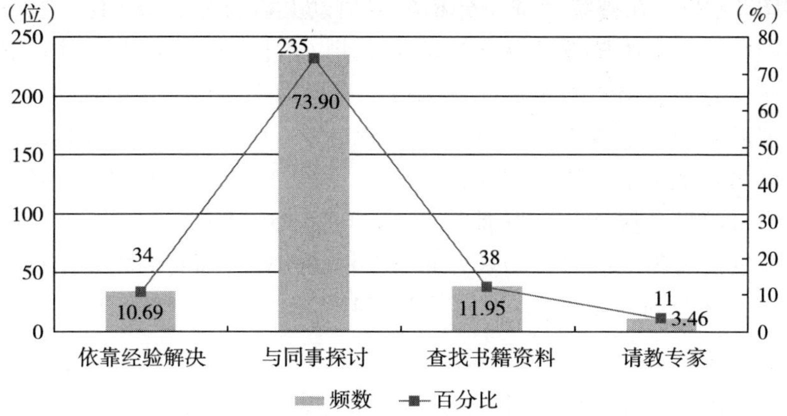

图2－22　乡村幼儿教师教学问题的处理方式的分布

资料来源：国家社会科学基金项目（项目号：BFA180069）和山东省教育科学规划课题（编号：YC2019183）项目的调查数据。

根据图2－22，在被统计调研分析的乡村幼儿教师中，34位乡村幼儿教师会依靠经验解决教学问题（占比为10.69%），235位乡村幼儿教师会与同事探讨解决教学问题（占比为73.90%），38位乡村幼儿教师通过查找书籍资料解决教学问题（占比为11.95%），11位乡村幼儿教师请教专家解决教学问题（占比为3.46%）。

在专业发展驱动力来源方面，增进专业知识和技能是乡村幼儿教师的专业发展的主要驱动因素（此部分问卷为多选），如图2－23所示。

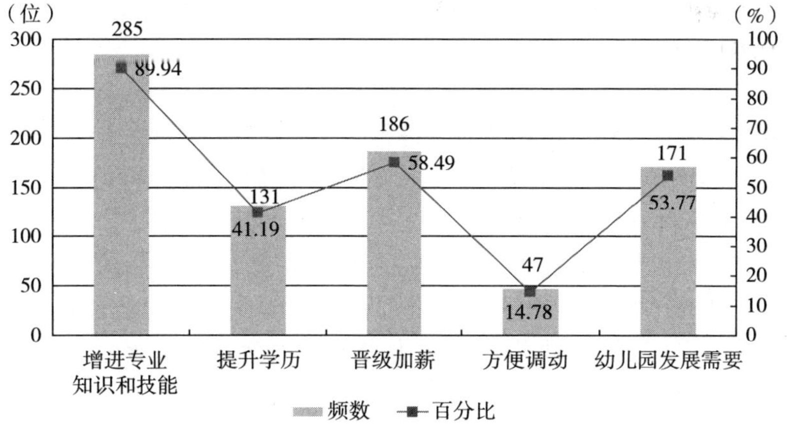

图2－23　乡村幼儿教师专业发展驱动力来源的分布

资料来源：国家社会科学基金项目（项目号：BFA180069）和山东省教育科学规划课题（编号：YC2019183）项目的调查数据。

根据图 2－23，在被统计调研分析的乡村幼儿教师中，285 位乡村幼儿教师专业发展的驱动力来源是增进专业知识和技能（占比为 89.94%），131 位乡村幼儿教师专业发展的驱动力来源是提升学历（占比为 41.19%），186 位乡村幼儿教师专业发展的驱动力来源是晋级加薪（占比为 58.49%），47 位乡村幼儿教师专业发展的驱动力来源是方便调动（占比为 14.78%），171 位乡村幼儿教师专业发展的驱动力来源是乡村幼儿园发展需要（占比为 53.77%）。

在专业发展历程中的阻碍因素方面，乡村幼儿教师面对的主要阻碍因素为工作压力大（此部分问卷为多选），如图 2－24 所示。

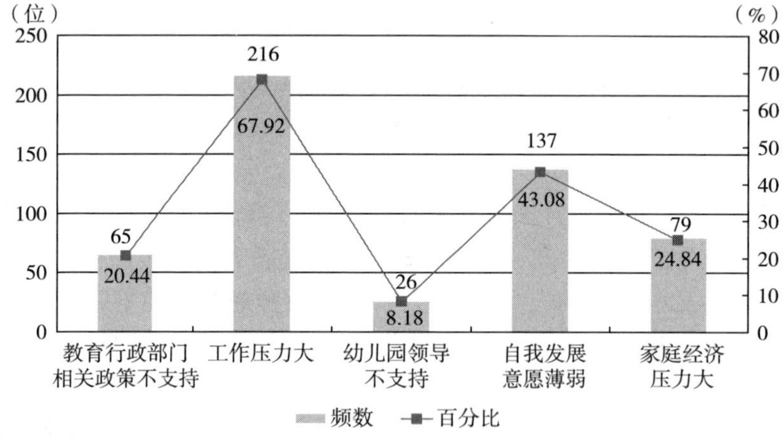

图 2－24　乡村幼儿教师专业发展的阻碍因素的分布

资料来源：国家社会科学基金项目（项目号：BFA180069）和山东省教育科学规划课题（编号：YC2019183）项目的调查数据。

根据图 2－24，在对乡村幼儿教师进行统计分析的研究中，65 位乡村幼儿教师认为专业发展面临教育行政部门相关政策不支持的阻碍（占比为 20.44%），216 位乡村幼儿教师认为专业发展面临工作压力大的阻碍（占比为 67.92%），26 位乡村幼儿教师认为专业发展面临乡村幼儿园领导不支持的阻碍（占比为 8.18%），137 位乡村幼儿教师认为专业发展面临自我发展意愿薄弱的阻碍（占比为 43.08%），79 位乡村幼儿教师认为专业发展面临家庭经济压力大的阻碍（占比为 24.84%）。

二、乡村幼儿教师职业教育培训情况

在乡村幼儿园为其教师专业发展亟待处理的问题方面，乡村幼儿教师认为幼儿园最应该多提供幼儿教师培训机会（此部分问卷为多选），如图 2－25 所示。

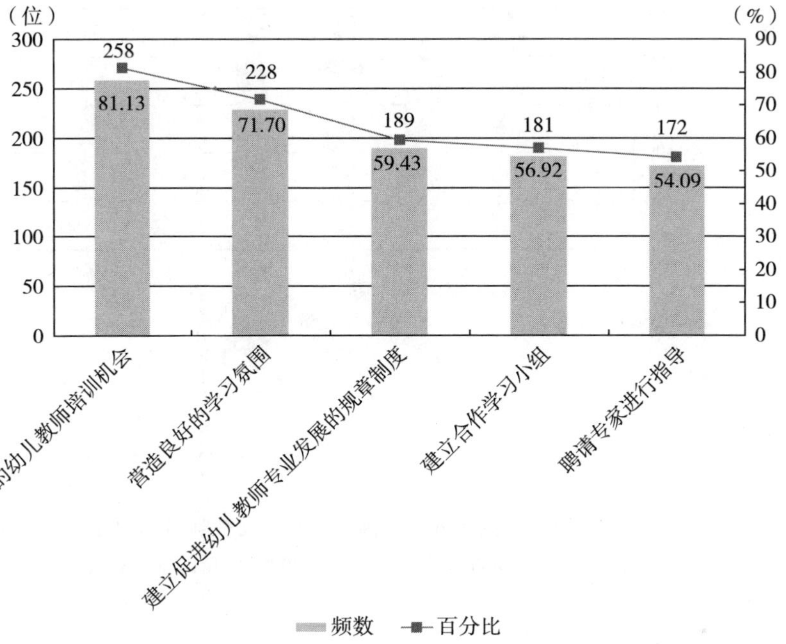

图 2－25　乡村幼儿园为其教师专业发展亟待处理的问题分布

资料来源：国家社会科学基金项目（项目号：BFA180069）和山东省教育科学规划课题（编号：YC2019183）项目的调查数据。

根据图 2－25，在对乡村幼儿教师进行统计分析的研究中，258 位乡村幼儿教师认为乡村幼儿园应该为其专业发展提供更多的幼儿教师培训机会（占比为 81.13%），228 位乡村幼儿教师认为乡村幼儿园应该营造良好的学习氛围（占比为 71.70%），189 位乡村幼儿教师认为乡村幼儿园需建立促进乡村幼儿教师专业发展的规章制度（占比为 59.43%），181 位乡村幼儿教师认为乡村幼儿园应该建立合作学习小组（占比为 56.92%），172 位乡村幼儿教师认为乡村幼儿园应该聘请专家进行指导（占比为 54.09%）。

在专业发展水平高的乡村幼儿教师的特点方面，乡村幼儿教师认为具有专业发展方面的个人追求是判断其专业发展水平高的一大特点（此部分问卷为多选），如图 2－26 所示。

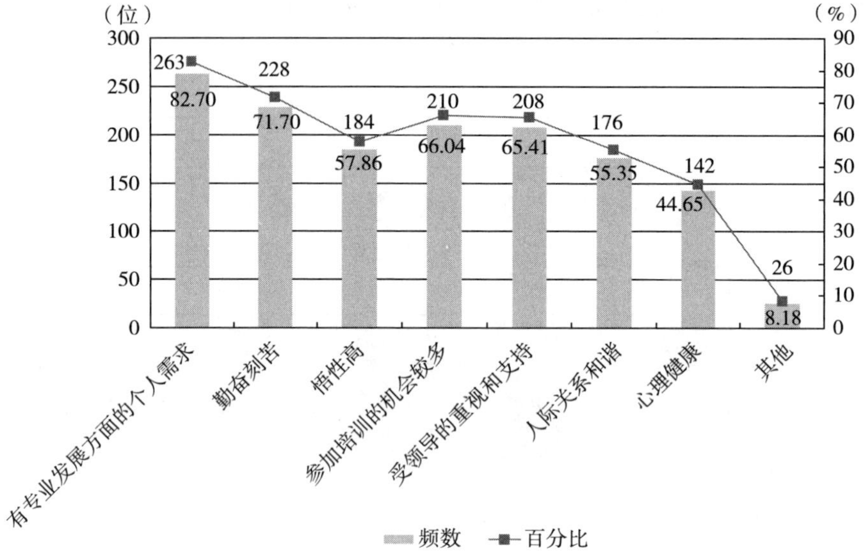

图 2－26　专业发展水平高的乡村幼儿教师特点的分布

资料来源：国家社会科学基金项目（项目号：BFA180069）和山东省教育科学规划课题（编号：YC2019183）项目的调查数据。

根据图 2－26，在对乡村幼儿教师进行统计分析的研究中，263 位乡村幼儿教师认为专业发展水平高的乡村幼儿教师的特点是有专业发展方面的个人需求（占比为 82.70%），228 位乡村幼儿教师认为专业发展水平高的乡村幼儿教师勤奋刻苦（占比为 71.70%），184 位乡村幼儿教师认为专业发展水平高的乡村幼儿教师悟性高（占比为 57.86%），210 位乡村幼儿教师认为专业发展水平高的乡村幼儿教师参加培训的机会较多（占比为 66.04%），208 位乡村幼儿教师认为专业发展水平高的乡村幼儿教师受领导的重视和支持（65.41%），176 位乡村幼儿教师认为专业发展水平高的乡村幼儿教师人际关系和谐（占比为 55.35%），142 位乡村幼儿教师认为专业发展水平高的乡村幼儿教师心理健康（占比为 44.65%），还有 26 位乡村幼儿教师认为专业发展水平高的乡村幼儿教师有其他特点（占比为 8.18%）。

在近三年曾参加的市级及以上培训的次数方面，参加过市级以上培训的教师不多，如图 2－27 所示。

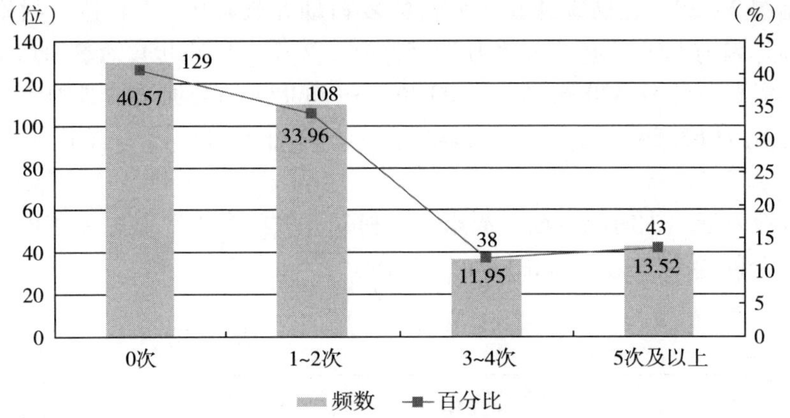

图 2－27　乡村幼儿教师近三年参加市级及以上培训的次数分布

资料来源：国家社会科学基金项目（项目号：BFA180069）和山东省教育科学规划课题（编号：YC2019183）项目的调查数据。

根据图 2－27，在被统计调研的乡村幼儿教师中，近三年来没有参加过市级及以上培训的乡村幼儿教师有 129 位（占比为 40.57%），参加过 1～2 次市级及以上培训的乡村幼儿教师有 108 位（占比为 33.96%），参加过 3～4 次市级及以上培训的乡村幼儿教师有 38 位（占比为 11.95%），参加过 5 次及以上市级及以上培训的乡村幼儿教师有 43 位（占比为 13.52%）。

在乡村幼儿教师参加培训的原因方面，自我发展需要是主要因素，如图 2－28 所示。

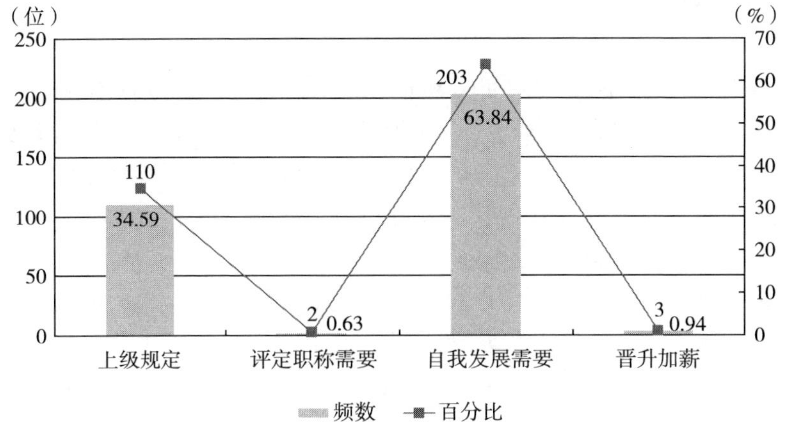

图 2－28　乡村幼儿教师参加培训的原因分布

资料来源：国家社会科学基金项目（项目号：BFA180069）和山东省教育科学规划课题（编号：YC2019183）项目的调查数据。

根据图2－28，在被统计调研分析的乡村幼儿教师中，110位乡村幼儿教师参加培训是因为上级规定（占比为34.59%），2位乡村幼儿教师参加培训是因为评定职称需要（占比为0.63%），203位乡村幼儿教师参加培训是因为自我发展需要（占比为63.84%），3位乡村幼儿教师参加培训是因为晋升加薪（占比为0.94%）。

在专业发展培训时间方面，周末是乡村幼儿教师参加专业发展培训的集中时间（此部分问卷为多选），如图2－29所示。

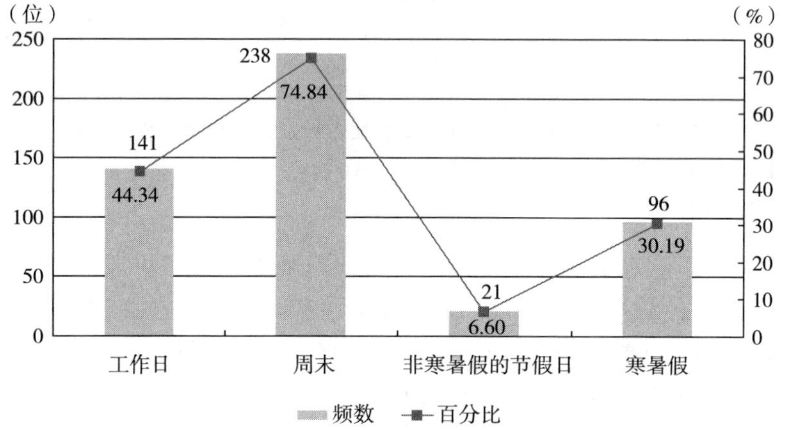

图2－29　乡村幼儿教师专业发展培训时间选择的分布

资料来源：国家社会科学基金项目（项目号：BFA180069）和山东省教育科学规划课题（编号：YC2019183）项目的调查数据。

根据图2－29，在被统计调研分析的乡村幼儿教师中，141位乡村幼儿教师专业发展培训时间集中在工作日（占比为44.34%），238位乡村幼儿教师专业发展培训时间集中在周末（占比为74.84%），21位乡村幼儿教师专业发展培训时间集中在非寒暑假的节假日（占比为6.60%），96位乡村幼儿教师专业发展培训时间集中在寒暑假（占比为30.19%）。

职业教育培训的问题方面，乡村幼儿教师认为存在的最主要问题为培训机会少（此部分问卷为多选），如图2－30所示。

根据图2－30，在被统计调研分析的乡村幼儿教师中，94位乡村幼儿教师认为参加过的职业教育培训存在培训内容单一且不够深入的问题（占比为29.56%），92位乡村幼儿教师认为参加过的职业教育培训存在培训内容与教学实践脱节的问题（占比为28.93%），55位乡村幼儿教师认为参加过的职业教育培训存在培训时间与工作时间相冲突的问题（占比为 17.30%），92 位乡村幼儿教师认为参加过的职业教育培训存在培训占用太多业余时间的问题（占比为 28.93%），146 位乡村幼儿教师认为参加过的职业教育培训存在培训机会少的问题（占比为 45.91%），71 位乡村幼儿教师认为参加过的职业教育培训存在培训模式陈旧的问题（占比为 22.33%），69 位乡村幼儿教师认为参加过的职业教育培训存在其他的问题（占比为 21.70%）。

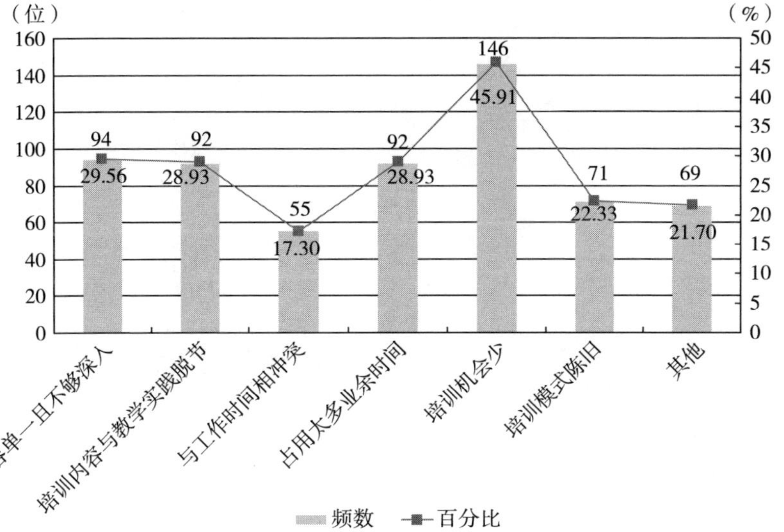

图 2-30　乡村幼儿教师职业教育培训问题的分布

资料来源：国家社会科学基金项目（项目号：BFA180069）和山东省教育科学规划课题（编号：YC2019183）项目的调查数据。

在科研的制约因素方面，乡村幼儿教师认为科研的主要制约因素为自己对教学研究理论知识掌握不够，如图 2-31 所示。

根据图 2-31，在对乡村幼儿教师进行统计分析的研究中，101 位乡村幼儿教师认为制约自己进行科研的因素是教学工作繁重（占比为 31.76%），58 位乡村幼儿教师认为制约自己进行科研的因素是科研水平不足（占比为 18.24%），19 位乡村幼儿教师认为制约自己进行科研的因素是乡村幼儿园对科研并不关注（占比为 5.97%），4 位乡村幼儿教师认为制约自己进行科研的因素是科研没有太大的意义（占比为 1.26%），136 位乡村幼儿教师认为制约其进行科研的因素是自己对教学研究理论知识掌握不够（占比为 42.77%）。

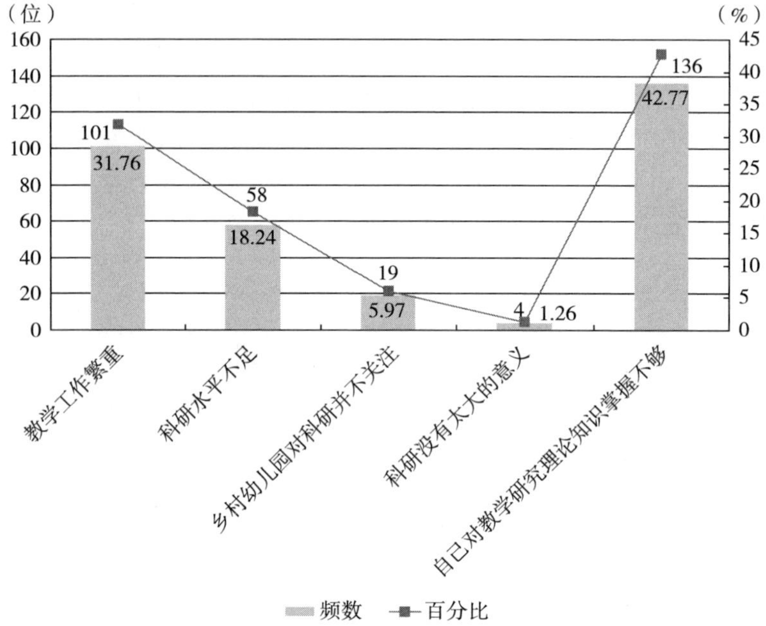

图 2－31　制约乡村幼儿教师科研的因素分布

资料来源：国家社会科学基金项目（项目号：BFA180069）和山东省教育科学规划课题（编号：YC2019183）项目的调查数据。

在提升专业发展的方式方面，与同事合作交流是主要方式（此部分问卷为多选），如图 2－32 所示。

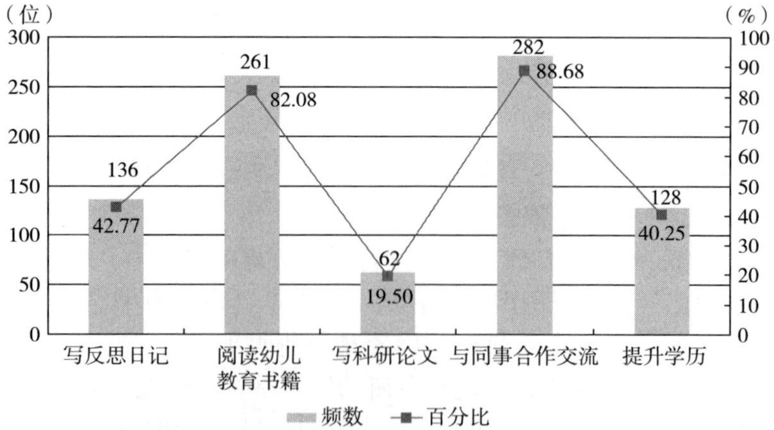

图 2－32　乡村幼儿教师提升专业发展的方式途径分布

资料来源：国家社会科学基金项目（项目号：BFA180069）和山东省教育科学规划课题（编号：YC2019183）项目的调查数据。

根据图 2－32，在被统计调研分析的乡村幼儿教师中，136 位教师提升专业发展的方式是写反思日记（占比为 42.77%），261 位乡村幼儿教师提升专业发展的方式是阅读幼儿教育书籍（占比为 82.08%），62 位乡村幼儿教师提升专业发展的方式是写科研论文（占比为 19.50%），282 位乡村幼儿教师提升专业发展的方式是与同事合作交流（占比为 88.68%），128 位乡村幼儿教师提升专业发展的方式是提升学历（占比为 40.25%）。

在个人发展规划实施情况方面，有个人发展规划并实施的占多数，如图 2－33 所示。

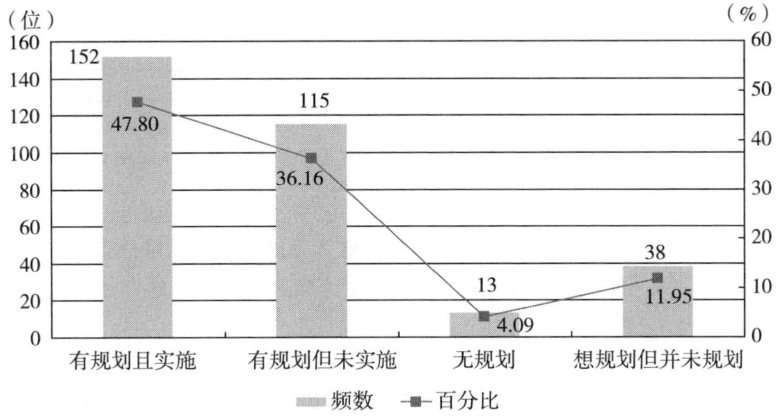

图 2－33　乡村幼儿教师个人发展规划实施情况的分布

资料来源：国家社会科学基金项目（项目号：BFA180069）和山东省教育科学规划课题（编号：YC2019183）项目的调查数据。

根据图 2－33，在被统计调研分析的乡村幼儿教师中，152 位乡村幼儿教师有个人发展规划且实施（占比为 47.80%），115 位乡村幼儿教师有个人发展规划但未实施（占比为 36.16%），13 位乡村幼儿教师没有个人发展规划（占比为 4.09%），38 位乡村幼儿教师想规划但并未规划（占比为 11.95%）。

在对幼儿教育领域文件的了解方面，幼儿教育领域的文件对幼儿园教师的发展起着重要的作用，包括《幼儿园教师专业标准（试行）》《3—6 岁儿童学习与发展指南》《幼儿园教育指导纲要》等，具体了解情况如图 2－34 所示。

根据图 2－34，对于《幼儿园教师专业标准（试行）》《3—6 岁儿童学习与发展指南》《幼儿园教育指导纲要》等的基本内涵的了解调查中，选择完全了解的乡村幼儿教师有 172 位（占比为 54.09%），选择比较了解的乡村幼儿教师有

130 位（占比为 40.88%），选择不确定的乡村幼儿教师有 11 位（占比为 3.46%），选择不太了解的乡村幼儿教师有 3 位（占比为 0.94%），选择完全不了解的乡村幼儿教师有 2 位（占比为 0.63%）。

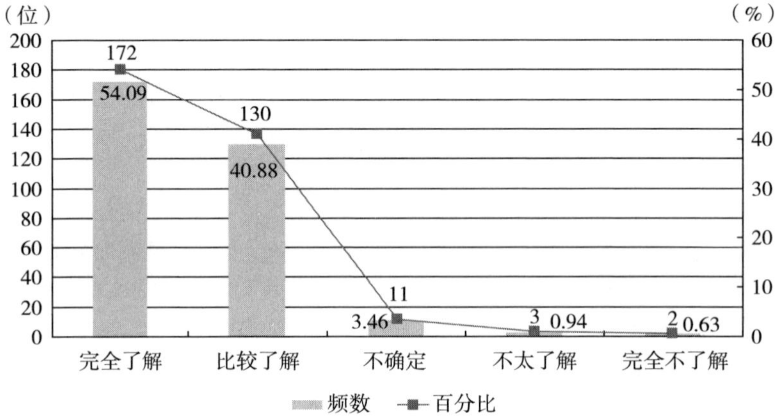

图 2－34　乡村幼儿教师对幼儿教育领域文件的了解分布

资料来源：国家社会科学基金项目（项目号：BFA180069）和山东省教育科学规划课题（编号：YC2019183）项目的调查数据。

在进修学习的需求能否获得支持方面，乡村幼儿教师大多认为向园所提出进修或学习的需求能够获得支持，如图 2－35 所示。

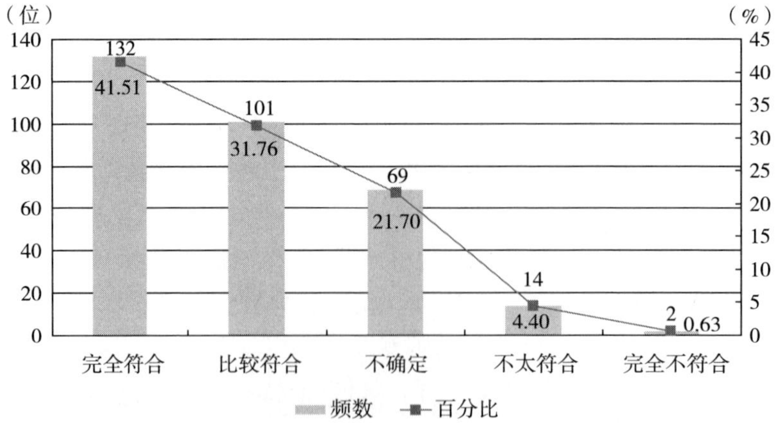

图 2－35　乡村幼儿教师进修学习的需求能否获得支持的分布

资料来源：国家社会科学基金项目（项目号：BFA180069）和山东省教育科学规划课题（编号：YC2019183）项目的调查数据。

根据图2－35，在乡村幼儿教师进修或学习的需求能否获得园所支持的调查中，选择完全符合的乡村幼儿教师有132位（占比为41.51%），选择比较符合的乡村幼儿教师有101位（占比为31.76%），选择不确定的乡村幼儿教师有69位（占比为21.70%），此外，选择不太符合的乡村幼儿教师达到14位（占比为4.40%），选择完全不符合的乡村幼儿教师仅有2位（占比为0.63%）。

在做科研方面，认为没必要做科研的乡村幼儿教师较少，如图2－36所示。

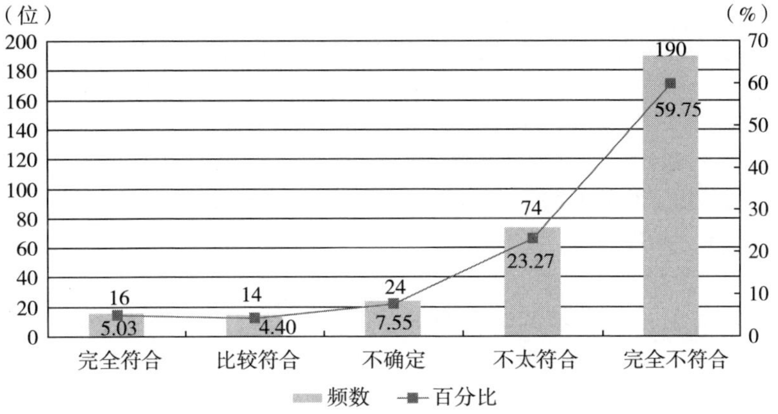

图2－36 乡村幼儿教师认为没必要做科研的观点分布

资料来源：国家社会科学基金项目（项目号：BFA180069）和山东省教育科学规划课题（编号：YC2019183）项目的调查数据。

根据图2－36，在乡村幼儿教师认为“幼儿教师没必要做科研”的调查中，选择完全符合的乡村幼儿教师有16位（占比为5.03%），选择比较符合的乡村幼儿教师有14位（占比为4.40%），选择不确定的乡村幼儿教师有24位（占比为7.55%），选择不太符合的乡村幼儿教师有74位（占比为23.27%），选择完全不符合的乡村幼儿教师有190位（占比为59.75%）。

在发现教学问题并反思方面，大多数乡村幼儿教师能发现教学问题，并且经常反思自己的教学行为，坚持写反思日记，如图2－37所示。

根据图2－37，在“在教学活动中，我能发现教学问题，并且经常反思自己的教学行为，坚持写反思日记”的调查中，选择完全符合的乡村幼儿教师有85位（占比为26.73%），选择比较符合的乡村幼儿教师有159位（占比为50.00%），选择不确定的乡村幼儿教师有42位（占比为13.21%），选择不太符合的乡村幼儿教师有30位（占比为9.43%），选择完全不符合的乡村幼儿教师有2位（占比为0.63%）。

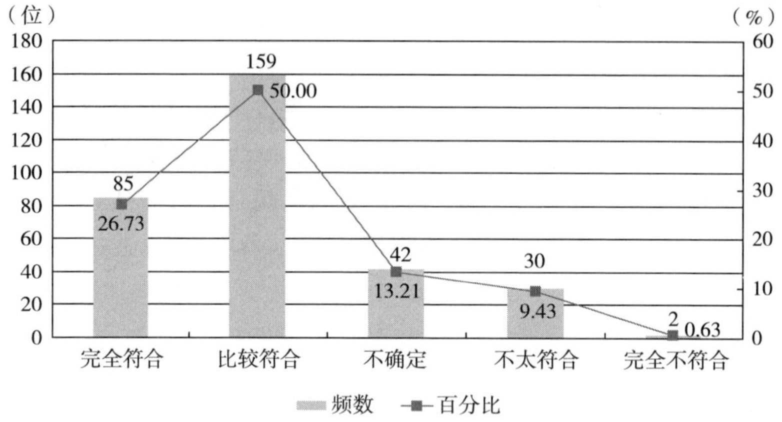

图 2-37　乡村幼儿教师能否发现教学问题并反思的分布

资料来源：国家社会科学基金项目（项目号：BFA180069）和山东省教育科学规划课题（编号：YC2019183）项目的调查数据。

在培训前是否进行需求调研方面，培训机构会对大多数乡村幼儿教师和保教人员的专业发展需求进行调研，如图 2-38 所示。

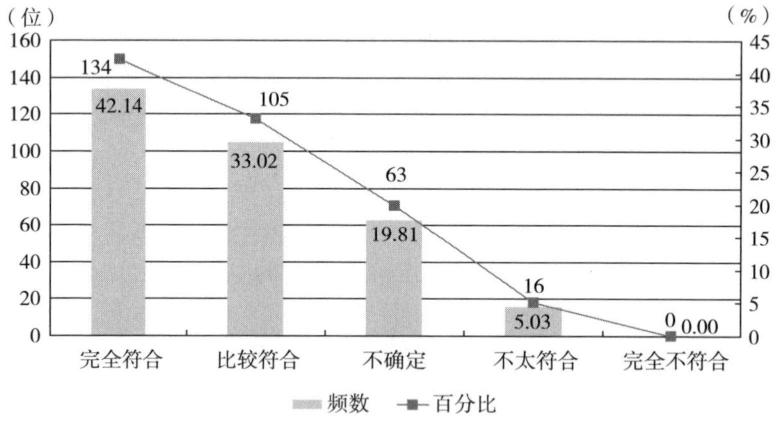

图 2-38　培训前是否对乡村幼儿教师进行需求调研情况的分布

资料来源：国家社会科学基金项目（项目号：BFA180069）和山东省教育科学规划课题（编号：YC2019183）项目的调查数据。

根据图 2-38，在“在培训之前，培训机构会对乡村幼儿教师和保教人员的专业发展需求进行调研”的调查中，选择完全符合的乡村幼儿教师有 134 位（占比为 42.14%），选择比较符合的乡村幼儿教师有 105 位（占比为 33.02%），选择不确定的乡村幼儿教师有 63 位（占比为 19.81%），选择不太符合的乡村幼儿教师有 16 位（占比为 5.03%），没有乡村幼儿教师选择完全不符合（占比为 0.00%）。

在注重自身学习方面，乡村幼儿教师大多能够注重自身学习，知识面比较广，能够及时回答幼儿的问题，如图 2－39 所示。

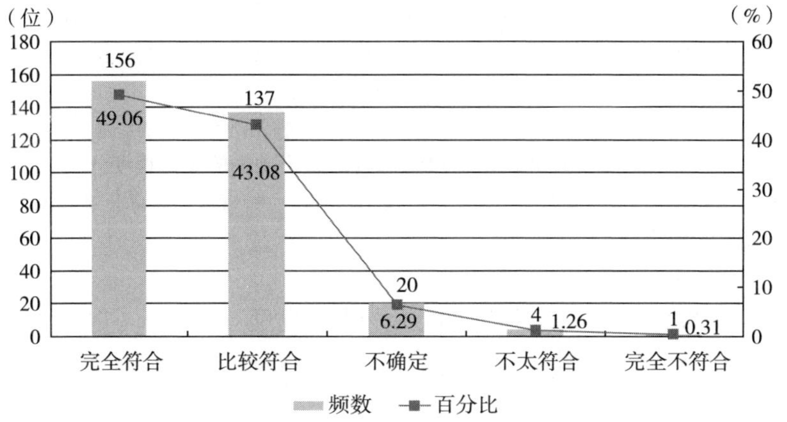

图 2－39 乡村幼儿教师能够注重自身学习的分布

资料来源：国家社会科学基金项目（项目号：BFA180069）和山东省教育科学规划课题（编号：YC2019183）项目的调查数据。

根据图 2－39，被统计调研分析的乡村幼儿教师在“上班之后，我注重自身对幼儿知识的学习，知识面比较广，能够及时回答幼儿的问题”的调查中，选择完全符合的乡村幼儿教师有 156 位（占比为 49.06%），选择比较符合的乡村幼儿教师有 137 位（占比为 43.08%），选择不确定的乡村幼儿教师有 20 位（占比为 6.29%），选择不太符合的乡村幼儿教师有 4 位（占比为 1.26%），选择完全不符合的乡村幼儿教师有 1 位（占比为 0.31%）。

在幼儿园对教师队伍建设的重视程度方面，乡村幼儿园比较重视乡村幼儿教师的专业发展，对不同层次的乡村幼儿教师都有相应的培养目标和要求，如图 2－39 所示。

根据图 2－40，被统计调研分析的乡村幼儿教师在“幼儿园重视教师队伍建设，对不同层次的教师都有相应的培养目标和要求”的调查中，选择完全符合的乡村幼儿教师有 183 位（占比为 57.55%），选择比较符合的乡村幼儿教师有 98

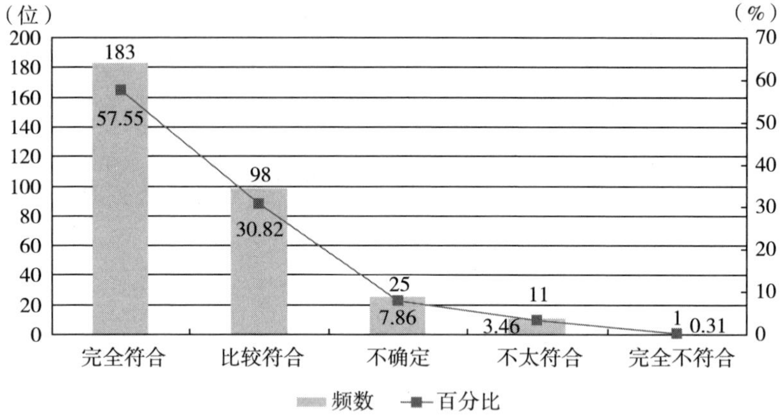

图2-40　乡村幼儿园对乡村幼儿教师队伍建设的重视程度分布

资料来源：国家社会科学基金项目（项目号：BFA180069）和山东省教育科学规划课题（编号：YC2019183）项目的调查数据。

位（占比为30.82%），选择不确定的乡村幼儿教师有25位（占比为7.86%），选择不太符合的乡村幼儿教师有11位（占比为3.46%），选择完全不符合的乡村幼儿教师有1位（占比为0.31%）。

在职业认同方面，乡村幼儿教师大都认为幼儿教师是专业人员，能理解其职业的专业性，具有认同感，同时愿意规划自己的专业发展，如图2-41所示。

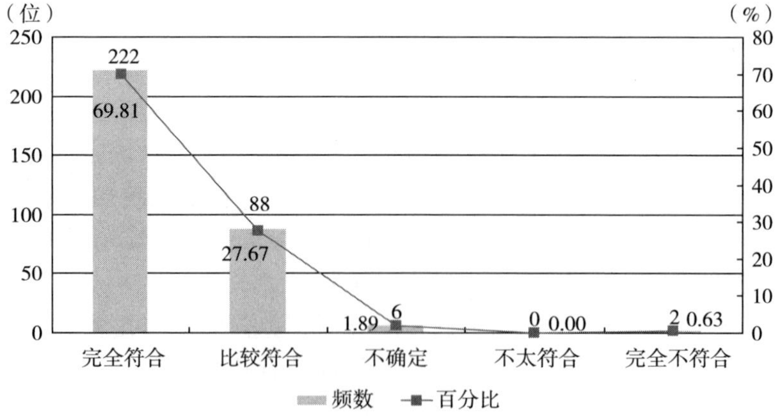

图2-41　乡村幼儿教师职业认同的情况分布

资料来源：国家社会科学基金项目（项目号：BFA180069）和山东省教育科学规划课题（编号：YC2019183）项目的调查数据。

根据图 2－41，在“我认同幼儿教师是专业人员，明晰其专业性和特殊性，注重自身专业发展”的调查中，认为完全符合的乡村幼儿教师达到 222 位（占比为 69.81%），选择比较符合的乡村幼儿教师有 88 位（占比为 27.67%），选择不确定的乡村幼儿教师有 6 位（占比为 1.89%），选择不太符合的乡村幼儿教师的数量为零（占比为 0.00%），而认为完全不符合的乡村幼儿教师仅有 2 位（占比为 0.63%）。

在对工作热爱情况方面，乡村幼儿教师普遍对自己的工作充满热爱，如图 2－42 所示。

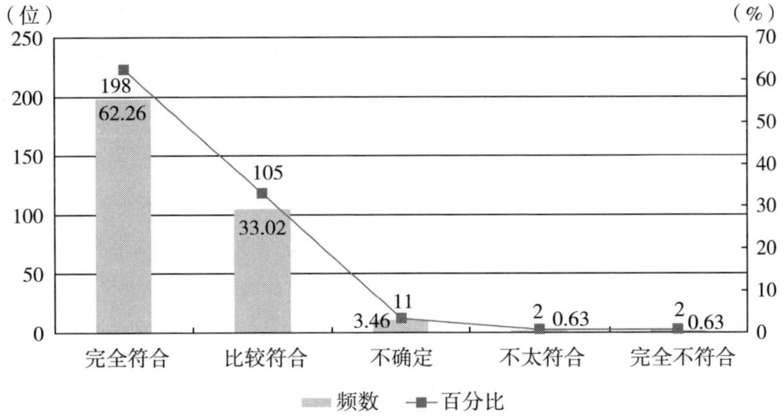

图 2－42　乡村幼儿教师对工作热爱情况的分布

资料来源：国家社会科学基金项目（项目号：BFA180069）和山东省教育科学规划课题（编号：YC2019183）项目的调查数据。

根据图 2－42，在“我对幼儿教师的工作充满了热爱”的调查中，选择完全符合的乡村幼儿教师有 198 位（占比为 62.26%），选择比较符合的乡村幼儿教师有 105 位（占比为 33.02%），选择不确定的乡村幼儿教师有 11 位（占比为 3.46%），选择不太符合的乡村幼儿教师有 2 位（占比为 0.63%），选择完全不符合的乡村幼儿教师有 2 位（占比为 0.63%）。

在乡村幼儿园管理评价制度的合理性方面，乡村幼儿教师大多认为乡村幼儿园管理、评价制度民主合理，能促进其专业发展，如图 2－43 所示。

根据图 2－43，在“幼儿园管理、评价制度民主合理，能促进我们专业发展、知识和操作技能的提升”的调查中，选择完全合理的乡村幼儿教师有 195 位（占比为 61.32%），选择比较合理的乡村幼儿教师有 99 位（占比为 31.13%），选择不确定的乡村幼儿教师有17位（占比为5.35%），选择不太合理的乡村幼儿教师有5位（占比为1.57%），选择完全不合理的乡村幼儿教师有2位（占比为0.63%）。

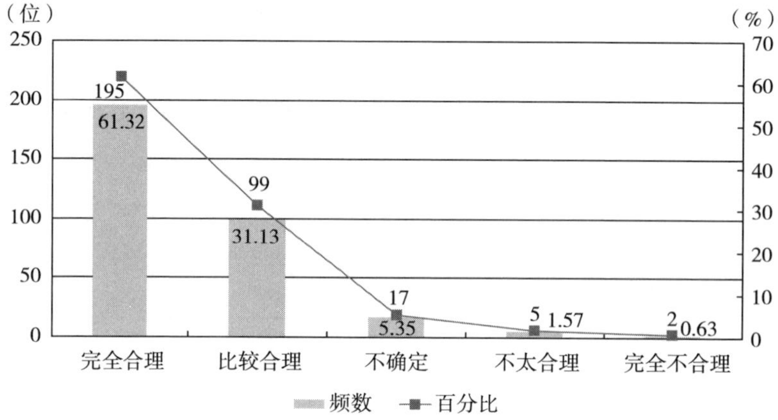

图2－43　乡村幼儿园管理评价制度的合理性认知分布

资料来源：国家社会科学基金项目（项目号：BFA180069）和山东省教育科学规划课题（编号：YC2019183）项目的调查数据。

第三章　乡村幼儿教师专业发展存在的问题

第一节　社会支持机制有待提升

一、政策制定与完善相对缓慢，保障力量有待提升

（一）乡村幼儿园可持续发展支持力度较弱

山东省相关政府部门和社会各界对乡村幼儿园可持续发展的支持力度相对较弱。山东省相关政府部门为落实国家相应的教育政策，结合国家文件及山东省的学前教育现状出台了关于目前学前教育发展前景的相关指导政策，扩大了对该领域的投资，相关学前教育的政策法规及激励机制逐步完善，越来越重视乡村幼儿园建设。乡村幼儿教育的发展需要多方共同努力，解决思路和解决方案互有交集①，随着教育质量的提高，越来越多的人及社会公益组织等将参与到乡村幼儿园的建设中，同时，结合我国的国情，义务教育始终是国家教育的核心之一，每年财政投入教育的资金大部分用于义务教育，但是在义务教育中，学前教育是不包括在内的，其他非义务教育的投入也比学前教育相对要高。尽管相关教育部门已经认识到学前教育在所有教育中的地位越来越重要，但就目前来说乡村幼儿园教师队伍建设仍相对薄弱。

山东省部分乡村幼儿教师的身份和地位不能完全有效地获得保证。乡村幼儿教师的身份和地位是维护乡村幼儿教师的正当权利和利益、稳定乡村幼儿教师的前景未来的重要前提和基本条件。乡村幼儿园的教师相对于城市幼儿园的教师，

① 杨瑞．近代中国乡村改造之社会转向［J］．中国社会科学，2017（2）：184－204，209.

其劳动福利以及薪资待遇存在一定的差距（调研中显示，主要体现在周围的生活及教育环境上，有编制的幼儿教师相对较好），使乡村幼儿教师无法专心完成自己的工作，容易失去信心，专业发展更加困难，从访谈中得知，还有少部分乡村幼儿园的教师（以临时雇佣合同制员工为主）把乡村幼儿教师的工作作为谋生的手段，但对自身的职业发展规划还有待进一步明确。

（二）乡村幼儿教师的在职培训体制有待进一步完善

山东省学前教育投资相对不足，乡村幼儿教师的在职培训体制有待进步完善。在职教育是乡村幼儿教师教育水平提升的重要途径，也是提高乡村幼儿教师专业能力与素养的重要方法，当前很长一段时间内，为了促进和保证乡村幼儿教师的专业长期发展，相关机构部门提出了相应的政策或采取了各种实际行动。例如，依法维护乡村幼儿教师的在职进修权利，提供开放、多样的教育项目。但对乡村学前教育（特别是偏远山区的学前教育）的支持仍然不足，乡村幼儿园教师的教育专用经费相对较少，在培训进修、科学研究、学习等领域，城市幼儿园的教师获得的经费和支持相对较多，拥有充足的学习机会和途径，但是乡村幼儿园的教师却很难得到同样的教育机会和经验，其待遇相对较低，权利相对薄弱。除此之外，部分乡村幼儿园没有形成相对完善的乡村幼儿教师专业发展辅助体系，幼儿教师教育培训的单位组织缺乏标准化流程，主要是以城市幼儿教师为对象进行进一步研究的教育，提供研修会，乡村幼儿教师的岗位教育机会不足，条件不完善。通过乡村幼儿园走访以及与乡村幼儿园园长和教师的沟通可知，教育主管部门认识到乡村幼儿教师的专业性知识在教学中的重要性，却忽视了其中的连续性和个体差异性。在乡村幼儿教师就业的过程中，乡村幼儿教师专业化水平显得尤为重要，但乡村幼儿园主要看重教师的专业能力和相关技能的掌握，对乡村幼儿教师的专业态度和专业素质的关注相对较少，乡村幼儿教师是否经过系统教育，培训效果又如何，这些因素都影响着乡村幼儿教师专业能力的提高，乡村幼儿教师专业能力的提高不是仅依靠自身的知识汲取与纳入，外部教育机会也尤为重要。在外界给予的培训机会中，教育方式、教育内容和教育场所对乡村幼儿教师教学能力的提高有着重要的影响。同时，教育部门提供的教育培训是否与当地幼儿师资力量的培养模式相吻合，直接影响乡村幼儿教师专业能力的提高，应注重教师个人主动发展与集体合作相结合①，不能忽视乡村幼儿教师的进一步教育，增加乡村幼儿教师的教育和提升机会，另外，接受教育培训的方式相对单一也是山东省相当数量的乡村幼儿教师专业能力发展较慢的原因之一。

---

① 宋红娟．英国“入职与发展档案”制度对我国幼儿教师专业发展的启示［J］．学前教育研究，2007（5）：56－58.

（三）乡村幼儿教师的专业培训有待进一步完善

山东省乡村幼儿教师培训有待进一步完善，学习内容与实际教学匹配度较低。乡村幼儿教师教育培训机会相对较少，部分教师甚至已经多年没有接受培训，培训内容与实际教学匹配度不高，主要表现在以下几个方面：①教育内容以理论研究和技能教育为焦点，一些工作的实际问题不能有效解决；②在教育方法上，将重心放在新信息的传授，却忽略了与乡村幼儿教师的交流和互动，对于幼儿教师实践水平和教训经验的反馈和调整效果不佳，乡村幼儿教师的乡村性和区域性等特性得不到重视；③个性化活动因人而异，只注重培训时间的跨度，格外注意时段性，却忽略了乡村幼儿教师教育的连续性和周期性，乡村幼儿园没有为乡村幼儿教师制订长远教育计划或者制订的教育计划不完善，教育时间没有得到实际保障。由于教育机会不多和教育效果不到位，部分乡村幼儿教师的实践水平无法得到提高。

山东省部分乡村幼儿教师培训较缺乏后勤保障，乡村幼儿教师专业发展过程中缺乏物质力量的支持。除此之外，对于乡村幼儿教师的专业发展来说，专业的人才要素支撑力度比较小，从而限制了乡村幼儿园进一步增加优质师资力量，幼儿教师缺乏有效的科研能力，如重视职前教育却忽视了反馈；而且反映出关于乡村幼儿教师的各种专业发展评价制度有待完善，如职称评定制度。对于乡村幼儿教师持证上岗的制度监督也有待加强，存在部分乡村幼儿教师无证上岗的现象，造成乡村幼儿教师专业发展水平良莠不齐。同时，部分乡镇管理不一致（通过访谈可知，地区经济水平不一或许是其主要原因），随着社会的发展，城乡教育资源分布不均衡的问题日益严重，乡村幼儿园和城市幼儿园的差距较大，导致城乡幼儿教师待遇（含生存环境，主要是编制外合同制幼儿教师）也出现较大差距，除此之外，缺乏与乡村幼儿教师相关的教育培训保障体系，部分乡村幼儿教师的培训相对得不到保障，先进的人才就会大量流失。而且就目前来说，大部分高校毕业的学前教育专业学生倾向于去大城市发展，很少投身于乡村的幼儿教育事业，这就使乡村幼儿园缺乏新鲜血液，教学与科研水平难以提高。

（四）乡村幼儿教师的支持机制有待进一步完善

山东省乡村幼儿教师专业发展相对比较滞后，支持机制有待进一步完善。首先，山东省乡村幼儿教师进入门槛相对较低，执行工作和待遇的监督工作有待加强。在乡村幼儿园中，部分乡村幼儿教师的学历和资质达不到标准，部分乡村幼儿园不执行乡村幼儿教师资格证上岗要求。此外，对于乡村幼儿教师来说，较低的专业素质评价标准也限制了其对乡村幼儿教师行业的认识。其次，山东省乡村幼儿教师队伍专业发展是促进乡村幼儿教育可持续发展的首要任务，乡村幼儿教师的专业化权益保障是乡村幼儿教师专业发展的前提，是支撑其专业发展的外部动力。然而，与城市幼儿教师相比，专业权益明显较低是乡村幼儿教师专业发展的一大阻碍，这也制约了乡村幼儿教师专业化知识发展的速度。最后，在职教育对于山东省乡村幼儿教师专业发展来说至关重要，是促进其专业发展的重要方式。但是，通过调查我们可以发现，乡村幼儿教师的在职教育、科研进修、继续教育并没有整合到乡村幼儿教师的培养体系（以合同制幼儿教师为主）中，更加广阔且效果更好的乡村培训平台仍然比较少，这些都在一定程度上阻碍了乡村幼儿教师的专业发展。

二、乡村幼儿教师教育经费投入较不均衡，财政投入有待加强

（一）乡村幼儿教师发展整体投入相对不足

山东省乡村幼儿教师发展整体投入相对不足，乡村幼儿教育在教育体系中具有基础作用，山东省相关政府部门应该重视其地位，在乡村幼儿教育方面承担起重大责任，保障乡村幼儿教师基本待遇（特别是合同制幼儿教师的基本待遇），相应加大教育经费的投入，如乡村幼儿园运营发展经费和乡村幼儿教师教育机构优化经费等费用，并安排相关部门加强监管。乡村幼儿教师的专业发展受多重因素影响，但主要影响因素依旧是政府的鼓励与支持政策。近年来，山东省相关政府部门对乡村幼儿教师的重视程度不断提高，但对乡村幼儿教师专业发展的教育投入仍有待提升，主要表现在两个方面：①财政支持相对不足，用于乡村幼儿教师的财政经费相对处于较低水平。乡村学前教育的财政支援不足，乡村幼儿教师数量相对较少，就会导致教师教学水平低、学习资源不足等。近年来，虽然山东省相关政府部门在学前教育投入方面取得了巨大成就，但由于历史遗留问题，幼儿教育基础依旧薄弱，监管力度有待加大。同时，对于学前教育的财政支出不均衡，主要体现在结构投入不均衡、区域投入不均衡和教育资源投入不均衡等。尤其是在“三年行动计划”实施初期，投资主要集中在基础设施的建设上，大部分教育经费用于园舍建筑的建设、改造和扩建，积极完善基础设施，却忽视了乡村幼儿教师专业的发展情况，对于乡村幼儿教师的培养，特别是非在编乡村幼儿教师的专业学习重视不够。因此，建立健全和优化提升学前教育的财政投入比例和结构是当前和今后很长一段时间乡村幼儿教师发展及队伍建设的重点。此外，财政投入要做好保底工作，定向学前教育专项发展资金仅是保障措施，而非专业发展的激励方式。②对乡村幼儿教师管理较欠缺，部分乡村幼儿园缺乏专业的管理层人员和机构，没有形成系统完整的管理体系。因为乡村幼儿园数量少，且师资力量较为薄弱，除了园长、副园长、特聘教师和定向培训教师外，其他乡村幼儿教师很难取得编制。然而，对于乡村幼儿教师来说，在编教师与未在编教师在待遇上也存在差异，如工资差距较大、福利保障不同。若山东省相关政府部门对

此不重视，不加大支持力度，一线乡村幼儿教师可能会产生职业倦怠和抵触心理，从而不利于乡村幼儿教师专业水平的发展，导致乡村幼儿教师的流动和流失。因此，山东省相关政府部门对乡村幼儿教师的支持和资助对于其专业素质发展的积极性具有重要影响。

（二）乡村幼儿园物质条件有待提升

山东省部分乡村幼儿园的物质条件有待进一步提升。乡村幼儿园的物质文化设施为教师活动提供了基本条件，给予教师专业化足够的重视①，会直接影响乡村幼儿园教学资料的选取和教学设备的配备，对于乡村幼儿教师获取新知识、发展乡村幼儿教师的能力以及师生的互动与活动方式也会产生积极的影响。教学需要有规律地进行，但乡村幼儿园教室里的教学设备通常较少，与城市幼儿园相比，幼儿的书和玩具也较少，相关的活动场地和设施不健全。通过访谈可知，由于部分乡村幼儿园的儿童用书和玩具等的数量有限，教师只能在安排活动时使用。对于乡村幼儿教师来说，虽然幼儿园里有一些书籍和资料，但是缺乏关于乡村幼儿早期教育的资料。同时，由于条件的限制，大多数乡村幼儿教师很少订购幼儿教育资料。因此，山东省乡村幼儿教师得到的信息相对单一。就目前来说，由于所提供的可利用资源比较少，在很大程度上限制了乡村幼儿教师专业水平的发展。

三、乡村幼儿教师社会认可有偏差，教育理念有待发展

目前，乡村幼儿教师在一些地区工资水平较低，职业认可度较低，甚至被称为“高级保姆”。正是由于“高级保姆”“幼儿保姆”等错误观念的存在，无形中阻碍了高学历人才加入乡村幼儿教师队伍，导致乡村幼儿教师整体专业化水平和教育水平无法提高，因此，应全力助力乡村幼儿教师专业发展②。由于缺乏对乡村幼儿教师专业的尊重，对其专业性缺乏正确的认识，并且受传统观念的影响，大多数男性不会选择学前教育专业，认为照顾幼儿本就该是女性的责任。社会对乡村幼儿教师专业能力的认识相对淡薄，很多人认为管理幼儿不需要专业知识和技能，通过一定时期的培训，几乎每个人都能胜任幼儿教师这一职业，进而也影响了乡村幼儿教师专业能力的提升，制约了乡村幼儿园整体教育水平的提高。

山东省乡村幼儿教师的职业定位比较模糊，认知观念亟待改进。社会地位低

① 张晔．农村教师专业发展的需求研究［D］．河北师范大学硕士学位论文，2009.

② 肖起清，洪清．聚焦新时代乡村教师专业发展——第二届全国乡村教师专业发展论坛会议综述［J］．教师教育研究，2021，33（3）：117－122.

下在一定程度上影响着乡村幼儿教师的职业认同，进而限制其专业知识的提高与发展。在当前基础教育压力较大的背景下，无论是产业界还是学术界，对于中小学教育都十分重视，但乡村幼儿教师社会认可度并不高，有人认为其职业定位是陪孩子游戏，在日常生活中保护孩子，实施最简单的认知教育。与乡村中小学教师相比，乡村幼儿教师的工资在教师行业处于较低水平，同时职称评定体系还有待完善，但每天的工作强度大、工作压力大，未来职业规划与路径不明确，这些直接影响了乡村幼儿教师每天的工作积极性。随即导致乡村幼儿教育在吸引和维护高素质人才时遇到困难，高校中有一部分学前教育专业的学生被动选择乡村幼儿教师这一职业，在乡村幼儿教育专业或学前教育专业，尤其突出的是乡村男幼儿教师数量偏少，这不仅会影响乡村幼儿教师的专业理念发展，而且会影响乡村幼儿教师职业的社会认同。由于乡村幼儿教师社会地位不高，致使其专业发展水平提升缓慢，社会认同感降低，缺乏优厚待遇，缺乏专业性与自主性，导致其工作压力相对于城市幼儿园教师更大，工作时间相对更长，容易产生工作倦怠，影响其专业性，不利于其专业可控性发展。而工资往往是社会地位的一种体现形式，山东省乡村幼儿教师的低工资是影响其专业发展积极性和自主性，以及其提高自身专业素养的主要阻碍因素，因此，应尽可能提高山东省乡村幼儿教师的工资水平，促进其专业发展水平的顺利提升。

第二节　乡村幼儿园管理体制有待完善

一、园本教研氛围不浓，乡村幼儿教师专业知识积淀不厚

（一）乡村幼儿园及管理者的理念相对匮乏

乡村幼儿园是乡村幼儿教师专业发展的主要场所，对乡村幼儿教师专业发展有着重要影响。同时，乡村幼儿园是乡村幼儿教师的主要工作地点，也是乡村幼儿教师开展教育教学活动的重要场所。环境促进事物的变化，幼儿园的经营理念、乡村幼儿教师文化和乡村幼儿教师队伍建设的稳定性，将对乡村幼儿教师专业发展产生重要影响，而乡村幼儿教师专业发展支持体系面临着诸多困境[①]，与乡村幼儿教师专业发展动力、乡村幼儿教师的意识与需求等直接关联。山东省乡村幼儿园及管理者理念相对匮乏，影响乡村幼儿教师的导向性。山东省部分乡村

① 王艺娜．乡村教师专业发展支持体系的困境及构建［J］．教学与管理，2019（16）：8－11.

幼儿园管理水平较低，可提供给乡村幼儿教师提升自身专业水平和能力的教育资源不充足，导致乡村幼儿教师工作和学习效率低下，并且乡村幼儿园的办学和管理方式不同于小学与中学的办学和管理方式，自身存在特殊性，而管理者常不加思索地照搬乡村中小学教师管理制度来管理幼儿教师，繁重的教学管理事务让乡村幼儿教师无暇他顾，花费大部分精力，然而对于教育研究工作和提升自身专业水平的学习却没有多少时间和精力，导致其对专业组织活动兴趣不高，教学能力也难以得到提升，自身也无法获得成长。同时，这也是乡村幼儿教师教学方式墨守成规、效率低下的原因。对于乡村幼儿教师来说，比较简单的知识结构、教学技能缺乏创新是制约教师专业发展的重要因素。大多数乡村幼儿教师没有明确的专业知识和技能发展目标和计划，也没有抓住学习和继续教育的机会，没有提高专业素质的强烈意愿，但通过访谈发现，许多乡村幼儿教师相信自己的知识可以满足当前工作的需求。也就是说，对于乡村幼儿教师来说，必须把不断学习和运用新知识作为必备的技能。但是，由于乡村幼儿教师没有相应地提高职业素养的观念，极大地影响了乡村幼儿教师专业发展水平的提高。进入乡村幼儿园任职之后，乡村幼儿教师对自身能力没有客观的了解，再加上没有得到相应的指导，没有进步就不会意识到进步的重要性。培训时间不足的乡村幼儿教师的工作满意度较低，因为其无法在职业发展过程中提高专业素养，进而使乡村幼儿教师缺乏内部成长的动力。

山东省乡村幼儿园园长对于整个乡村幼儿园的规划建设和完善发展非常重要。但在乡村地区，多数乡村幼儿教师（含部分园长）对乡村幼儿教育缺乏兴趣。即使在一些经济发展比较良好的城镇，管理也并不专业。对乡村幼儿教师培训缺乏认识，对素质培训没有严格要求，减缓了整个乡村幼儿教师群体的发展速度，部分乡村幼儿教师呈现出由内而外的松散状态。乡村幼儿园园长要营造民主和谐的管理氛围，落实科学的管理方法，建立健全乡村幼儿园管理规章制度，合理配置乡村幼儿教师队伍、物力和财力等，并使之多元化。采取有效措施合理利用资源，积极调动幼儿园的内在力量，使每位乡村幼儿教师都能最大限度地发挥潜能，合理利用一切资源，为幼儿园发展做充分的工作，竭尽全力、尽其所能发挥乡村幼儿园的整体作用。但有些乡村幼儿园管理者缺乏管理技能，缺乏自我反思能力及宽容协调能力。部分乡村幼儿园管理者不了解乡村幼儿教育研究的最新成果和改革现状，不能为乡村幼儿教师的自我成长和专业发展提供帮助，对于乡村幼儿教师来说，乡村幼儿教师的科研水平和感知能力都相对较弱，很难依靠自身提高专业发展水平。

（二）乡村幼儿教师发展培训策略不甚得当

山东省乡村幼儿园培训策略不甚得当，根据调查（结合访谈），山东省高级职称乡村幼儿教师对新入职乡村幼儿教师培训的主要形式是教师学徒指导、讲座、课堂评估、公开课和实践反思，较少使用集中学习、教学、教育观察等其他教学方法。幼儿园培训策略不得当，一方面，由于缺乏幼儿园的支持；另一方面，由于乡村幼儿园领导对新入职乡村幼儿教师的研究能力缺乏了解，或者忽略了对新入职乡村幼儿教师的专业发展能力的研究。培训是所有幼儿园培育新入职乡村幼儿教师的共同方法，也是新入职乡村幼儿教师普遍认可的有效方法。调查和案例研究表明，某些培训策略对新入职乡村幼儿教师没有吸引力，部分新入职乡村幼儿教师处于被动状态。经过分析，新入职乡村幼儿教师对编写思考报告和研究报告提不起兴趣，并且长期听课使其丧失了新鲜感，对单一的教学策略和作业感到厌倦。许多教学任务不仅使新入职乡村幼儿教师工作倦怠，而且使其失去了通过培训和研究提高专业水平的动力。

二、专业技能培训较零散，乡村幼儿教师专业素养提升困难

（一）乡村幼儿教师专业发展的培训机会较少

山东省部分乡村幼儿园教师培训机会少，效果不显著。进入工作岗位后，大部分乡村幼儿教师不会接受继续教育，要想接受专业的培训，只能通过参观和观摩。部分乡村幼儿教师会选择接受学历培训，或者参加由相关教育部门组织的一些教育研究活动。山东省乡村幼儿教师参加教育培训的机会少，主要是由于乡村幼儿园提供的名额太少，一般获得名额的都是有长期教育经验的乡村幼儿教师，入职不久的乡村幼儿教师机会较少，这就使乡村幼儿教师自身专业成长的需求得不到充分的满足，阻碍其教育教学能力的提升，最终制约乡村幼儿教师教育素养的提高。此外，乡村幼儿园园本培训体系有待完善，导致乡村幼儿教师的培训途径相对较少，培训的内容也较为单一。通过对乡村幼儿教师进行访谈，我们可以发现，虽然乡村幼儿教师参加教师专业培训的意愿很强烈，但是其对培训内容并不满意，认为培训内容缺乏针对性和目的性，并且存在脱离教育实际需求的情况，培训时间不适合，这也使山东省部分乡村幼儿教师对继续学习失去了兴趣，最终导致培训效果不佳。

从教育培训的内容来看，由于山东省部分乡村幼儿教师专业水平不高、专业基础比较薄弱，很难理解和学习那些看似高深的教育内容，特别是在理论知识方面，许多乡村幼儿教师认为这些知识与自己的实际教学工作任务并不符合且关联性也不强。但许多专家在教育培训过程中都会强调对专业理论知识的学习，较少对实际课堂教育教学问题进行剖析，对一些乡村幼儿教师的成长产生了不利影响。从方法上看，城市幼儿园的教师培训方法以各种方式被复制，如环境设计、教育方法、游戏、某些优秀的课程。当前的乡村幼儿教师培训是一种团体教育，

主要针对“乡村文化”“教育研究”“反思性教育”“团队合作”进行培训，针对乡村幼儿教师专业发展所必需的“公开课”和“课程开发技能”的内容和其他方面内容很少。一些理论研究人员主张使用协作、反思来促进专业发展。

山东省乡村幼儿教师所在园所应该提供乡村幼儿教师在职培训和学习的机会。但部分乡村幼儿园管理者对于幼儿教师的培训不够重视，并且园内的培训路径单一，培训机会也存在不平衡的现象，许多年轻的乡村幼儿教师在园里发展好了便选择离职或者调职到其他幼儿园，乡村幼儿教师流失较多。为了助推乡村教师的专业发展①，大多数乡村幼儿园为乡村幼儿教师专业能力的培养提供以下几种途径：①在乡村幼儿园内部进行的学习和培训，最常见的形式是乡村幼儿园组织的教研活动，组织乡村幼儿教师进行听课、评课和观摩公开课。②教育部门或乡村幼儿园组织的外出培训、学习。③偶尔聘请外校专家、园长对乡村幼儿教师进行培训。但是这种培训较少，而且这些培训也存在一些问题。一方面，乡村幼儿园的园本培训的内涵模糊、针对性不强，此外考虑到乡村幼儿教师学历水平普遍偏低这一现状，培训内容往往过于简单，不足以在真正意义上让那些水平较高的乡村幼儿教师获得成长。乡村幼儿园对乡村幼儿教师的培训都在固定的时间，并且培训对象是全体教师，这样虽然对乡村幼儿教师的发展具有促进作用，但由于乡村幼儿教师专业水平有限，乡村幼儿园的学习和培训成果不明显，乡村幼儿教师对于培训也存在敷衍的现象。另一方面，因为乡村幼儿园受到规章制度、经费、教师人员等因素的限制，乡村幼儿教师真正能进行外出学习和培训的机会较少，乡村幼儿园园长会将培训机会给一些教学经验丰富、专业能力强的骨干乡村幼儿教师，这些幼儿教师学习回来之后，分享他们的学习经验。如此一来，只有少数乡村幼儿教师能够得到更多的锻炼机会，培训机会分配失衡。另外，乡村幼儿园聘请各类专家和其他乡村幼儿园园长进行的培训不具备实用性，乡村幼儿教师自身专业水平不同，对培训内容的接受和消化程度也不同，导致很多乡村幼儿教师无法将培训内容内化为自身的东西。

（二）乡村幼儿教师专业发展氛围营造不充分

山东省部分乡村幼儿园环境及氛围营造不充分，山东省乡村幼儿园的环境和氛围对乡村幼儿教师的专业发展也有很大的影响，环境和氛围指的就是园所文化。乡村幼儿园园内教师之间相互交流学习，是促进其专业发展的基本途径。积极的工作氛围在无形中会推动教师专业能力的发展，在乡村非学前教育专业的幼儿教师身上体现得比较明显，乡村幼儿园所营造的工作氛围会对非学前教育专业

① 吕亚楠．乡村教师专业发展支持系统的现状分析及重构［J］．教育理论与实践，2016，36（17）：22－24.

的乡村幼儿教师产生很大的影响，甚至有决定性的影响。这是因为幼儿园内较多乡村教师属于非学前教育专业；另外，幼儿教师的专业知识和能力也有限。这导致乡村幼儿教师之间经验交流不足，或者就算交流也是低水平的重复。相比之下，与专业经验丰富的教师共事或在专家的帮助下，乡村幼儿教师可以在学习中快速成长，同时，也可以给那些经验欠缺的乡村幼儿教师提供模仿学习的模板，这种积极向上、和谐合作的学习氛围和工作环境有利于乡村幼儿教师加强自我管理，提升自身专业能力。相反，不良的文化氛围则会让乡村幼儿教师工作积极性不高，出现怠慢工作的现象。部分非学前教育专业的乡村幼儿教师不是真正地热爱学前教育这一行业，所以在职阶段往往会缺乏专业发展的动力和职业素养。乡村幼儿园针对所述问题对乡村幼儿教师进行职后培训，然而效果并不明显。甚至由于培训机会在乡村幼儿教师间的不均等，导致部分乡村幼儿教师未能获得培训的机会，而许多获得培训机会的乡村幼儿教师在过程中自感收获颇多，但回到岗位上仍然不知如何下手。由此可见，仅培训仍然不够，还需要在工作岗位上不断探索、不断学习，而这又与乡村幼儿园营造的工作和学习的氛围和环境密切相关。

（三）乡村幼儿教师专业发展激励机制较缺乏

山东省部分乡村幼儿教师专业发展缺乏必要的激励机制，首先，山东省乡村幼儿教师的工资和其他教育阶段的教师相比普遍较低，这会导致乡村幼儿教师工作的不稳定，进而阻碍乡村幼儿教师的专业发展。其次，山东省乡村幼儿教师的职业保障较其他教育阶段的教师来说比较低。考虑到学前教育是非义务教育阶段，目前有很多乡村幼儿园同时聘请入编和未入编的乡村幼儿教师，由于编制性质的不同，一些未入编乡村幼儿教师的薪资待遇和福利制度比较差，职业保障性不高。与一些在编乡村幼儿教师相比，承担着同样的工作任务却有着不同的薪资，这会降低乡村幼儿教师工作的积极性。这种被动的态度不可避免地会产生一些敷衍了事的逃避心理。最后，需要参加的考核与山东省乡村幼儿教师的专业成长并不匹配，山东省乡村幼儿教师专业化程度的高低与其工资收入及社会地位不成正比，大大降低了其接受专业培训及提升专业能力的热情。

三、评价体系比较单一，多元评价机制构建较滞后

（一）乡村幼儿教师的评价机制相对不完善

山东省部分乡村幼儿教师的评价机制相对不完善，反馈不及时、不到位。要想对乡村幼儿教师的日常工作情况、工作能力进行全方位的考察、考核和评价，考评是不可或缺的重要部分。考评作为乡村幼儿园实施教育教学活动的依据，不仅对教师的培训有益，在激励教师方面也有重要的作用。但是目前很多乡村幼儿

园仅把考评作为监督和考核乡村幼儿教师工作完成情况的工具，作为一种管理教师的手段，却没有真正地发挥其反馈信息，从而改善教学工作、提升整体教学质量的作用。这种方法的实施不符合乡村幼儿教师的实际情况，不利于乡村幼儿教师的专业发展，也不利于乡村幼儿教师队伍质量的提高。如果专业素质的发展对于乡村幼儿教师这一职业来说是发展的源泉，那么，明确有效的奖励机制就是推动乡村幼儿教师不断进取的源源不断的动力。通过与某些乡村幼儿园园长的访谈可以得知，对乡村幼儿教师进行评价的指标分为硬性指标和模糊性指标，硬性指标更多地指向乡村幼儿教师的文案工作和环境创设等维度。

（二）乡村幼儿教师的评价体系相对不合理

山东省部分乡村幼儿教师的评价体系相对不合理，对山东省乡村幼儿教师进行合理恰当的评价是有效进行乡村幼儿教师管理的重要方式和途径，但是目前部分乡村幼儿教师的评价体系制定得不太合理。定期对乡村幼儿教师进行评估，不仅可以了解乡村幼儿教师各时期学科学习的出发点和根本目标，还可以为其在下一阶段的茁壮成长提供动力和智慧支持。新的课程目标要求对乡村幼儿教师的评价持有“全面、公正、客观”的态度，尽管如此，很多乡村幼儿园还是把乡村幼儿的成绩作为评判幼儿教师的标准，进而对乡村幼儿教师进行不全面的评价。为了能让乡村幼儿在考试中获得高分，在教学方法的使用上，部分乡村幼儿教师依照乡村小学的教学方法来完成自己的教学工作，不仅给乡村幼儿布置课后作业，还要求其背诵和记忆很多不理解、不熟知的内容。导致评价失去了其固有的价值，最终使评价支配了乡村幼儿教师的教学工作，使教育教学围绕评价进行。

在山东省乡村幼儿教师的工作中，进行公平公正的评价是乡村幼儿园管理过程中至关重要的一部分，是乡村幼儿园管理者为了实现管理目标，对乡村幼儿教师工作优劣进行评判的过程，是为实时监控和其他管理功能提供基础数据的重要手段。作为乡村幼儿教师应该知道的是，教育对象是整个教育教学活动的核心，教育对象通过教育活动来促成自身的成长，但是现行的乡村幼儿园评价体系并没有很好地反映教师的需求和发展。当前实行的乡村幼儿园评价系统是一种统一的形式。其中，能够参与评价的只有相关领导或上级主管部门，乡村幼儿教师是主要的被评价者，其在公开课堂上的表现、工作水平和素质的高低成为主要的评价标准，主要在于领导对其的评价是怎样的、是如何评价的，这实则无视了评价的根本准则和出发点，使乡村幼儿教师上课不是为了顺应乡村幼儿的需求和发展，而是以固定的形式做给评价者看。倘若乡村幼儿教师的工作得到的是积极的评价，那么，在教育实践中，乡村幼儿教师的工作热情和积极性就会得到相应的提高。倘若是消极的评价，那么，不安焦躁的情绪状态就会出现，增加其工作压力。在教育实际应用中，评价体系机制发挥了巨大的导向作用，与此同时，不健全的教育评价体系也会使乡村幼儿教育的发展偏离理想和目标。

（三）乡村幼儿教师的事务性压力相对较大

山东省部分乡村幼儿教师事务性压力过大，日常事务较多。考虑到一些乡村幼儿教师未经过专业系统的训练，因此，对于乡村幼儿教育，很多乡村幼儿教师没有科学合理的界定，缺乏乡土情怀的乡村教师的专业发展内驱力不足①，导致乡村学前教育有乡村教育小学化的倾向，而出现这些现象的原因在于管理者的引导。大部分家长都渴望自己的孩子能在幼儿园提前学习文字等知识，让其赢在起跑线上，而乡村幼儿园管理者为了参与社会非良性竞争并且满足家长的各种需求以扩大招生来源，就会要求幼儿教师率先教授超前的知识，导致乡村幼儿教师将大部分的精力投入到这方面的工作中，无法致力于专业发展，因而不能积极地投入学习和研究活动，制约乡村幼儿教师提升专业能力。经调查发现，有的乡村幼儿园要求乡村幼儿教师在规定的时间内完成规定的任务后继续完成其他非教育教学任务等，后期还要展示或汇报自己的任务完成情况，并且要接受专家同行的点评指导，且将汇报作为考核乡村幼儿教师的标准之一。与此同时，也会调动乡村幼儿教师学习的主动性，使乡村幼儿教师能够在学习、钻研、锻炼自身能力的过程中，提升自己的综合素质和专业能力，而且能够触类旁通。

第三节　乡村幼儿教师职业素养有待提升

一、缺乏职前专业实践，专业能力不强

山东省部分乡村幼儿教师专业发展缺乏职前专业实践，专业能力不强，而职前专业实践是学前教育师范生在在校所学理论知识与教学实践之间架构起相互联系和沟通的桥梁。充分高效的职前专业实践可以在一定程度上实现专业理论和应用实践兼备的“双师型”教师的培养目标。职前专业实践的状况和所形成的专业能力不仅会直接影响入职后的工作状态，也会间接影响幼儿的身心健康和成长状况。许多乡村幼儿教师在入职后并不能快速适应工作环境，在关照幼儿学习和生活的过程中遇到问题并不能灵活运用自己所学的教育知识加以解决，事实上，许多乡村幼儿教师渴望有更多的方式和途径来提升自己的教育实践能力，革新自

① 钱芳．地方性知识与乡村教师专业发展——教育场域的视角［J］．教育学术月刊，2018（10）：98－103.

己的教育行为。但就目前来说，职前专业培训重视理论知识的学习，不重视培养实践操作能力，在职培训重视形式而忽视内涵的现象比比皆是。作为构成教育实践主要内容的教育缄默知识在这种传统的教育行为模式下很容易被忽视。课程设置得不够合理，在校见习机会较少，乡村幼儿教师等教育者的教育方式不灵活等也是导致乡村幼儿教师缺乏实践经验的重要因素。

（一）乡村幼儿教师专业发展的知识较匮乏

山东省部分乡村幼儿教师专业发展的知识较匮乏及墨守成规，很多新入职的乡村幼儿教师不能将教育知识与教育行为相联系，觉得以前在学校学习的那些教育理论无法运用到工作中解决实际问题，更多地通过模仿学习其他乡村幼儿教师的做法去解决遇到的相似问题。这些入职不久的新乡村幼儿教师已经学习并掌握了一些新的教育观念和思想，并且自身也希望能够遵循新的教育知识去革新自己的教育行为，但现实往往不遂人愿，新乡村幼儿教师常不经意地就落入传统教育行为模式中。受传统教育行为模式的影响，课堂教学中教授的往往都是教育显性知识，而人们渐渐忽视了教育缄默知识的价值。诚然，很多知识难以用理论知识系统条理地罗列出来并被直接地传递，这种模糊、潜在的特点也更会让人不容易将它重视。根据调查显示，我们发现许多乡村幼儿教师理论教育者在课堂教学过程中依然没有挣脱理论教学套子的束缚，主要通过口耳相传和灌输，导致师范生在校期间由于缺乏教育实践操作而没有具备将所学的显性知识内化为教育知识的能力。除此以外，师范生也会受到乡村幼儿教师教育方式的影响，尤其是在教育理论授课教师长期的知识灌输下，其很少也很难从授课教师所具有的知识中获得分享和承接教育缄默知识的机会。构成教育实践知识的主要组成部分——乡村幼儿教育知识，具有知识的再生产能力，同样也是知识的重要来源。乡村幼儿教师本身专业能力不断提高、专业知识不断丰富的过程是乡村幼儿教师专业能力的发展过程，其显著特点就是强调乡村幼儿教师个体积极主动、持续、不断发展的过程。乡村幼儿教师自身所进行的实践活动是促进乡村幼儿教师专业能力发展的主要方式，而实践活动又离不开由绝大部分理论知识所构成的实践性知识的指导。

（二）乡村幼儿教师队伍发展水平参差不齐

山东省乡村幼儿教师队伍发展水平参差不齐，教学方式比较传统。很多乡村幼儿教师流动性很大，在已有职称的老乡村幼儿教师极少变动工作单位的情况下，乡村幼儿园为弥补教师队伍的缺口，会招聘一些毕业不久的年轻的乡村幼儿教师。这些乡村幼儿教师刚刚踏入社会，既缺乏社会经验，又缺乏授课经验，加之有些乡村幼儿教师直接从毕业学校到乡村幼儿园，不具备乡村幼儿园的教学和调研经验，课堂以理论知识的灌输为主，也少有教学方式的创新或者定期组织开展教学实践活动。

（三）乡村幼儿教师职前教学能力相对有限

山东省部分乡村幼儿教师职前教学反思能力相对有限，山东省乡村幼儿教师在入职前所具备的教学反思的知识基础和能力是其在岗位上能更好地组织进行教学活动，多维度协同构建①，改进教学中不足，完善和补充教学所需各方面知识和技能的必不可少的主观条件，但在学前师范生培养阶段，相关领导和授课乡村幼儿教师并未对师范生的教学反思能力的培养给予足够重视，一方面，在课程设置中缺少教学反思的专门课程；另一方面，教学反思内容往往作为一本教材的一部分进行讲述，但在教学反思的内容、方法以及应该注意的问题方面，授课教师往往会一笔带过，并没有进一步组织学生进行实践反思。在调查中发现，很多乡村幼儿教师认为在教师入职后自然而然就会有一定的教学反思意识，但只是有了一定的意识还远远不够，反思什么、如何反思等问题如果不放到职前阶段解决，将不利于入职后教师组织开展活动和工作，也不会在反思中得到发展和深化。

二、缺乏职业规划意识，专业发展较滞后

山东省部分乡村幼儿教师缺乏职业规划意识，专业发展较滞后，对于乡村幼儿教师来说，职业生涯的规划能力必不可少，这也是推动乡村幼儿教师专业发展和成长的必要条件，更是满足增长乡村幼儿教师才干、提升专业技能和综合素质、实现自我价值的现实需要。

（一）乡村幼儿教师的发展因素分析不到位

山东省乡村幼儿教师应该具备自我评价的能力，即乡村幼儿教师对自己有全面的、客观的认识，并基于认识对自己进行客观的评价。自我评价以自我认识为前提，对自我认识做进一步发展和深化。没有真正意义上客观评析自己而得出的过高或者过低的评价不是正确并可被参考的评价，不利于乡村幼儿教师以后职业生涯的发展。过低的自我评价会让乡村幼儿教师失去工作上的信心，被不良情绪支配，也会降低工作的积极性，让乡村幼儿教师失去前进的方向和动力，不能充分地挖掘并有效发挥教师的潜力和最大限度地展现乡村幼儿教师的能力。而乡村幼儿教师自我评价过高则会使其产生骄傲的情绪，在工作中容易浮躁不用心，如果乡村幼儿教师对自己制定了较高的目标，这一目标若没有实现，则会让乡村幼儿教师怀疑自己的能力，打击乡村幼儿教师的自信心和工作的积极性，进而影响日常工作的开展。因此，山东省乡村幼儿教师需要在全面客观把握自我的前提下，根据实际制订一份合情合理的职业规划。

---

① 张云，郭英．农村教师专业发展支持系统的困境与改善［J］．教学与管理，2017（30）：18－20.

（二）乡村幼儿教师目标的确定相对缺乏科学性

目标是个人对未来的一种期望或者对自身的一种要求，是可实现的。一旦建立起目标，便会对人产生深远的影响，甚至可以改变一个人的一生，这些影响在个人生活学习的各方各面都有所体现。每位幼儿教师都有属于自己而不同于他人的目标，这是每个人的生长环境、知识结构和知识水平、人生阅历、性格秉性、家庭背景等方面各不相同的影响所致。但在制定目标时，有些乡村幼儿教师没能从自身实际出发，而是沉浸在对未来自我的幻想中，不切实际地制定许多目标，其中一些目标既不符合组织目标也没有基于个人能力制定。只有乡村幼儿教师的个人目标与组织目标相结合，才能够在促进自身发展的同时，更好地推动乡村幼儿园的建设。乡村幼儿教师在对自身有了全面认识、树立了明确科学的目标之后，最重要的是将自己的定位和科学的目标结合在一起，在内容上，把握乡村幼儿教师专业发展的内涵，如专业知识和能力、专业素养、专业精神和身心素质等；在实施上，思考如何按照计划和目标的要求将内容付诸实践；在评价上，对内容和实施进行全面分析，总结优点和缺点，在总结的基础上为下一阶段的发展提供经验和教训。

（三）部分乡村幼儿园职责缺失

山东省部分乡村幼儿园未能结合实际辅助乡村幼儿教师制订规划，存在职责缺失现象。乡村幼儿园的性质、培养目标、师资力量、环境、工作时长、工资待遇、基础设施条件等这些外在因素都会给初任乡村幼儿教师带来极大挑战。近年来，政府对乡村幼儿教师的工作时间进行了调整，由于乡村幼儿教师职业所特有的时间上的延续性，越来越多的乡村幼儿教师开始改变对自身专业发展的需求。随着工作时间的延长，工作量和工作压力也越来越大，乡村幼儿教师对于家园沟通与合作的需求和时间成反比。山东省乡村幼儿园独具一格的乡村幼儿教师的培养方案和目标也会对乡村幼儿教师的专业发展产生巨大的推动力。

（四）乡村幼儿教师的职业认同感相对偏低

山东省部分乡村幼儿教师对于自身的职业认同感偏低，从日常的工作中获得的幸福感和满足感不足，尤其是乡村民办幼儿园教师。由此发现，乡村幼儿教师对乡村幼儿教育具有主观上的偏见，对自身的定位不准确，没有意识到自己的职责和使命，也没有用实际的行动来践行科学的教育理念，敷衍应付，长此以往，便会降低职业认同感。不仅是自身认可度不高，在入职期间，乡村幼儿教师也会受到社会和身边人的影响，对乡村幼儿教师这一职业评价不高。乡村幼儿教师的职业认同感还受年龄、知识水平、家庭背景以及收入水平等方面的影响，某种程度上，这些差异也会影响地方幼儿园教师的专业水平，加快乡村幼儿教师的流动。当然，这还涉及乡村幼儿园的性质，家长对于民办教育还存在一些主观意见和看法，进而对乡村民办幼儿园的教师产生看法，受各种因素的影响，乡村幼儿教师的幸福感不高。

（五）乡村幼儿教师专业素质水平不高

山东省部分乡村幼儿教师专业素质水平不高，职业精神有待加强，具备资格的乡村幼儿教师必须具有较好的职业素质和专业精神，对于幼儿教育这一职业来说，这关系到对该职业的认同感。乡村幼儿教师之所以会受到外界一些不良言论的影响而动摇为学前教育事业奉献的信念，正是自身缺乏职业自信，责任感不足的表现，尤其是刚刚参与幼儿教学工作的乡村幼儿教师，心态还没有完全转变过来，没有将心思更多地放在工作上，往往会因为工作上或者外界的影响而动摇。我们一直强调，作为一名新时代的乡村幼儿教师，要热爱学前教育事业、热爱儿童、尊重儿童，具有爱心和责任感，再去谈其他。在乡村幼儿教师的职业生涯中，乡村幼儿教师日复一日忙于应付、苦于唠叨，让乡村幼儿教师感到无所适从，工作的激情有所减退，可仅因为这样就感到厌倦而不想前行了吗？最初选择当一名乡村幼儿教师的初心也变了吗？诚然，乡村幼儿教师需要付出比其他乡村中小学教师等更多倍的耐心、细心、时间和精力，工作多、任务重，除了要担负教育教学任务外，而且还要管理乡村幼儿的平常生活，对于乡村幼儿教师来说，这些都是必须面对的责任。但是在乡村幼儿教师细心耐心的呵护下，乡村幼儿也会因为乡村幼儿教师的赞许的眼神、深情的拥抱等这些充满爱的言谈和举动感受到爱的信息和爱的力量。乡村幼儿教师真正的幸福感就来源于这里，同时，幼儿的茁壮成长也是乡村幼儿教师专业素养和专业精神最好的体现。如今，乡村幼儿园和相关幼儿教育机构对乡村幼儿教师的学历要求不断提高，由此可见国家对于学前教育事业发展的重视程度。然而，当前乡村幼儿教师的受教育水平仍相对不高，以高中及大专学历为主，而本科及以上受教育水平的幼儿教师较少，乡村幼儿园教育资源短缺，受学历的限制，乡村幼儿教师对优秀传统文化的学习研究较少，不够深入，教育观念相对匮乏，职业认识不足，职业水平较低。

三、专业发展提升空间较小，教研人文关怀较匮乏

（一）乡村幼儿教师专业发展提升空间较小

山东省部分乡村幼儿教师自我学习提升空间较小，横向流逝的时间与纵向的地理和物理空间在很大程度上是乡村幼儿教师专业发展的重要影响因素。乡村幼儿教师花费大量的时间来完成日常的教学活动和任务，再加上生活当中的其他事

情，缺乏互助合作关系①，这消耗了乡村幼儿教师大量的精力和注意力。如今，部分乡村幼儿教师每天的工作时间接近10个小时，园内开展的培训为了不耽误日常工作，通常会安排教师课下进行网上培训，培训多集中在周末甚至是节假日，休息时间被占用，乡村幼儿教师无法得到合理的休息。所以，乡村幼儿教师如何分配和利用时间来提高自己的专业能力和素养，就成为乡村幼儿教师亟待解决的问题。虽然不少乡村幼儿教师意识到自身的教研能力不强，但是日常的教育教学工作很繁重，结束一天的工作之后再无暇顾及教研，也没有精力再进行教研提升，这样一来，部分乡村幼儿教师就会出现一定的畏难情绪。

（二）乡村幼儿教师教研人文关怀较为匮乏

许多乡村幼儿园以利益为导向，关注乡村幼儿教师的工作能力会不会给乡村幼儿园带来更多的效益，从而忽视了对乡村幼儿教师的人文关怀和支持。相较于对乡村幼儿教师科研意识和能力提升的关注，不在乎乡村幼儿教师的需求和情感变化，也很少会出资对乡村幼儿教师的专业素养和专业知识进行教研人文关怀。乡村幼儿园很少专门地了解乡村幼儿教师有哪些需求或者乡村幼儿教师自身情感发生了怎样的变化。乡村幼儿教师不仅要备课讲课、创设环境、开展组织活动，还要照顾管理幼儿的日常生活，除此之外，可能还会有乡村幼儿园安排的其他工作或者学习，工作量大，任务艰巨，工作时间和空间延伸范围较大，在高压的环境下，乡村幼儿教师的时间和精力不够分配，也没有感受到幼儿园里的教研人文关怀，乡村幼儿教师渐渐地会对工作单位失望，抱有怨言，工作的积极性和热情也会消失，特别容易产生职业倦怠甚至选择离职，更不用说让乡村幼儿教师花费心思和时间进行学习，提升自己的专业素养和科研意识了。部分乡村幼儿教师与园内领导管理层之间存在沟通阻碍，缺乏交流。当工作和生活中遇到问题时，部分乡村幼儿教师害怕会给领导带来不好的印象，往往会选择自己消化，不敢向领导提意见和问题，并且部分乡村幼儿园的领导也很少在引导监督乡村幼儿教师做好本职工作的同时，主动意识到需要在生活和工作中给予乡村幼儿教师更多的帮助和关心。乡村幼儿园领导要与乡村幼儿教师沟通，及时了解他们在教育教学中的所需和真实想法。乡村幼儿教师的压力与不良情绪得不到释放与理解，会影响乡村幼儿教师对待工作和生活的态度。

---

① 邹天鸿，陈旭远，朱淑华．美国与中国农村教师专业发展促进策略对比分析［J］．外国教育研究，2013，40（11）：81－88.

第四章　乡村幼儿教师专业发展存在问题的原因分析

第一节　社会全方面支持力度要加大

一、相关政策法规在区域推广力度有待加大

山东省乡村幼儿教师专业发展的政策法规在部分区域推广力度不足，随着乡村幼儿园的建设完善需进行优化和创新①，乡村幼儿教师的质量和水平也要有所改善，从而促进乡村幼儿园的发展。那么，山东省乡村幼儿教师的地位如何提高，将成为困扰山东省乡村幼儿教师专业发展的问题。作为山东省基础教育的相对短板，乡村幼儿教师专业发展相对没有得到足够的重视，这就为乡村学前教育的发展增添了困难。山东省相关政府部门在调查中发现了一些问题，如乡村幼儿教师的配置和管理略显薄弱，致使许多指令完成程度较低，在对乡村幼儿教师访谈中，了解到学历层次是教育部门所看重的方面，对于专业学历是否对口、是否与专业发展相关这些方面却被经常性忽略。通常会大量招收乡村幼儿教师，来解决乡村幼儿教师急缺的问题，因此，导致招收的乡村幼儿教师良莠不齐，因为招收的条件低，部分没有接受过专业教育的人成为乡村幼儿教师，缺少对于乡村幼儿教师所具备素养的专业发展考虑。山东省相关政府部门知晓乡村幼儿教师的专业发展对于乡村幼儿教育有着重要意义，但是在招收时却忽略了乡村幼儿教师的专业素养这些品质，全面考察乡村幼儿教师的政策相对较少。

---

① 乔媛媛．教师专业发展视角下“国培计划”培训问题反思与实践探讨［J］．中国成人教育，2017(8)：130－132.

山东省相关政府部门应重视乡村幼儿教师专业发展政策的实效性，就政策来说，山东省政府出台的乡村幼儿教师专业发展的政策已经确立了一个宏观方向，以这个方向为主，发展乡村幼儿教师队伍及提升其专业发展能力，是立人根本。但是在践行这个方向的过程中部分地区缺少详细的指示方针，同时，各区域发展不均衡，城乡发展差距过大，政策的实施在城乡之间又存在着巨大的差异。随着社会的发展，城乡差距越来越大，资源分配不均衡问题也越来越受关注，这就让乡村幼儿园的发展滞后许多，编制较少，影响乡村幼儿教师的职称评定，大部分乡村幼儿教师没法参与评定，而职称评定或多或少决定了工资待遇和社会福利。因此，部分乡村幼儿教师获得福利的机会较少，得不到必要的保障，造成乡村幼儿教师的流失，不能保证乡村幼儿园教育的质量水平，不利于乡村幼儿园教育事业的发展。这种现象既影响了山东省乡村幼儿教师的专业发展热情，也间接影响了乡村幼儿的发展。

二、乡村幼儿教师专业发展经济支持覆盖面有待拓宽

山东省乡村幼儿教师专业发展财政经费投入不充分，且经济支持的适应面比较窄，财政投入有待加强。作为教育基石的学前教育，无论对社会的发展抑或个人的发展，都起着巨大的推动作用。但是，现在山东省乡村幼儿园的财政投资不足，致使乡村幼儿园的经费投入并不稳定，也就导致教学场所设备简陋，无法提供一个符合幼儿身心发展的环境。因为资金不充裕，乡村幼儿园内没有供幼儿自由玩要的足够场地，无法保证幼儿快乐成长。由于成立之初经费批准到位速度比较缓慢，教室内的布置也比较简单，这使部分乡村幼儿园座椅等必备教学设备也不充足，使乡村幼儿教师教学的硬件设施需求得不到充分满足，淡化了教师的个性化教学实践①。不仅教学设备简陋，教学资源也很短缺，缺少教学活动所需的种种材料，无法购买太多的教学材料和教学设备，能给幼儿阅读的书籍较少，不能给乡村幼儿提供健康发展的场所。在这样的环境下，乡村幼儿教师也无法进行教学活动。游戏作为幼儿最喜欢的活动，乡村幼儿教师也非常喜欢以这种方式来进行教学，可以让幼儿在嬉戏的过程中获得知识。但这种环境让部分乡村幼儿教师无法开展游戏活动，能力得不到体现，也约束了乡村幼儿教师专业发展的提升。除了这些问题，这种环境既无法保障幼儿安全地进行游戏活动，也不利于乡村幼儿教师的活动开展。而大部分乡村幼儿园只能先忽略这一环节，进行下面的环节。总而言之，个别乡村幼儿园的教学环境让教师无法进行教学，也无法保证幼儿的学习状态，不仅乡村幼儿教师的教学兴致低落，幼儿也无法快乐地学习。

---

① 姚志敏．教师专业发展的意义重建和教育变革［J］．教育理论与实践，2017，37（8）：26－28.

学前教育专业的社会地位和资质反映到乡村幼儿教师身上，其实就是乡村幼儿教师的收入水平，只有得到充足的经费投入，取得与小学教师等相等的收入，才能在得到自身保障的同时，又额外学习进修提高自己的能力，进而吸引更多人才投入到学前教育事业中来。提高乡村幼儿教师的工资待遇是促进乡村幼儿教师专业发展的重要因素，要将更多的资金投入到乡村教育事业上，重点发展乡村学前教育，使城乡共同发展，缩小彼此之间的沟壑，让人们在选择时不再戴“有色眼镜”。另外，需要合理配置教育资源，使资源向乡村地区倾斜，吸引优秀的乡村幼儿教师去任教，由此可知，乡村幼儿教师的发展是离不开政府的支持的。因此，山东省相关政府部门应该重视学前教育的发展，加大对学前教育的经费投入，制定更加详细的制度来支持乡村教育工作。

山东省相关政府部门对乡村幼儿教师发展的认识有待提升，对乡村幼儿教师专业发展重要性的认识不清晰，就会影响乡村幼儿教育经费的投入，这就导致了山东省学前教育的财政投入存在着明显的区域资金投入不足、投入不均衡、财政投入体系不健全等问题。学前教育发展不充分，是因为学前教育一直都不属于义务教育，在前期的教育发展中缺乏对学前教育比较正式的规划设计，致使学前教育得不到充足的财政支持，而没有资金支持，就无法有序发展，随之也就出现了入园难、入园贵的问题。和社会需求相比，无论是乡村公办幼儿园还是乡村民办幼儿园，学前教育资源都极度匮乏，在这种情况下，一些不符合规定标准的教学场所、教学设备和教学设施就出现了，严重危害了乡村幼儿的健康发展。没有大量的资金投入是无法新建、扩建和改建幼儿园的，尽管山东省相关政府部门重视乡村幼儿园基础设施建设，但是大量的资金都用来建设满足教学条件的园舍，这在客观上又对师资队伍建设产生影响，忽略了人的因素的重要性，疏忽了乡村幼儿教师队伍的建设。同时，对于教学场所的财政投入积极性高，忽视了对乡村幼儿教师培训的财政投入，导致乡村幼儿教师出现的种种问题难以解决。先来看在编和非在编乡村幼儿教师之间的问题，在编乡村幼儿教师的处境在这个行业算是比较好的，但是作为优秀乡村幼儿教师的培养者，山东省相关政府部门应该出资提供一些出国及参加高端学前教育论坛的机会，学习国外的教学方法。通过自身力量带动其他乡村幼儿教师的发展，一所幼儿园甚至一个地区学前教育事业的发展需要优秀的乡村幼儿教师带领。一名优秀的乡村幼儿教师不仅是带动幼儿园发展的榜样，而且对于乡村幼儿的健康成长也具有重要作用，一名好的乡村幼儿教师的影响是贯穿幼儿一生的，需要这样的力量保障幼儿茁壮成长。而最重要的还需要财政的支持，因为在编乡村幼儿教师是少数，乡村公办园的数量相对较少，所以更多的还是非在编乡村幼儿教师，而非在编乡村幼儿教师的教师培训却得不到重视，同时非在编乡村幼儿教师的专业水平较难得到实际的反馈，再加上经费投入不足，无法进行教师专业发展的学习。经费的地区分化也很严重，山东省相关政府部门对于不同地区分配的培训经费也是不同的，有些地区会拿出部分资金让乡村幼儿教师进行培训学习，教学活动可以得到资金保障，乡村幼儿教师也时时在学习、在进步，但在山区等较为偏远的地区，师资难以保证，所以应该投入更多的资金带动当地的教育事业。

三、乡村幼儿教师社会地位偏低，工资待遇提升相对滞后

乡村幼儿教师社会地位偏低，工资待遇提升相对滞后，乡村幼儿教师专业发展受多种因素的影响，包括幼儿教师的社会地位、工资收入和社会保障待遇等，对其中存在的问题进行分析发现城市幼儿教师社会地位和工资收入相对较高，有比较稳定的社会保障待遇，因而城市幼儿教师专业发展的动力更加充足，更愿意为提高专业发展水平进行学习和进修，然而通过调研得知，乡村幼儿教师目前的月收入较低，仅能保障基本的温饱生活，无法提高生活质量，同时，极少部分乡村幼儿园为乡村幼儿教师提供相应的社会保障，各类社会保障相对不健全，一部分乡村幼儿教师享受不到稳定的社会保障待遇，专业发展也随之受其影响。

如表4-1所示，在月收入方面，有152位教师的月收入在2000~3000（含）元，占比为47.80%，108位教师的月收入在3000~4000（含）元，占比为33.96%，月收入在4000~5000（含）元的教师有24位，占比为7.55%，月收入能够达到5000元以上的教师仅有9位，占比为2.83%，还有2位教师月收入在1500元及以下，占比为0.63%，$F=2.646$，$P=0.023<0.05$，说明乡村幼儿教师的月收入与乡村幼儿教师的专业发展存在统计学差异，乡村幼儿教师月收入对乡村幼儿教师专业发展具有影响，两者呈正相关，乡村幼儿教师月收入越高越有利于乡村幼儿教师的专业发展；在养老保险方面，254位乡村幼儿教师所在幼儿园提供养老保险，占比为79.87%，还有64位乡村幼儿教师所在幼儿园未提供养老保险，占比20.13%，$F=5.645$，$P=0.018<0.05$，说明乡村幼儿园是否为乡村幼儿教师提供养老保险会对教师专业发展产生影响，乡村幼儿教师得到养老保险的保障会更有动力提高自身专业发展水平；在医疗保险方面，258位乡村幼儿教师所在幼儿园提供医疗保险，占比为81.13%，还有60位教师所在幼儿园未提供医疗保险，占比18.87%，$F=5.388$，$P=0.021<0.05$，说明乡村幼儿园是否为乡村幼儿教师提供医疗保险会对乡村幼儿教师专业发展产生重要影响，得到医疗保险保障的乡村幼儿教师更有动力提高自身专业发展水平；在失业保险方面，209位乡村幼儿教师所在幼儿园提供失业保险，占比为65.72%，109位乡村幼儿教师所在幼儿园不提供失业保险，占比为34.28%，$F=0.851$，$P=0.357>0.05$，

表 4－1　幼儿教师收入和社会保障与教师专业发展分析

问题	类型	人数	标准偏差	方差分析
月收入	1500 元及以下	2	0.707	F＝2.646，P＝0.023＜0.05
	1500～2000（含）元	23	1.152	
	2000～3000（含）元	152	1.109	
	3000～4000（含）元	108	0.870	
	4000～5000（含）元	24	0.741	
	5000 元以上	9	0.866	
养老保险	否	64	0.941	F＝5.645，P＝0.018＜0.05
	是	254	0.896	
医疗保险	否	60	0.930	F＝5.388，P＝0.021＜0.05
	是	258	0.899	
失业保险	否	109	0.938	F＝0.851，P＝0.357＞0.05
	是	209	0.898	
工伤保险	否	102	0.857	F＝1.612，P＝0.205＞0.05
	是	216	0.935	
生育保险	否	121	0.960	F＝3.284，P＝0.071＞0.05
	是	197	0.875	
住房公积金	否	193	0.927	F＝0.402，P＝0.526＞0.05
	是	125	0.888	
幼儿园没有提供一定的社会保障	否	259	0.906	F＝4.101，P＝0.044＜0.05
	是	59	0.911	

资料来源：国家社会科学基金项目（项目号：BFA180069）和山东省教育科学规划课题（编号：YC2019183）项目的调查数据。

说明乡村幼儿园是否为乡村幼儿教师提供失业保险不影响教师的专业发展；在工伤保险方面，216 位乡村幼儿教师所在幼儿园提供工伤保险，占比为 67.92%，102 位乡村幼儿教师所在幼儿园不提供工伤保险，占比为 32.08%，F＝1.612，P＝0.205＞0.05，说明乡村幼儿园是否为乡村幼儿教师提供工伤保险与教师的专业发展无必然直接联系；在生育保险方面，197 位乡村幼儿教师所在幼儿园提供生育保险，占比为 61.95%，121 位乡村幼儿教师所在幼儿园不提供生育保险，占比为 38.05%，F＝3.284，P＝0.071＞0.05，说明乡村幼儿园是否为乡村幼儿教师提供生育保险不影响教师的专业发展；在住房公积金方面，有 125 位乡村幼儿教师所在幼儿园提供住房公积金，占比为 39.31%，193 位乡村幼儿教师所在幼儿园不提供住房公积金，占比为60.69%，$F=0.402$，$P=0.526>0.05$，说明乡村幼儿园是否为乡村幼儿教师提供住房公积金不影响乡村幼儿教师的专业发展；在幼儿园没有为其提供一定的社会保障方面，有259位乡村幼儿教师表示幼儿园提供了一定的社会保障，占比为81.45%，还有59位教师表示乡村幼儿园没有为自己提供一定的社会保障，占比为18.55%，$F=4.101$，$P=0.044<0.05$，说明社会保障待遇与乡村幼儿教师专业发展存在统计学差异，社会保障待遇对乡村幼儿教师专业发展产生影响，乡村幼儿园为乡村幼儿教师提供一定稳定的社会保障待遇，尤其是养老保险和医疗保险方面的保障，对于乡村幼儿教师的专业发展有更大的推动作用。人们通过职业的社会地位高低来判断这个职业的优劣，在现在这个时代乡村幼儿教师这个职业的社会地位与其他幼儿教师相比处于中下游，在社会层面，仍然有很多人认为乡村幼儿教师是幼儿的“保姆”。山东省乡村幼儿教师在社会中的声望排名相对偏低，社会上对于乡村幼儿教师的专业认可度还较低。有的乡村幼儿教师表示，在这个环境经常受到忽视，让乡村幼儿教师对自己选择的这个职业产生迷茫。这反映了社会地位是乡村幼儿教师专业发展的社会基础，乡村幼儿教师对于工作的态度影响了乡村幼儿教师的教学质量，如此循环便产生了消极影响。

有研究表明，一个人很容易受身边人的影响，尤其是家人和朋友，他们的行为会导致乡村幼儿教师本身行为的改变，如果家人和朋友都非常支持和认可，对于促进乡村幼儿教师自身专业水平发展是有很大成效的，这样的正向引导同时会影响其他人的想法，然后使其对学前教育产生兴趣，激发其动机。但这也是一个假设的状态，因为现状是大多数人并不是很认同乡村幼儿教师这一职业，有部分家庭是不支持自己的孩子从事这项工作的，这在一定程度上反映了一件事情，就是社会对于乡村幼儿教师职业的观念和态度。所以，希望国家在发展学前教育的同时，也要做出一些改变，可以给学前教育提供一个积极的社会环境，改善乡村幼儿教师的专业发展的境况，从而促进其健康、自主、积极地发展，构建一个认可、拥护乡村幼儿教师的社会大环境。了解学前教育、了解幼儿教师职业，需要更优秀的人、更多的社会力量投入幼儿教育事业，从而提高全社会对于幼儿教师职业的认同度，让乡村幼儿教师为自己是一名幼儿教师感到自豪。

但社会不了解的是，乡村幼儿教师的压力很大，乡村幼儿教师不仅要教育好幼儿，还要担负维护乡村幼儿安全的责任，工作压力比较大。其实乡村幼儿教师作为所有幼儿的启蒙老师，责任重大，幼儿越小，乡村幼儿教师对乡村幼儿性格、行为的养成的作用越大。例如，乡村幼儿的价值观、良好习惯的养成，幼儿生活常识的学习，不要乱扔垃圾、不能闯红灯、帮助别人、对待别人要有礼貌等这些行为的培养，都是乡村幼儿教师教授幼儿的，这些行为在小学以后的教育中不会再进行系统的学习，这就让乡村幼儿教师肩负巨大的压力，为了培育出优秀的幼儿，乡村幼儿教师需要付出得更多。乡村幼儿在 3 ~ 6 岁正处于“花朵时期”，需要乡村幼儿教师悉心培养照顾，为乡村幼儿将来的生活奠定良好的基础。学前教育的价值需要很长一段时间来检验，包括学习品质、个人性格的培养、生活习惯等，这不是一朝一夕就可以实现的。部分家长认为上学就是为了学习知识，导致现在很多家长对于幼儿阶段的孩子就进行严厉的督促，让乡村幼儿这么小就开始进行语数外的学习，使现在的乡村幼儿园越来越小学化，不让乡村幼儿玩游戏，认为这是浪费学习时间的事情，但是乡村幼儿正处于天真烂漫的时期，现在要求幼儿学习这么多东西，会使幼儿对学习产生厌烦等情绪，要知道兴趣才是最好的老师，而且幼儿时光就是要去玩耍，不仅可以使幼儿开心，而且很多能力也是在游戏中慢慢培养的。但是部分乡村幼儿教师的付出无法得到相等的回报，我们需要承认乡村幼儿教师的地位是极其重要的，让乡村幼儿教师更加积极地投入到培养幼儿的事业中去，我们需要承认学前教育是有着重要意义的，乡村幼儿教师的工作也不是保姆，让学前教育这个行业可以得到足够的尊重，得到社会的鼓励，一起建设一支有着高尚情操的优质乡村幼儿教师队伍。

特别是在乡村幼儿教师领域，女性幼儿教师比男性幼儿教师数量多，本书对其中存在的问题进行分析①。目前，乡村幼儿女教师数量多，乡村男教师数量少，是影响乡村幼儿教师社会地位的重要因素。因为在文化的变迁和发展中，女性相对属于弱势群体，公众认为女性天生就具有细心、母性的特点，更适合从事保育员及幼儿教师等职业。但其实这是一种误导，其实男性乡村幼儿教师可能会比女性乡村幼儿教师更受小朋友欢迎，应鼓励支持更多的男性加入学前教育行业。现在社会上经常出现一些有争议的话题，如男性不适合成为幼儿教师，容易显得没有血性，没有男子汉气概等，让很多男性拒绝乡村幼儿教师这个职业，也让更多人认为乡村幼儿教师是女性擅长的工作，加重了乡村幼儿教师男女比例不协调的问题。通过访谈可知，乡村幼儿教师认为幼儿教师这个行业必须要得到社会的认可，虽然乡村幼儿教师整日相处的是幼儿，接触的也是幼儿，但作为这个社会的一名成员，乡村幼儿教师的所作所为和思想必然会受到周围声音的影响，尤其是在这个信息快速交替的新时代，因为乡村幼儿教师受到各种各样的人和事物的影响，所以人们对乡村幼儿教师的态度会间接影响他们的专业见解。人际沟通对地方幼儿教师的教育活动产生了很大的影响。社会不认可地方幼儿教师的职业，可能也会导致乡村幼儿教师对于自身的否定和轻视，一旦出现这种状况，乡村幼儿教师就很难再对自己的职业抱有很大的热情了。可能有人会认为，兴趣

---

① 何灿娟，徐文彬．新手教师专业发展研究的元分析［J］．教育科学研究，2018（3）：87－92.

是最好的老师，只要有兴趣无论环境多么困难都可以坚持下去，其实这属于较理想化的状态，人一旦内心受到了影响，无论结果如何都会对自己的选择产生怀疑，我们不应该让那些刚出校门的兴致勃勃的乡村幼儿教师受到这样的待遇。

山东省乡村幼儿教师工资不高，社会认可度较低，改变了从古至今乡村幼儿教师“传道授业解惑”的形象，尽管一些法律条文对乡村幼儿教师的权威进行了肯定，但是这种看法无疑冲击了乡村幼儿教师的社会地位。由于没有给予乡村幼儿教师较高的社会地位和工资薪酬，山东省需要全方面提高乡村幼儿教师的待遇，建立健全相应的政策和制度，为乡村幼儿教师搭建一个稳定持续的发展通道，明确乡村幼儿教师的身份和责任，有目的清晰、要求明确的政策和制度让乡村幼儿教师（特别是欠发达地区的乡村幼儿教师）享有更多的社会福利，提高工资，留住更多人才，进而从根本上提升山东省乡村幼儿教师的社会地位及对山东省乡村幼儿教师专业发展的认可度。

第二节　乡村幼儿园管理多元统合性要发展

一、教研制度有待完善，乡村幼儿教师科教能力有待提升

（一）乡村幼儿教师园本教研价值观念相对比较局限

山东省乡村幼儿园的园本教育研究的价值观念相对比较局限，从以幼儿园为本的教研内容、形式选择和运行过程的结果来看，山东省乡村幼儿园的教研体系建设还有待完善，对山东省乡村幼儿教师科教能力的培养也存在一定的局限性。

一是只重提升教育技能，忽视了责任信念引领。山东省乡村幼儿园教学教研的形式一般是听课和评课不上课时使用的玩教具和教学技能都是观摩讨论的重点。很多乡村幼儿园更加注重“教学能力”，如在教研过程中更加注重技能教育，这明显欠缺了对于乡村幼儿教师职业理想信念、专业规范的导向。在乡村幼儿教师培养的过程中，不能将注意力仅放在乡村幼儿教师专业知识和技能知识的提升上，还要注重乡村幼儿教师的责任信念引领，不能只让乡村幼儿教师停留在“教学方法”上，在“育人”方面也要有一定的突破。乡村幼儿教师是影响农村教育发展的重要因素①，乡村幼儿园必须对园内乡村幼儿教师有一个全面的了

① 李丹．农村教师专业发展动力研究［D］．河南大学硕士学位论文，2012.

解，不要让乡村幼儿园园本教研的方向脱离正轨。

二是只重“带教式”引领，轻“自主式”激励。在山东省乡村幼儿园园本培训时，最常见的培训方式是“师徒形式”“老教师带教”等传统方式。在开展指导活动的过程中，指导教师和教研组组长会不自觉地领头指导，带领新乡村幼儿教师整理材料，一对一指导试教，尤其是在年轻乡村幼儿教师进行公开课比赛、公开教学时比较常见。而这样的教学模式往往被固化，年轻乡村幼儿教师总是跟着老教师的思路走，汲取老教师的优秀授课思路，但同时也很难有创新，进而新乡村幼儿教师缺乏自我研究意识，这样很容易导致新乡村幼儿教师对问题情境不敏感，对权威的乡村幼儿教师过度依赖和崇拜。

三是只重教研内涵和成果，轻教研文化和制度。山东省部分乡村幼儿园园本教研中对于文化建设和制度构建的重视程度相对较低，对于教研内容和过程较为看中。乡村幼儿园园本教研时，参与率比较高，大多数乡村幼儿教师都可以到场参与教研。但是乡村幼儿教师在教研时也暴露出较多问题，乡村幼儿教师在探讨问题时，特别关注发现问题和解决问题，会和同伴商量，借助团队的力量解决问题，大家配合得很好，但是让乡村幼儿教师单独发言时，他们感觉压力很大，不敢开口，当着其他乡村幼儿教师的面怕说错话，担心思考不够成熟不敢说；也有乡村幼儿教师怕自己的想法与其他乡村幼儿教师的想法不一致而对自己的想法有所怀疑，更加不敢阐述自己的观点；有很多年轻乡村幼儿教师认为，在活动末尾，乡村幼儿园园长和经验丰富的乡村幼儿教师会进行总结，其他乡村幼儿教师实质上学到的东西并不太多。因此，真挚沟通与公平合作的乡村幼儿园园本教研文化还需进一步系统、健全地建设。

（二）乡村幼儿教师园本教研专业引领相对缺乏支持

山东省乡村幼儿园的园本教研需要幼儿教师个体反思、同伴之间互助和专业人士专业引领，这三者缺一不可。然而，就目前的情况来看，无论从哪个方面，乡村幼儿园园本教研中“个体”“群体”和“专家”三者的力量都没有均衡利用。在山东省乡村幼儿园园本教研中，乡村幼儿教师自身进行反思和乡村幼儿教师团队之间合作的效果较好，对于专业引领运用不足，致使乡村幼儿园的园本教研缺乏理论性，因此，乡村幼儿教师的专业发展也得不到大幅度提升。

首先，关于“专业引领”内涵的理解、挖掘不够。什么是“专业引领”？可以说是理论与实践关系的重构，也就是专家和一线乡村幼儿教师直接对话的机会。专业研究人员如果参与园本教研，可以带领园本教研更深层次剖析教研内容，教研质量会大大提高。正因如此，很多一线幼儿教师迫切希望科研人员能够指导自己，希望他们能够引领自己在科研方面有所突破。但是基层一线乡村幼儿教师无法与专业的科研人员建立稳定的支持关系。因此，山东乡村幼儿园的园本教研幼儿教师也很少有机会与专家对话。实际上，乡村幼儿园的骨干幼儿教师很多也是比较专业的人员，并不是只有科研人员和各高校学者才是专业人员，骨干乡村幼儿教师的力量也不容忽视。一方面，乡村幼儿园的园本教研时，对于骨干乡村幼儿教师这样的“专家型”教师并没有有效利用。另一方面，乡村幼儿教师外出培训也是向着专业方面发展的有效措施，乡村幼儿园还要争取这方面的安排，多给教师一些培训的机会。同时，山东省乡村幼儿园教师没有充足的经费是无法与专业的科研人员保持长期稳固合作关系的，乡村幼儿园的“专业引领”缺乏资金支持，幼儿园管理人员还需要不断努力。

其次，“专业引领”缺乏统筹安排。山东省部分乡村幼儿园对于园本教研的理解不够透彻，总是认为乡村幼儿园的园本教研是专业的教学范畴，需要领导的统筹安排，乡村幼儿园一线教师本身并不需要为之付出努力。乡村幼儿园的园本教研培训，不仅关系到幼儿园教学的质量和改革，而且关系到乡村幼儿园的整体文化建设和乡村幼儿园的可持续发展。因此，对乡村幼儿园的园本教研工作进行专业指导，对乡村幼儿园和乡村幼儿教师的发展具有十分重要的意义，需要长久稳固的幼儿园与专业人员的共同支持，并不是某一次专业人员来乡村幼儿园参加培训或者开展培训活动就可以的。“专家”需要先了解所去乡村幼儿园的研究特色、平常研究的项目类别、涉及的乡村幼儿教学领域，然后根据乡村幼儿园的发展现状有针对性地进行讲解。乡村幼儿园的园本教研管理团队也要提前安排周详的计划，统筹安排教研事务，确保专业人员指导之后乡村幼儿教师能够学到真切的东西。

（三）乡村幼儿教师园本教研工作的激励机制有待健全

调查发现，在山东省乡村幼儿园的园本教研活动中，乡村幼儿教师基本都能准时参加（请假等未统计在内），但有些发言很少，只是默默记录、默默学习，只有被点名才会发言，并不能很好地运用团队的力量交流合作。所以，部分乡村幼儿园的园本教研还存在着“参而不加”的现象，乡村幼儿教师参与活动的主动性不高，这在一定程度上也反映出乡村幼儿园园本教研的奖励机制需要进一步健全。

首先，园本教研效果评价重结果轻过程，缺乏持续的激励机制。乡村幼儿园园本教研的过程非常重要，乡村幼儿教师在教研过程中可以学到很多知识，但是山东省乡村幼儿园很多时候更注重结果。如此的乡村幼儿园园本教研制度是不健全的，轻视了乡村幼儿园园本教研的过程性评价，缺失了一部分让乡村幼儿教师更好成长的机会。很多乡村幼儿园对于教师竞赛获奖有着严格的奖励制度，对于奖励标准的划分也非常严格，不同级别的奖金不等，得奖的教师可以获得相应的奖励。可以看出，山东省乡村幼儿园先形成了一种激励机制，更注重评估和实施，重视乡村幼儿园教师日常的科学研究工作与绩效评估相结合。但这种评价机制是双向的，鼓励幼儿教师在教学和科研上取得更多成绩，却忽略了幼儿教师在培养过程中所学到的东西、所获得的成长。因此，山东省乡村幼儿园还需要激励乡村幼儿教师学习新知识，获得新成果。

其次，园本教研评价主体构成单一，乡村幼儿教师参与园本教研的热情不足。山东省相关政府部门制定有效的评价机制既能够促进乡村幼儿教师不断努力发展教育科研，也能够促进乡村幼儿园长期科研的发展。但是，乡村幼儿园园本教研的考评奖励机制还不够完善，奖励机制比较单一，一般是园本考核小组统一考核，既没有互评环节，也没有自评环节，形式手段简单，山东省乡村幼儿教师参与教学研究的积极性得不到有力激励。

（四）乡村幼儿教师园本教研的需求得不到充分满足

山东省乡村幼儿园经常鼓励所有乡村幼儿教师积极参加科学研究，采取“分类学习探索实践”“分层技能训练”等形式是为了促进乡村幼儿教师在科学研究中得到不同程度的训练，但现实中乡村幼儿园只有部分教师进行了有效的学习和探索，仍有少部分乡村幼儿教师在科学研究中停滞不前，根本无法满足乡村幼儿教师专业发展的需要。

首先，骨干乡村幼儿教师领导园本教研的方向和过程。山东省优秀乡村幼儿教师是一些具有强大科学研究、专业研究和实际研究能力的教师，是幼儿园教育和研究的“核心力量”，引导了乡村幼儿园的教研探索领域、研究方向和过程。有很强的科学研究意识，对问题有深入的研究。总是把教学实践与教学研究结合起来，积极主动地呈现自己的看法。此外，对自己的专业有很强的自信，不会轻易接受别人的意见，而是努力让别人接受自己的看法。这样，骨干乡村幼儿教师很难与一般教师平等对话，久而久之，个别教师不敢发言，最后越来越沉默。

其次，普通乡村幼儿教师消极地参与园本教研。在山东省部分乡村幼儿园园本教研过程中，教研活动更像是少数骨干乡村幼儿教师和专家的平台，大多数乡村幼儿教师不发言，被动消极接受骨干乡村幼儿教师的观点，处于“顺从”状态。一方面，大部分乡村幼儿教师认为骨干乡村幼儿教师应该承担更多的科研责任，而他们自己只需要参与即可；另一方面，乡村幼儿教师怕自己的发言不恰当，出丑被其他教师嘲笑而不敢发言；更重要的是，大多数教师会被骨干乡村幼儿教师和专家的观点影响，在优秀乡村幼儿教师的发言中逐渐丧失话语权。

最后，乡村幼儿教师个人难以保证对教研活动的全力参与。山东省乡村幼儿教师在幼儿园教学中的任务相对繁重，家庭生活琐事较多，时间精力不足，无法全身心参与学校教研活动。乡村幼儿教师教研收获有限，并不是其能力差。很多乡村幼儿教师不知道什么是科研，如何做科研，如果只是参与无法真正理解科研，这样做科研效果不大。所以，乡村幼儿教师应认真对待科研，尽量全身心投入进去，进而取得一番成果。

（五）乡村幼儿教师学习科研共同体的建设亟待完善

山东省部分乡村幼儿园对于“学习科研共同体”意识不强，对于什么是“学习科研共同体”理解不深。其实“学习科研共同体”是一个互利共赢的研究机制，一种是“专业人员”引领一般幼儿教师形成“学习科研共同体”。另一种是“多组多层乡村幼儿园”共同合作分享资源形成“学习科研共同体”。还有一种是园内骨干乡村幼儿教师和一般乡村幼儿教师形成“学习科研共同体”，这种“学习科研共同体”的乡村幼儿园做得更好一些，但骨干乡村幼儿教师的作用并没有完全发挥出来。所以，乡村幼儿园“学习科研共同体”还需要进一步构建完善。

二、园本课程有待丰富，培训能力提升困难

山东省部分乡村幼儿园园本课程有待丰富，乡村幼儿教师培训能力提升困难，乡村幼儿园的园本课程内容对乡村幼儿教师专业发展有着较大影响，乡村幼儿园的园本培训内容丰富，具有针对性和时效性，培训形式多样新颖，更能激发乡村幼儿教师参与培训的动力，有效的乡村幼儿园园本培训对促进乡村幼儿教师专业发展的效果非常明显，然而通过调研得知，部分乡村幼儿园的园本培训存在一些问题，乡村幼儿园不重视乡村幼儿教师队伍的建设，不能针对不同层次的乡村幼儿教师进行有针对性的培训，在培训前对乡村幼儿教师的培训需求调研不到位，导致培训内容的实效性不强，乡村幼儿教师提出培训进修要求时得不到幼儿园的支持，这些问题的存在在一定程度上阻碍了乡村幼儿教师的专业发展。园本培训情况与教师专业发展分析如表 4－2 所示。

表 4－2　园本培训情况与教师专业发展分析

问题	类型	人数	标准偏差	方差分析
培训支持	完全符合	132	0.928	F＝15.257，P＝0.000＜0.001
	比较符合	101	0.886	
	不确定	69	0.978	
	不太符合	14	1.122	
	完全不符合	2	1.414	

续表

问题	类型	人数	标准偏差	方差分析
需求调研	充分调研	134	0.903	F=29.406，P=0.000<0.001
	一定调研	105	0.856	
	不确定	63	0.986	
	不充分调研	16	0.873	
	未调研	0		
分类培养	完全符合	183	1.045	F=8.628，P=0.000<0.001
	比较符合	98	0.849	
	不确定	25	0.850	
	不太符合	11	0.982	
	完全不符合	1	缺失值	

资料来源：国家社会科学基金项目（项目号：BFA180069）和山东省教育科学规划课题（编号：YC2019183）项目的调查数据。

如表4-2所示，在培训支持方面，132位教师表示在向乡村幼儿园提出培训进修要求时能够得到乡村幼儿园的全力支持，占比为41.51%；101位乡村幼儿教师表示幼儿园比较支持，占比为31.76%；69位乡村幼儿教师表示不确定能否得到幼儿园的支持，占比为21.70%；14位乡村幼儿教师不太能得到幼儿园的支持，占比为4.40%；2位乡村幼儿教师表示想要培训进修时完全得不到幼儿园的支持，占比为0.63%；F=15.257，P=0.000<0.001，表明乡村幼儿园对乡村幼儿教师的培训进修支持与乡村幼儿教师专业发展有较大的统计学差距，乡村幼儿园对乡村幼儿教师进一步学习的支持对其专业发展有着较大的作用，乡村幼儿园支持乡村幼儿教师培训进修，有利于乡村幼儿教师培训能力的提高，促进乡村幼儿教师专业发展。在培训前的需求调研方面，134位乡村幼儿教师表示培训前会对专业发展需求进行充分调研，占比为42.14%；105位乡村幼儿教师表示培训前会进行一定的需求调研，占比为33.02%；63位乡村幼儿教师不确定是否会对培训需求情况进行调研，占比为19.81%；16位乡村幼儿教师表示培训前的调研不太充分，占比为5.03%；F=29.406，P=0.000<0.001，说明培训前对专业发展需求的调研对乡村幼儿教师专业发展有着较大影响，培训前对乡村幼儿教师专业发展需求的调研越充分，培训内容的针对性和时效性越强，越有利于乡村幼儿教师的专业发展。在幼儿园重视教师队伍建设且对不同层次的教师都有相应的培养目标和要求方面，183位乡村幼儿教师表示完全符合，占比为57.55%；98位乡村幼儿教师认为比较符合，占比为30.82%；25位乡村幼儿教师认为不确定，

占比为7.86%；11位教师选择了不太符合，1位乡村幼儿教师选择了完全不符合，共计占比为3.77%，F=8.628，P=0.000<0.001，这表明，乡村幼儿园的分类培养对乡村幼儿教师发展具有重要意义，针对不同乡村幼儿教师的培养目标，对农村幼儿教师的专业发展有很大影响。乡村幼儿园更注重乡村幼儿教师的发展，不断完善[①]，为乡村幼儿教师制定不同层次的培训目标，更有利于提高乡村幼儿园教师的专业发展水平。

调研显示，山东省大部分乡村民办幼儿园园本课程相对较少，有些乡村幼儿园甚至没有自己专属的园本教材课程，经调查，主要有乡村幼儿园的园本课程开发能力不足等几方面原因，不过乡村民办幼儿园教师自身专业知识不够丰富、在教学过程中实践能力不强等问题都可以通过职后培训而慢慢改善。据调研，在乡村民办幼儿园教师的就业培训中，存在山东省相关政府部门财政投入不足、乡村民办幼儿园教师缺乏就业培训制度等问题。

（一）乡村幼儿教师园本教研价值观念比较局限

首先，在幼儿园园本课程开发中乡村幼儿教师缺乏理论知识。乡村幼儿园课程开发不是一件容易的事情，既要传承文化，又要具有逻辑性、艺术性和科学性。一方面，要求园长和乡村幼儿教师根据幼儿园的所有资源进行课程选择、组织和创建；另一方面，乡村幼儿园园本课程开发不仅要求乡村幼儿教师掌握丰富的心理学和教育学的理论基础，还需要掌握一定的课程设计、评价等相关技能操作，这就要求乡村幼儿园园长及乡村幼儿教师掌握丰富的理论知识与实践能力。但在山东省大部分乡村幼儿园中，中年和老年的幼儿教师占大多数，年轻的乡村幼儿教师则比较少。而大部分中老年幼儿教师缺乏乡村幼儿教师的理论知识培训，主要依靠乡村幼儿园教学计划开发经验。因此，在乡村幼儿园教学计划开发的过程中，许多乡村幼儿园都走了很多不必要的弯路。

尽管目前山东省乡村幼儿教师的理论水平有了很大进步，但由于资源的获得途径少，老年乡村幼儿教师缺乏获取信息资源的能力，在理论上很难有所突破，对园本课程的开发心有余而力不足。由此可见，乡村幼儿教师掌握知识的渠道相对有限，间接影响了乡村幼儿教师理论知识的学习与掌握。

其次，部分乡村幼儿园缺乏园本课程开发能力。随着山东省乡村幼儿园园本课程的发展，乡村幼儿教师越来越意识到使用园本课程资源的益处，却没有相应的能力来提高园本课程的开发水平。原因在于，一方面，部分乡村幼儿园等机构对乡村幼儿教师的培训课程相对较少，不注重对乡村幼儿教师原有发展能力的探

① 王艳．基础教育国际化背景下教师专业发展的审视与反思［J］．教育评论，2017（1）：106－110.

索；另一方面，部分乡村幼儿园整体的课程开发时间过短，总是想快速开发一套园本课程，不注重人才的培养和积累。部分乡村幼儿园主要通过在活动室与室外场地交流、补充部分当地教材等方式开发园本课程资源。可以看出，山东省大多数乡村幼儿园未能有效地将课程资源与幼儿园课程整合，导致存在部分乡村幼儿园课程开发中课程实施形式单一、资源开发效果不理想等一系列问题。部分乡村幼儿教师在编写教材时，仅凭自身的知识储备，结合多年的教学经验，对教材内容进行随机组合、删除、拼接，就形成了所谓的园本课程。这种课程不受任何教育理论的指导，其实施效果也是不尽如人意的。

（二）乡村幼儿园课程资源开发有待完善

首先，园内资源利用较充分，园外资源利用较匮乏。无论是课程资源的开发还是利用，都需要大量人力、物力、财力的注入。但山东省大多数乡村幼儿园没有将足够的人力、物力投入到课程资源开发中，内在需求的关注度不够[①]，导致乡村幼儿园只能依靠乡村幼儿教师资源和附近的便利资源开发乡村幼儿园园本课程。然而，对于那些距离较远、使用难度较大的课程资源，利用相对较少甚至无法利用。目前，乡村幼儿园园本课程开发的主要途径是对各种原有课程进行选择、补充、扩展和整合，从而组成若干门新的园本课程，这种园内资源的利用方式固定僵化，形式单一。而对于丰富多样的园外资源，如对家长资源的利用较少。对于地域特色、民俗风情、周边文化等课程资源，虽然已经从各个领域获得一些，但还没有深入挖掘，相对浮于表面。

其次，课程资源开拓使用水平较低。通过调研可知，山东省乡村幼儿园对园内园外的课程资源都有涉及，但资源开发利用程度较低，没有充分利用挖掘这些有利资源。目前，大部分乡村幼儿园的课程资源开发有两个方面原因：一个是补充乡村幼儿园实施的课程资源；另一个则是可以按照自己的现实情况提供以幼儿园为场地的课程，符合乡村幼儿园的特征。调查中发现，大多数乡村幼儿园教师表示，在课堂教学中开发和利用园本课程资源是一种普遍现象。例如，乡村幼儿教师应根据课堂教学的需要，补充一些与活动主题相关的图片和具体材料，以增加幼儿对课程知识的感性认识。山东省部分乡村幼儿教师对获得的课程资源的使用也相对比较简单，只是简单地呈现图片和实物，很少再加工。从一定程度上来说，乡村幼儿教师对课程资源的使用依旧停留在较低水平上。

（三）部分乡村幼儿教师参与课程的积极性不高

首先，部分乡村幼儿教师缺乏园本课程开发主体意识。课程意识是乡村幼儿

① 葛璐，郑友训．构建实践共同体：教师专业发展的有效路径［J］．教育探索，2016（11）：141－144.

教师对园本课程开发、设计和实施的专业反思。在明确的课程意识指导下，乡村幼儿教师在教育过程中发挥自己的作用，选择正确的教育教学方式。乡村幼儿园园本课程是以幼儿为研究主体进行开发组织的，乡村幼儿教师则是幼儿园园本课程开发过程中的主动行为主体，对乡村幼儿行为的反馈进行归纳总结，提取行为主体，也就是乡村幼儿的行为规律，这就需要乡村幼儿教师的主体意识发挥重要作用；乡村幼儿作为乡村幼儿园课程开发的研究对象，其行为受到乡村幼儿教师教育理念的影响，乡村儿童的行为意识会在课程实践中，通过行为表现直接反馈给乡村幼儿教师。在乡村幼儿园课程开发以及实施的过程中，乡村幼儿教师的主体意识至关重要。但就目前形势来说，大部分乡村幼儿教师的主体意识不强，对自身在乡村幼儿园课程开发中的重要性尚未充分认识。由于主体意识以及相关理论知识的缺失，在乡村幼儿园课程开发过程中，乡村幼儿教师的参与积极性不高。因此，要通过长期的培训来提高乡村幼儿教师的主体意识，从而使乡村幼儿教师实现从课程的实践者到课程开发者的角色转变。

其次，部分乡村幼儿教师缺乏参与乡村幼儿园课程开发的积极性。每个人的时间和精力都是有限的，将有限的时间、精力进行合理分配显得至关重要。通过对乡村幼儿园的调查研究发现，乡村幼儿教师的工作量和工作压力较大，这在很大程度上降低了乡村幼儿教师参与乡村幼儿园园本课程开发的积极性，完成一天的繁忙工作后，乡村幼儿教师没有太多的精力和能力去参与园本课程的开发。尽管大多数乡村幼儿园教师都有本科学历水平，但乡村幼儿教师在入职前并没有关于乡村幼儿园园本课程开发的理论知识储备，普遍缺少实践经验。近年来，乡村幼儿园安全问题越来越频繁，对乡村幼儿教师的要求也越来越严格，要时刻注意孩子的安全，因此，每个乡村幼儿教师的压力越来越大，根本没有其余精力进行园本课程的开发。秉承着多一事不如少一事的原则，多数乡村幼儿教师都不想给自己添麻烦。

（四）部分乡村幼儿园管理者不重视师资的培训

山东省部分乡村幼儿园管理者不重视师资培训，园内培训渠道有限，培训机会不均衡，如果没有得到乡村幼儿园的支持与帮助，乡村幼儿教师很难获得在职学习的机会。但为了控制成本，避免师资力量流失，部分乡村幼儿园管理者对乡村幼儿教师专业能力的提升并不在意，甚至认为职后培训得越好，师资力量流失得越快，所以对乡村幼儿教师职后培训工作并不重视。为了促进乡村幼儿教师专业能力发展，乡村幼儿园能够提供的方式有两种，一是乡村幼儿园内部进行的学习和培训，这种乡村幼儿园内部的学习和培训一般面向园内全体教师展开，在一定程度上有利于乡村幼儿教师的发展。但由于受到专业能力水平的限制，在乡村幼儿园内部进行的学习培训的效果不是很理想。二是培训机构或者教育部门组织的外出培训学习活动，但受到乡村幼儿园内部严谨的规则章程、资金及人员等方面的限制，实际上乡村幼儿教师到外面学习的机会较少。在调查中发现，当遇到这些训练和研究的机会时，幼儿园的主导管理者会选择权威声望较高和专业能力突出的骨干教师，新入职或入职时间较短的青年乡村幼儿教师很难获得外出学习的机会。尽管这些乡村幼儿教师回来后，会在乡村幼儿园分享自己的学习经验，但只有少数乡村幼儿教师有培训机会。

（五）部分乡村幼儿教师培训力度不大，内容缺乏针对性

山东省乡村幼儿教师培训力度不大，培训内容缺乏针对性，方法单一，培训效果差。调研显示，乡村幼儿教师很少接受系统的培训，也很难获得“全国培训”和“省级培训”的机会。如果获得外出培训的机会，大多数乡村幼儿园都会选派骨干乡村幼儿教师参加，培训基本是以集体授课的形式进行，培训方式大都是传统的灌输，缺乏过程中的启发和互动式教学，培训内容也是一成不变的。然而，不同教学年龄、不同学历水平的乡村幼儿教师对培训内容的要求是不同的，但很少有直接针对不同年龄、不同学历背景的乡村幼儿教师举办的定向培训。事实上，乡村幼儿教师更喜欢专家针对自己的教学活动进行具体指导，而不仅是听取专家的报告或者讲座。调查结果显示，参加培训的乡村幼儿教师反馈效果一般，幼儿教师认可专家的理论，也普遍接受其乡村幼儿教育理念。但在如何将理念转化为实践过程这一问题上还存在种种疑惑。培训过程中理论与实践结合得不够紧密，从而导致培训效果一般。

山东省部分乡村幼儿教师培训形式缺乏灵活性。第一，未经培训的幼儿教师和培训课程众多，很多培训只停留在专家讲座和乡村幼儿教师听讲的单向传递状态，课程量大，时间短，教学培训集中，注重理论灌输，缺乏实践渗透。第二，班级规模大，沟通方式单一，很多教师难以深入分析，无法实时与学生沟通，无法提供具体的指导和学习。第三，教学时间有限，缺乏连续性和顺序性，乡村幼儿教师只能是肤浅地学习，很难系统地描述课程的意义和内涵，更别说是对所学知识的理解和消化了。第四，各种条件限制，参与互动式学习和案例分析式学习很难实现。传统的培训形式要求乡村幼儿教师在课堂上集中精力，但现实是，大多数未注册的乡村幼儿教师在民办幼儿园工作，尤其是一些小型的乡村民办幼儿园。乡村幼儿园的人力严重不足，即使是外出学习，由于人手缺乏，园长也会打电话催促教师尽快回去，使乡村幼儿教师无法集中精力参加培训。同时，乡村幼儿教师分布在各个地区，特别是分布在偏远地区的许多私人微型幼儿园，乡村幼儿教师出行十分不便，间接增加了乡村幼儿教师参与培训的难度。此外，随着现代教育技术的飞速发展和乡村幼儿教师继续教育方法和手段的不断更新和发展，网络培训已成为乡村幼儿教师培训的重要方式之一。但是，许多培训学校网络基

础设施设备落后，利用现代信息技术的能力不足，仍然坚持以传统教学为主要教学方法和手段，利用现代教育技术力量不足，对远程网络培训的认识和应用远远落后于时代对乡村幼儿教师培训的要求，导致山东省乡村幼儿教师培训效果远远跟不上现代信息社会的要求。

三、乡村幼儿教师评定机制有待完善，多元职称评审制度有待健全

山东省部分乡村幼儿教师评定机制不合理，乡村幼儿教师多元职称评定怠倦，乡村幼儿教师评定机制影响教师的专业发展，乡村幼儿教师的职称评定机制民主合理，多元职称评定要求不苛刻，能够激发乡村幼儿教师的工作动力，使乡村幼儿教师愿意投入更多的时间去进修培训和学习反思，提高自己的专业发展水平。而在调研中得知，乡村幼儿教师评定方面存在一些问题，专业知识与能力的薄弱[①]，部分乡村幼儿园对教师的管理评价制度不合理，在一定程度上导致了乡村幼儿教师职称评定的困难。

如表4－3所示，195位乡村幼儿教师所在幼儿园的管理评价机制非常合理，能很好地促进教学的开展，占比为61.32%；99位乡村幼儿教师所在幼儿园的管理评价制度较为合理，占比为31.13%；17位乡村幼儿教师在这方面表示不确定，占比为5.35%；还有5位乡村幼儿教师所在幼儿园的管理评价制度不太合理，2位乡村幼儿教师所在幼儿园的管理评价制度非常不合理，不能促进教学开展，占比为2.20%；$F=7.525$，$P=0.000<0.001$，说明乡村幼儿教师评定制度与乡村幼儿教师专业发展存在极其显著的统计学差异，乡村幼儿教师评定制度对教师专业发展产生极大影响，乡村幼儿教师评定机制越合理，越有利于教师的专业发展。

表4－3　教师评定机制与教师专业发展方差分析

问题	类型	人数	标准偏差	方差分析
促进教学开展	非常合理	195	1.027	F＝7.525，P＝0.000＜0.001
	较为合理	99	0.844	
	不确定	17	1.111	
	不太合理	5	1.095	
	非常不合理	2	0.707	

资料来源：国家社会科学基金项目（项目号：BFA180069）和山东省教育科学规划课题（编号：YC2019183）项目的调查数据。

① 吕曦子．县域转岗幼儿教师专业发展的个案研究［D］．陕西师范大学硕士学位论文，2018.

山东省乡村幼儿教师的编制相对较少，针对乡村幼儿教师评聘与任职的标准和条件相对较多，这样，我们无法客观地评判乡村幼儿教师的工作成效。众所周知，乡村幼儿教师的社会地位与其他乡村教师相比较低，因此，乡村幼儿教师的职称评定比其他教师要困难得多，尤其是在乡村民办幼儿园。随着乡村幼儿园的数量越来越多，乡村幼儿教师的数量也随之不断增加，目前我国的幼师评定机制还有待进一步完善，随着乡村幼儿教师队伍的扩大，乡村幼儿教师职称评定制度发展的速度远远赶不上教师队伍发展的速度，乡村幼儿教师职称评定的不足也因此逐渐显露出来。评价的难易程度会对乡村幼儿教师的薪酬水平、乡村幼儿教师的积极性、乡村幼儿教师自我提升的动力以及乡村幼儿教师的职业认同有很大的影响。因此，对山东省乡村幼儿教师职称评定制度的改革就显得至关重要。

在年度职称评定过程中，受人的情感倾向和思维方式等因素影响是难以避免的，这是社会的现实问题也是客观问题。虽然我们不能完全改变这种情况，但是仍然需要降低人情因素的作用范围，最大限度地减少人情因素对职称评定的影响。在日常工作中，没有担任行政职务的学术人员的目标是做好科研、培养好幼儿，关系网络比较简单，而行政人员除了要处理幼儿园内部的事情外，还要处理园内与园外的关系，乡村幼儿教师在一个复杂的社会关系网络中，给其带来了不必要的麻烦，从而对乡村幼儿教师职称评定带来更大的影响。可见，需要进一步提升山东省乡村幼儿教师职称评审的公平性和公正性，促进山东省乡村幼儿教师职称评审工作有序健康发展。

第三节　乡村幼儿教师规划要清晰，技能要完善

一、乡村幼儿教师自我认识模糊，目标职业规划相对滞后

山东省部分乡村幼儿教师自我认识模糊，目标职业规划相对滞后。乡村幼儿教师对自己的认识和职业规划是影响自身专业发展的重要因素，乡村幼儿教师只有对自己有了充分且深刻的认识，清楚自己的职业目标，明确自己的职业规划，才能促进自身的专业发展，且达到事半功倍的效果。但是从调研中得知，部分乡村幼儿教师对自己的职业认识模糊，选择职业并非出于对职业的向往，对未来的职业发展也没有较为清晰明确的规划，或者有规划但是未付诸实践，对自身专业成长的前景不乐观，没有继续发展的念头，这些因素都会阻碍乡村幼儿教师自身专业的快速发展，对乡村幼儿教师专业发展产生较大影响。

如表4－4所示，在从事乡村幼儿教师职业的原因方面，187位乡村幼儿教师选择幼儿教师个职业是出于自己的理想，占比为58.81%；47位乡村幼儿教师选择幼儿教师职业是因为教师的收入稳定，占比为14.78%；21位乡村幼儿教师是听取了他人的建议选择了幼儿教师职业，占比为6.60%；19位乡村幼儿教师选择幼儿教师职业是出于无奈，占比为5.97%；另有44位乡村幼儿教师是出于其他原因选择幼儿教师职业，占比为13.84%；$F=6.822$，$P=0.000<0.001$，说明选择乡村幼儿教师职业的原因与教师专业发展存在极其显著的统计学差异，职业选择的原因对乡村幼儿教师专业发展影响较大，出于自身理想选择的职业更有利于自身专业发展。在制定和实施个人发展规划方面，152位乡村幼儿教师选择了有规划且实施，占比为47.80%；115位乡村幼儿教师选择了有规划但未实施，占比为36.16%；13位教师选择了无规划，占比为4.09%；38位乡村幼儿教师想规划但并未规划，占比为11.95%；$F=6.620$，$P=0.000<0.001$，说明制定并实施职业规划与乡村幼儿教师专业发展有着极其显著的统计学差异，制定并实施职业规划对乡村幼儿教师发展有着极大影响，乡村幼儿教师制定职业规划且付诸实践，自身的专业发展速度就更快。在专业成长前景方面，95位教师很乐观，143位乡村幼儿教师选择了比较乐观，75位教师认为前景一般，还有4位乡村幼儿教师比较悲观，1位乡村幼儿教师很悲观，$F=10.118$，$P=0.000<0.001$，说明教师对专业成长前景的态度对乡村幼儿教师专业发展有着极大影响，乡村幼儿教师对自身专业成长前景的态度越乐观，自身专业发展越快。在对做科研的态度上，264位乡村幼儿教师认为做科研是有必要的，占比为83.02%；有24位乡村幼儿教师对此表示不确定，占比为7.55%；还有30位乡村幼儿教师认为做科研是没有必要的，占比为9.43%；$F=4.604$，$P=0.000<0.001$，表明乡村幼儿教师关于科研的态度认知对教师的专业发展会产生较大影响，乡村幼儿教师认可科研的必要性有利于乡村幼儿教师的专业发展。在职业理想和敬业精神方面，200位乡村幼儿教师认为完全符合，106位乡村幼儿教师选择比较符合，10位乡村幼儿教师不确定，还有1位乡村幼儿教师选择不太符合，1位乡村幼儿教师选择非常不符合；$F=73.594$，$P=0.000<0.001$，说明乡村幼儿教师对职业的理解和热爱对教师专业成长产生极大影响，乡村幼儿教师对职业的理解深刻、对职业的尊崇，有利于乡村幼儿教师专业快速成长。

表4-4 乡村幼儿教师自我认识和职业规划与专业发展分析

问题	类型	人数	标准偏差	方差分析
从事乡村幼儿教师职业的原因	自己的理想	187	0.431	F=6.822，P=0.000<0.001
	教师收入稳定	47	0.717	
	听取他人的建议	21	0.483	
	无奈的选择	19	0.787	
	其他	44	0.757	
制订个人发展规划并实施	有规划且实施	152	0.446	F=6.620，P=0.000<0.001
	有规划但未实施	115	0.565	
	无规划	13	1.463	
	想规划但并未规划	38	0.490	
专业成长前景	很乐观	95	0.322	F=10.118，P=0.000<0.001
	较乐观	143	0.519	
	一般	75	0.774	
	较悲观	4	0.957	
	很悲观	1	缺失值	
乡村幼儿教师没必要做科研	完全符合	16	1.000	F=4.604，P=0.000<0.001
	比较符合	14	0.633	
	不确定	24	0.974	
	不太符合	74	0.555	
	完全不符合	190	0.442	
职业理想和敬业精神	完全符合	200	0.301	F=73.594，P=0.000<0.001
	比较符合	106	0.506	
	不确定	10	1.075	
	不太符合	1	缺失值	
	完全不符合	1	缺失值	

资料来源：国家社会科学基金项目（项目号：BFA180069）和山东省教育科学规划课题（编号：YC2019183）项目的调查数据。

新时代背景下，山东省乡村幼儿教师对自身的认识不明确，影响了乡村幼儿教师的专业发展。俗话说“入一行，爱一行”，通过对话与了解[①]，要确定真的

① 李学容，夏泽胜．幼儿教师专业发展与制度建设［J］．内蒙古师范大学学报（教育科学版），2014，27（6）：109－111.

热爱、适合这个行业，再来从事与乡村幼儿教育相关的职业，入行之前，要考虑清楚自己是否可以接受乡村幼儿教师行业中的种种问题，自己的性格是否适合这个职业，也要调查，这不仅是选择这个行业这么简单的事情，还要看这个行业可不可以容纳你，选择职业首先要做的事情，就是相互了解，互通有无。了解这个行业最需要的是什么，能不能从中学到什么，有哪些是需要做出改变的，等等。还要知道乡村幼儿教师可能会面对一些疑问，如乡村幼儿教师的价值体现在哪里。由于社会对乡村幼儿教师专业的不重视，成为一名乡村幼儿教师要更加勇敢坚强。了解乡村幼儿教师的就会知道，乡村幼儿教师这个工作的劳动成就其实是无法用量化的评价方式来衡量的，无法像其他行业一样得到具体的反馈，乡村幼儿教师就是通过生活中的点点滴滴来教导幼儿，要做好付出而不求回报的心理准备，这也说明作为一名乡村幼儿教师必须要有较高的素质和良好的品质。成为一名优秀的乡村幼儿教师的道路是非常艰难的，有没有勇气做好，能不能承担社会上的舆论，要从自身的发展规划入手打下坚实的基础。不要稀里糊涂地成为一名乡村幼儿教师后才发现这个行业并不适合自己，对于自己和幼儿教师工作都是一种敷衍。

在山东省乡村幼儿教师中，有极少部分乡村幼儿教师就是随波逐流进入这个行业的，教学过程中出现的失误、乡村幼儿园环境中的复杂和不稳定因素会让乡村幼儿教师对自己的工作产生怀疑，对于坚持这份工作的态度持续不乐观，在各种情境中极易被动摇。这与自我分析不到位有关，还缺少对自身观念的明确认知，目标不明确，需要通过自我剖析，了解自己的优势和劣势，以一个男幼儿教师为案例来进行说明，他认为自身的优势在于运动能力好，可以掌握多种运动技巧，能和乡村幼儿较快地熟悉起来，很容易和幼儿融为一体，并且接受了较好的教育，同时，他的弱点是性格比较冲动，脾气急躁，遇到事情好胜心太强，心态有时候调整不过来容易导致失衡，不擅长剪纸等手工活动。这是他对于自身的几个重点看法，他认为可以在这些分析中找到一个均衡发展的办法。与此同时，想在一个行业里长久地工作下去，需要考虑希望的工作环境是什么样子，想要在这个行业里干到什么程度，想要完成什么目标，会一直坚持完成目标吗，还有，在工作过程中出现什么样的情况，意味着遇到了阻碍和束缚，幼儿教师对于自身认知模糊，是自我分析没有做到位，如果可以解决以上问题，遇到的障碍可能就会少很多。

山东省乡村幼儿教师的个人反思也是清晰认识自我的重要策略，通过反思来分析专业上存在的问题和自身的不足，进而促进自身的专业能力提升，时时刻刻注意发展道路上遇到的状况，向比自己优秀的乡村幼儿教师请教，正视自己的缺点。在教学活动中进行反思，举例说明：在一节游戏活动结束后，关于这节课上得怎么样，活动中有没有出现棘手的突发事件，如果出现了，怎么处理才能更好，哪里做得成功，哪里做得失败，还需要如何改进，上完这节课幼儿的表现如何，他们是否喜欢这种教学方式，等等，这些都是需要思考的。要想从根本上提高自己，就要从多方面去反思和修正。固然理想状态是这样，但是回到现实中，部分乡村幼儿教师对于教学活动的反思只是敷衍应付，他们表示自己事情多，工作忙，没有过多的时间去做教学反思。在观察相关乡村幼儿教师时，发现了诸多问题，有些乡村幼儿教师每天很忙，但是这一天能解决的事情却寥寥无几，工作效率较差，有些乡村幼儿教师虽然很认真，但不知道如何观测，观测目的不明确，书面写的反思和实际情况有些不吻合，反思写得不够明了，无法得知这次活动是否达成目标，这次活动是否吸引到幼儿，这个过程还能不能调整得更好，对于问题的分析过于浅显，从而无法彻底地了解自己的职业状况。

动机是重要事宜，如果没有动机，就无法唤起幼儿教师的行动。动机作为推动山东省乡村幼儿教师活动的原动力，来满足乡村幼儿教师的内部需要，使乡村幼儿教师的行为和内需一致，一起为了完成统一的目标而努力，让乡村幼儿教师能坚持下去。可见，动机是乡村幼儿教师进行活动时最大的推动力，起着非常重要的作用。对于自己选择的职业，内心如果有个声音说，“我可以，我能行，我胜任，我愿意，我坚持”，是不是也会使幼儿教师的信念坚定下去，在某些程度上还会改变乡村幼儿教师对于自身专业身份的认同感。乡村幼儿教师的工作动机主要分为外部动机和内部动机，外部动机就是那些绩效考核、经济收入等，而内部动机是乡村幼儿教师从这项工作中获得的快乐和满足，以及想更进一步努力时产生的内部驱动力。但是，只有乡村幼儿教师从心中感受到这份职业带给自己的意义和价值，才会充分调动起乡村幼儿教师的主动性。两者相较而言，内部动机才是工作动机的主要源泉。有理论认为，乡村幼儿教师想要自己的认知不模糊，要明白工作动机非常影响乡村幼儿教师在工作上的情绪和表现，包括对于自己身份的认同，如果动机不明确，是没有什么坚定力量可以支持你走向幼儿教师这条道路的。例如，L 教师说，自己因为非常喜欢幼儿才选择这个职业，想要积累更多的经验，成为骨干幼儿教师；H 教师说，自己有非常明确的职业规划，不想安于现状，想进一步深造，在教学活动中完善自己的不足，进一步提升自己。上面所描述的情景，大部分影响因素都来源于动机。因此，发挥乡村幼儿教师工作的主动性，才能使其认识到自身的缺陷，从而去改进。在乡村幼儿教师专业发展上，主动比被动好，可选择的职业越多，越容易出现混乱，这就需要强大的自控力和精确地做选择，如果选择了一个职业就要做好一切准备，就像士兵不打无准备的仗，无论什么职业，都要做好对自身的规划，用内部动机来驱动自己。乡村幼儿教师的主体意识要精确，为自己的工作如何进行构建大方向，为自己在社会发展中的地位找准框架，提高自己的发展水平，乡村幼儿教师队伍发展的中心应当从外部发展慢慢转移到内涵发展，从自我到社会，满足社会日益增长的对于优秀教育需求的渴望，成为高质量、专业的乡村幼儿教师。

山东省部分乡村幼儿教师自身的发展驱动力不强，会导致乡村幼儿教师行为的作用大打折扣，无法让乡村幼儿教师的内部发展的需求得到满足，更进一步来说，如果乡村幼儿教师没有强大的内驱力，思想会随着环境的改变而改变，没有坚定的信念，自我反思的能力也会削弱，让乡村幼儿教师的行为没有及时得到更正。乡村幼儿教师只有拥有足够的专业发展驱动力，才会有较为明晰的发展目标，才会制定相关的职业发展规划，专业素养的提高是无法依靠外界力量来达成的，唯有经过乡村幼儿教师认知驱动力的促使才能进行，这是乡村幼儿教师对于自身不满而产生的动力，这种动力既可以源于自身的目标，也可以来自外部的影响。

山东省乡村幼儿教师要及时面对自己的心理问题，出现问题及时解决，学习如何调节自己的情绪。自己心中的理想生活对上现实严峻的日常可能会导致乡村幼儿教师的信心受到冲击，幼儿教师对是否能够胜任教学活动产生怀疑，在面对挫折时，信心不足，从而可能产生职业疲倦，尤其是乡村幼儿教师这个职业所要负责的事情很繁杂，更容易出现焦虑和倦怠的心态，产生职业疲倦的人数也较多。一旦有了这种心理，就容易产生惰性心理，对其负责的教学活动、专业知识的提高的重视程度就下降了，产生一种无所谓、得过且过的态度，能否恢复以往的精神面貌就不确定了。因此，要常常给自己鼓励，发现这种状态的苗头时，快速熄灭它，不要让它在心里滋长，为自己营造一个良好的心理环境。在一个和谐社会，我们接纳不同的职业，每个职业都有其职业背景和职业素养。但是专业地位要有相对应的职业道德，俗话说“德要配位”，乡村幼儿教师的素养会影响幼儿的成长。在进入行业前，要想清楚作为一个乡村幼儿教师的责任和义务，要有职业素养，帮助幼儿快乐地成长。

幼儿教师职业认同对山东省乡村幼儿教师专业发展具有重要的影响，众所周知，职业认同是一种非定性的评价，而职业认同感则显示出个体对于这份职业的本质感受，一类乡村幼儿教师只是把这项职业当作养家糊口的工具，没有上进心，乡村幼儿教师这一职业就是作为可供选择的职业之一。另一类很喜欢乡村幼儿，然后进入了这个行业，在发展过程中意识到现实与想象存在偏差，从而产生了倦怠甚至厌恶的情绪，比第一类乡村幼儿教师所产生的抵抗情绪会更加严重，多方面因素影响，使其自身对于乡村幼儿教师这个职业的认同感降低。当职业认同感较低时，乡村幼儿教师不会再那么重视这份工作了，更多的是对于职业的无奈和连续敷衍。

内部因素是事物变化的依据，内部因素的作用才导致事物不断地发生变革，外部因素只是一种要求标准，幼儿教师如果没有发挥主观能动性去进行专业发展，没有判断清楚自己的职业定位，就进行考察和重组，是无法完成自己的职业理想的，自身思想起作用才会产生最佳效果，自身的因素才是最重要的。山东省乡村幼儿教师个人最清楚自己的能力，若是自愿学习，提高自己的专业知识和专业素养，那么，专业发展的速度必定很快。人生会遇到很多挫折，但是只有你自己跌跌撞撞的经历了、解决了，那才是属于你自己的收获，人生没有完美，只是我们可以选择不同的生活方式，来减少让自己后悔的事情。通过自我提升，突破这些桎梏。从哪里跌倒就从哪里爬起来，给足勇气向前冲。

观察过程中发现，山东省部分乡村幼儿教师对于专业水平的发展并不是很在乎，外部环境对乡村幼儿教师较宽容，对其专业水平的要求较低，对于乡村幼儿教师来说，其更加注重外部环境对自己的影响，似乎外部要求更有助于提高乡村幼儿教师的专业发展水平，但乡村幼儿教师只有在自主成长时才能促进其专业发展。刚开始进入这个行业的时候，大家肯定抱着不同的信念，关于职业理想的信念与乡村幼儿教师的专业发展也存在着一定的联系，不同的职业理想会导致其专业发展的结果产生显著的差异。一位对于这个行业表现出无所谓的态度且不愿意长期从事这个职业的乡村幼儿教师肯定不如其他乡村幼儿教师专业发展得好，乡村幼儿教师对于职业的热爱和信任是有着强大推动力的，如果乡村幼儿教师想要长期在这个行业中发展，必定会对自身有长久打算，对于提高专业发展水平采取更加积极的行动。乡村幼儿教师的专业发展意识要一直在线，要从刚开始进入这个职业的懵懂无知，面对行业产生对自身的疑问，转变到开始思考如何才能更好地进行教学的阶段。

目前，山东省乡村幼儿教师专业发展职业规划相对滞后，一方面，因为乡村幼儿教师对于自身的发展并无规划；另一方面，因为没有得到系统的教授，没学习过职业规划的相关知识。职业规划是乡村幼儿教师根据所处的环境和个人的基本情况对其专业发展进行符合实际的设想和构化，职业规划作为乡村幼儿教师发展过程中必不可少的步骤，引导乡村幼儿教师成为从依靠外部发展到可以自主进行专业发展的个体，为乡村幼儿教师树立理想的旗帜。乡村幼儿教师在职业发展过程中会遇到许多不确定，而乡村幼儿教师的专业发展概念确定了职业规划在乡村幼儿教师专业成长发展中的功能和含义。乡村幼儿教师在专业发展中经历从无到有的过程，其中要是没有职业规划，恐怕很难达到很高的水平。即使所有人都知道职业规划的好处，但是准确合理的职业规划到底应该怎么去制定实施？首先要确定的是，这是你一段时间的规划还是一生的规划，乡村幼儿教师要确定自己是否会长期或永久在这个行业，其次来选择属于自己独特的职业规划。在个人发展性的基础之上，乡村幼儿教师职业规划的步骤可分为：对于自身在发展过程中总体性的剖析；现在处于职业中的哪一个位置，做好职业定位；职业发展需要的策略的制定和实行；在随后的进程中，一遍遍改进自己的职业规划，不断进行调整。由此可见，如果乡村幼儿教师对自身职业规划有较为明确的认识，并以此来制订与自己相符的职业规划，对于自身的发展状况和以后的目标都会很确定。假如乡村幼儿教师没有清晰的自我认识和自我反思，不清楚所处的是什么环境，职业规划的作用就略显单薄，也会导致乡村幼儿教师专业发展缓慢，无法跟上身边其他乡村幼儿教师的步伐。逐渐失去自我发展的驱动力，最后不求进取，自暴自弃，被动接受外界的扶助来维持自己的职业生活。加上乡村幼儿园的工作很繁忙，乡村幼儿教师敷衍应付工作，想要改变就更难了，这是现在普遍的状态。如果乡村幼儿教师的职业规划能力不足，无法从自身出发以客观的角度去观察自己，就实现不了自身发展的多样性。职业规划的有效性决定了乡村幼儿教师的学习效果和工作质量，在未来职业发展的道路中占据着极其重要的地位。乡村幼儿教师要全方位地促进个人的专业发展，用客观的认识和正确的评价制订规划，不要受影响，迷失了方向。

在山东省乡村幼儿教师专业发展提升过程中，相关政策法规明确指出了取得教师资格应当具备的相应学历，获得幼儿园教师资格应当满足具备幼儿师范学校毕业及其以上学历的要求，此外，山东省政府支持非师范高等学校毕业生报考乡村幼儿教师。乡村幼儿教师对于学历的要求较低，根据以往的了解，认知水平较高会给人一种信服感，较高专业认知水平可以改善乡村幼儿教师的社会地位和提高个体对于自己身份的认同感，可以使乡村幼儿教师面对工作时更加从容不迫，对于自身而言身边有专业认知水平高的榜样也是一件很值得期待的事情。不仅能帮助自己往更高处走，也能给乡村幼儿园营造一个积极向上的环境。可以说个人的专业认知水平与对身份的认同感和职业认同感都有一定的联系，对自身不仅要有清晰的认识，还要多学习、多了解。乡村幼儿教师的发展意识薄弱，是因为缺乏动力提高自己的专业认知水平，个人因素是增加乡村幼儿教师专业知识的决定性因素，是确保乡村幼儿教师自觉进行学习和成长的动力。个体本身的性格特征是重要的影响因素，如果乡村幼儿教师对自身认识清晰，对自身的职业发展前景有准确的指向性，将会促进乡村幼儿教师自身的发展，但是目前部分乡村幼儿教师在专业理解和行为上没有达到国家要求的水平，这就影响了乡村幼儿教师专业能力的提高和自主自觉地进行专业发展，很多经过多年学习和有相关教育经历的乡村幼儿教师在实践中并没有真正提高专业水平。很多中年乡村幼儿教师认为自己的发展很平稳，觉得按部就班就好。部分乡村幼儿教师觉得自己再怎么努力也不如年轻的乡村幼儿教师，就会放弃晋升和提升自己的能力，也会觉得自己的精力比不上年轻的幼儿教师，就忽视了专业素质的提高，安于现状的想法生根发芽，肆意滋长。要想真正成为一名专业的乡村幼儿教师，就不要把其当成一份用来谋生的职业，要对自身认知有清晰的思路，了解这个职业的责任和义务，形成专业性的认知和意识。不仅是在思想方面，还要落实到实际教学活动中，将个人目标和职业生涯发展紧密地联合在一起。

要想进一步促进山东省乡村幼儿教师的专业发展，个人知识的管理不容忽视，但是大量乡村幼儿教师对专业知识管理的掌握并不充分，并没有真正理解个人专业知识管理的概念，甚至有些乡村幼儿教师听都没听过这个术语，很少有乡村幼儿教师能给出正确的说明和定义，知识管理的不足也影响了乡村幼儿教师的发展。其实在这个信息时代，很多资料很容易被找到，在家就可以观看在线课程，再适当地选择一些策略和方法，就可以进行有效的个人专业知识管理了，促进自己专业水平的发展。随着人们对学前教育的重视程度日益增强，乡村幼儿教师专业发展的路径越来越多样化，但是大众所接受的还是往常那几种集体培训，对内部提升方法的认识依旧不足，个人知识管理这种个人提高的关键性途径还没有普及。通过引导，少数乡村幼儿教师对个人知识管理有了较为明确的了解，开始使用这种方法来解决工作中遇到的困难，但是由于没有系统的、计划性的传播方式，这种方法还是得不到发展，对其必须性和含义缺少认识，乡村幼儿教师的个人学习效率无法提高，从而导致乡村幼儿教师专业发展的速度缓慢。即使现在有多种培训方法，但是没有知识管理的意识，这些宝贵的学习机会就流于形式，对乡村幼儿教师的发展毫无益处，正是因为对知识管理的忽视，使用这种途径来推进乡村幼儿教师发展的路途陷入困境，无法有效发挥作用，更多地使用外部途径进行专业发展，有些本末倒置，进而诱使山东省乡村幼儿教师专业发展质量低下和速度缓慢。

二、部分幼儿教师成长途径匮乏，专业技能认识相对欠佳

山东省部分乡村幼儿教师专业发展成长途径匮乏，专业技能认识相对欠佳，乡村幼儿教师的成长历程对教师专业发展有着重要影响，对专业技能的认识也是影响乡村幼儿教师专业发展的重要因素之一，乡村幼儿教师成长步伐稳健，对理论知识的深刻认识和对专业技能的熟练掌握才能更快地促进自身专业的发展，然而通过调研得知，部分乡村幼儿教师成长途径较为匮乏，在教学过程中不能及时发现自己的教学问题，也不能经常对问题进行自我反思，缺少自我成长的历程，同时，少数乡村幼儿教师未取得幼儿园教师资格证书，对理论知识和专业技能的认识相对欠佳，知识面不够广阔，这些都会对乡村幼儿教师的专业成长造成影响，阻碍乡村幼儿教师的专业发展。

如表4－5所示，在幼儿教师资格证方面，265位乡村幼儿教师持有幼儿教师

资格证，占比为83.33%；但是还有53位乡村幼儿教师没有拿到幼儿教师资格证，占比为16.67%；$F=5.797$，$P=0.017<0.05$，说明幼儿教师资格证的取得与否影响乡村幼儿教师专业发展，取得幼儿教师资格证的乡村幼儿教师对专业技能的认识更为深刻，更有利于乡村幼儿教师专业的发展。在注重自身学习方面，156位乡村幼儿教师非常重视自身学习，知识面广，占比为49.06%；137位乡村幼儿教师比较重视自身学习，知识面比较广，占比为43.08%；还有20位乡村幼儿教师不太确定，占比为6.29%；另有4位乡村幼儿教师不太重视自身学习，1位教师完全不重视自身学习，共计占比为1.57%；$F=9.499$，$P=0.000<0.001$，说明注重自身学习与乡村幼儿教师专业发展有极其显著的统计学差异，乡村幼儿教师的自我学习对乡村幼儿教师专业发展有着极大影响，乡村幼儿教师越注重自身学习，知识面越广，专业发展也相对越快。在能发现教学问题及反思教学行为方面，85位乡村幼儿教师认为自己在发现教学问题并反思方面做得非常好，占比为26.73%；159位乡村幼儿教师认为自己比较能做到这一点，占比为50%；有42位乡村幼儿教师选择了不确定，占比为13.21%；30位乡村幼儿教师认为自己不太能做到发现教学问题且经常反思，占比为9.43%；还有2位乡村幼儿教师完全不能做到这一点，占比为0.63%；$F=22.462$，$P=0.000<0.001$，说明对教学问题的发现及对教学行为的反思对乡村幼儿教师专业发展有着极大影响，乡村幼儿教师能发现教学问题并反思自己的教学行为，会更有利于自身的专业发展。

表4-5　幼儿教师成长和专业知识认识与专业发展分析

问题	类型	人数	标准偏差	方差分析
幼儿教师资格证	是	265	0.983	$F=5.797$，$P=0.017<0.05$
	否	53	1.140	
注重自身学习	非常重视	156	1.024	$F=9.499$，$P=0.000<0.001$
	比较符合	137	0.889	
	不确定	20	0.918	
	不太重视	4	1.500	
	完全不重视	1		
能发现教学问题及反思教学行为	完全符合	85	0.884	$F=22.462$，$P=0.000<0.001$
	比较符合	159	0.920	
	不确定	42	0.783	
	不太符合	30	0.995	
	完全不符合	2	1.414	

资料来源：国家社会科学基金项目（项目号：BFA180069）和山东省教育科学规划课题（编号：YC2019183）项目的调查数据。

（一）部分乡村幼儿教师专业发展成长需求匮乏

山东省部分乡村幼儿教师对于现代信息技术知识的掌握能力是有所欠缺的，面临社会适应的专业困境①，在回答一些现代信息技术的试题时，能回答上来的乡村幼儿教师屈指可数，其中涉及的软件教学，大多数乡村幼儿教师只有一半操作正确，说明了一个问题，乡村幼儿教师使用软件教学的时间并不多，更多的是依靠自身传递知识，忽视了应用技术，理论知识基础薄弱。导致这一现状最主要的原因就是乡村幼儿教师主动学习的积极性不高，而造成乡村幼儿教师积极性不高的原因主要有三个方面：第一，乡村幼儿园场地和设备并不是很好，办园条件较差，所需要的硬件设施的设备配备并不像城市幼儿园那么齐全，现在城市幼儿园大部分都拥有多媒体设备，在教学活动中可以利用投影仪进行授课，使用设备可以大大提高教学的便利性和丰富性；第二，乡村幼儿教师的待遇不高，如果想要依靠自己去学习多媒体信息技术知识的话，是没有那么多的资金和精力的；第三，乡村幼儿教师学历不高，学习和接触新鲜事物需要时间来慢慢消化。

经常性地占用休息时间甚至熬夜写教案，这可能是每一位新手乡村幼儿教师的日常。跟一位刚入职的乡村幼儿教师谈起自身发展时，她说每一堂课对于她自己而言，都是新的，传授的每一个知识，都得提前准备好，做不到临场应对，所以她会在课前提前想好自己想要讲述的内容和要进行的互动等，在教案上写得密密麻麻，详细到要把课堂上的每一句话、要提的问题、学生可能会提出的问题等都写到教案上，从而让空闲时间都变得忙碌起来，备课效率也就降低了，在上课过程中教学任务安排不妥当是经常发生的，刚入职的乡村幼儿教师虽然在频繁地备课，但是在履行教案的过程中，常比较刻板，不能随机应变，还是会出现许多问题。首先，因为教学过程中的环节不连贯，会出现不完整、断断续续的课堂状况，新手乡村幼儿教师由于紧张或者经验不足，常丢三落四，教学环节前后颠倒，随意转换操作指令顺序，导致课堂状态零散，没有凝聚力；其次，乡村幼儿教师的教学方法缺乏丰富性和灵活性，没有管理幼儿的经验，很难控制课堂纪律和课堂气氛，尤其在组织幼儿进行讨论时，面对幼儿提出的问题回答不准确或者迟疑时，把握不好方向，容易让幼儿偏离主题，影响教学效率，也会无法按时完成教学任务；最后，时间安排不合理，有的教学内容用很短的时间就讲完了，有的教学内容会出现拖堂现象，这两种情况都是非常不可取的。这说明在乡村幼儿教师初成长阶段，对于教案的练习还是太少，需要训练改进。

教学基本功是幼儿教师进行教学工作必备的技能和技巧，一般刚入职的乡村

① 宋萑．新教师专业发展：从师徒带教走向专业学习社群［J］．外国教育研究，2012，39（4）：77－84.

幼儿教师缺乏实战经验，教学基本功不扎实，专业性技巧水平较低，在教学活动中，对教学内容把握不准，分不清重点和难点，在选择和设计教学内容方面往往依靠教学参考书，参照有关的教材，进行备课和制订教学计划，虽然乡村幼儿教师很重视教学，但是准备和梳理时不会找知识点，教学工作中需要重点教授的内容会被忽略，不能在教学中平均发力①。山东省乡村幼儿教师的专业能力和知识是自身发展的前提和基础，直接或间接地促进教育教学活动的顺利开展。但是对很多不是学前教育专业的毕业生来说，无论多么注重专业技能的学习，专业知识还是欠缺，理论结合实践容易出现混乱，无法紧密地将两者连接起来，自身的专业知识无法应对实际教学工作的要求，导致工作开展缓慢，不能及时地掌握和了解教育前沿信息和新的教学理论知识。随着现代社会不断发展，终身教育的理念开始形成，学前教育也越来越受到重视，受到的关注也越来越多，社会对于乡村幼儿教师的期望很高，希望他们既可以很好地完成教学工作，也可以处理好各方关系，这些都是需要很高的信念去完成的，不仅要有很好的综合素质，也要有终身学习的意识，才能够不断去发展、去学习。因此，乡村幼儿教师不要让自身知识和能力的欠缺成为阻碍自己进步的因素，要克服自身的不足，学会成长。

（二）部分乡村幼儿教师专业发展知识欠佳

山东省部分乡村幼儿教师在专业发展知识方面有所欠缺，优秀的乡村幼儿教师在处理教学工作时会将教学内容、幼儿以及保教知识结合起来，这样就会取得很好的成效。其实幼儿教师接触的专业性知识类似于必须掌握的基础学科，如观察幼儿的行为特点和思维方式，注意幼儿可能遇到的问题等。幼儿语言和社会认知等领域对于幼儿的发展具有重要影响，幼儿教师需要把这些领域的知识融合到幼儿教学中，所以要求乡村幼儿教师要精通所教科目，并且能把这些学科贯通起来，这不仅对幼儿有较好的意义，自身的教学水平也会提高一个档次，通过向乡村幼儿教授教学内容，能够培养乡村幼儿教师的适应性和创造性。幼儿阶段学到的知识虽然大部分会被忘记，但是学习过程中运用的方式和方法是会被保留下来的，这都为以后的生活和教育打下了坚实的基础，在幼儿阶段，应培养幼儿对新鲜事物的好奇心和求知欲，从不同的学术观念和知识构造中用语言及数学激发幼儿对科学的热情，研究新的学前教育知识和概念，将课堂与生活融合起来，从多方位培养幼儿的性格。

综合性知识是必不可少的，山东省乡村幼儿教师需要根据幼儿的发展水平调整对其的期望值，进行不同的教学活动，积极地让家庭和社区参与进来，使用教

① 寇文亮，宗树兴．影响农村幼儿园保教过程科学化的制度性诱因及其提升策略［J］．教育理论与实践，2020，40（23）：14－18.

学策略促进幼儿的全面性发展，帮助幼儿自主把握自身的发展速度，利用这些教学策略完成教学目标，乡村幼儿教师也要不断学习，研究新的教学方式方法，使学习内容更加顺畅，有目的地促进幼儿的主体性发展，将学习经验灌输给幼儿，再通过乡村幼儿教师的教学，吸收进去，在这个过程中不断地帮助其改进，逐步走向精确，从而增强幼儿的学习经验。综合性学科可以让乡村幼儿进行全面的基础学习，这也是效果最明显、最自然的教学方法之一，当然也就要求乡村幼儿教师利用所学习的知识将这个学科知识内容糅合在一起，激发幼儿的兴趣，从深层次培养他们思考的习惯。编制的教学材料必须真实可靠，要对相关内容进行审核。优秀的乡村幼儿教师还会将幼儿发展和教学目标相结合，在教学过程中采取相对应方式进行评估，将全面的知识通过多种渠道、方法结合起来。乡村幼儿教师在教学实践过程中运用自己学到的专业知识和经验，顺利完成教育教学任务的能力就是乡村幼儿教师专业技能。规划乡村幼儿的学习与发展的正确做法是：有清晰明确的教学目标的指导，让乡村幼儿教师系统地规划学习和发展；在评估幼儿发展水平之后，根据得出的结果，设计有挑战性但是可以完成的目标；再根据这个目标设计教学活动，帮助幼儿完成教学任务。这些都是乡村幼儿教师需要做到的，乡村幼儿教师的能力一定要全面，不然处理不好幼儿与自身的关系，乡村幼儿教师利用幼儿发展知识和学习标准，有计划地选择合适的教学理念、教学材料，确保更多的幼儿对此产生兴趣，有机会参与到学习中来。在设计目标时，要从不同的维度出发，现在有些乡村幼儿教师对于教学设计并不是很上心，只是从一个层面去设计，没有很详细地从多个角度出发的目标，这其实要根据对幼儿的理解来设计。乡村幼儿教师要抓住幼儿发展的关键期，其前提是了解乡村幼儿相关知识和学科发展背景，掌握这些知识后，才可以轻松地满足幼儿未来发展的需要，在家长的配合下，把幼儿的发展目标和兴趣相结合，并且只有在长期目标和短期目标之间，建立一个平衡点，才能进一步从整体到部分分析幼儿的特点设计教学目标。更进一步来说，有的乡村幼儿教师为了更好地实施教学，还会根据不同年龄的不同发展特点来设计具有全面性的教学目标，来满足不同年龄层次的乡村幼儿和家庭的需要。

作为乡村幼儿教师，要具备的是专业的理念和意识，但是在研究中发现，山东省乡村幼儿教师普遍缺乏自我发展的意识和进行自我反思的能力。乡村幼儿教师的发展意识薄弱，外部环境有待完善，相对来说就少了选择性，导致乡村幼儿教师的专业发展活动进行得不太顺利，专业发展所需资源不足，教学条件达不到，这也让乡村幼儿教师对专业发展的期望不清晰。尽管在调查时，询问这些幼儿教师是否愿意进一步提高自身专业技能时，部分人表示，如果可以，自己一定会去学习，但是鉴于个人意愿的问题，有一些专业技能是可以通过自身努力或者网络获得的，只是乡村幼儿教师缺少上进的心思，缺乏对自身的合理规划，满足于现状，对自身发展没有深刻的认识，虽然说乡村的条件比较艰苦，没有城市幼儿园那么多的资源，但并不意味着乡村幼儿教师不如城市幼儿教师，还是需要乡村幼儿教师能自主提出问题、解决问题，想法不要太过于保守，大胆去做，努力学习专业技能，多多交流，增强反思的意识。

三、部分乡村幼儿教师实践知识单一，职后学习能力相对薄弱

山东省部分乡村幼儿教师专业发展的实践知识单一，职后学习能力相对薄弱，乡村幼儿教师的实践能力以及入职后的学习也是影响乡村幼儿教师专业发展的重要因素。实践知识丰富且实践能力强，入职后积极参与培训学习，增强入职后的学习能力，有利于乡村幼儿教师的专业更快更好地发展。但是通过调研得知，部分教师实践知识单一，入职后不能积极地参加乡村幼儿园或者有关部门组织的进修培训，参加培训次数较少或者级别较低，没有通过培训增强自身专业素质的意识，职后学习能力相对来说比较薄弱，这是限制乡村幼儿教师专业发展的主要障碍。

如表4－6所示，在参加专业发展培训方面，230位乡村幼儿教师会积极参加乡村幼儿园或相关部门组织的专业发展培训，76位乡村幼儿教师选择比较积极，10位乡村幼儿教师选择不确定，1位乡村幼儿教师不太积极参与训练，1位乡村幼儿教师不积极参加所有训练；$F=2.961$，$P=0.020<0.05$，表示乡村幼儿教师是否参加职后培训和乡村幼儿教师专业发展之间存在统计差异。乡村幼儿教师参加培训的情况会对乡村幼儿教师专业发展产生影响，积极参加教师培训有助于教师的专业发展。在提高自身专业素质方面，169位教师表示完全符合，132位教师表示比较符合，15位教师表示不确定，还有1位乡村幼儿教师选择了不太符合，1位乡村幼儿教师选择完全不符合；$F=12.995$，$P=0.000<0.001$，说明乡村幼儿教师通过参加培训来提升专业素质对教师专业发展有着极大影响，乡村幼儿教师参加培训提高了自身的专业素质，有利于乡村幼儿教师自身的专业发展。在参加培训情况方面，230位乡村幼儿教师表示参加过培训，35位乡村幼儿教师参加过县级以上的培训，37位乡村幼儿教师参加过市级以上的培训，16位乡村幼儿教师参加过省级以上的培训；$F=2.903$，$P=0.035<0.05$，说明乡村幼儿教师参加培训的级别对教师专业发展有影响，乡村幼儿教师参加培训的级别越高，越有利于教师的专业发展。在市级及以上教师培训次数方面，129位乡村幼儿教师没有参加过，占比为40.57%；108位乡村幼儿教师参加过1～2次，占比为33.96%；38位乡村幼儿教师参加过3～4次，占比为11.95%；43位乡村幼儿教师参加过5次以上，占比为13.52%；$F=3.761$，$P=0.011<0.05$，说明乡村幼

儿教师参加市级及以上乡村幼儿教师培训对乡村幼儿教师专业发展有影响，参加市级及以上培训次数越多，越有助于乡村幼儿教师的专业提升。

表 4－6　教师职后培训与教师专业发展分析

问题	类型	人数	标准偏差	方差分析
参加专业发展培训	完全积极	230	1.072	F＝2.961，P＝0.020＜0.05
	比较积极	76	0.793	
	不确定	10	0.823	
	不太积极	1	缺失值	
	完全不积极	1	缺失值	
提高自身专业素质	完全符合	169	0.992	F＝12.995，P＝0.000＜0.001
	比较符合	132	0.902	
	不确定	15	0.834	
	不太符合	1	缺失值	
	完全不符合	1	缺失值	
参加培训情况	参加过培训	230	0.666	F＝2.903，P＝0.035＜0.05
	参加过县级以上培训	35	0.780	
	参加过市级以上培训	37	0.417	
	参加过省级以上培训	16	0.447	
市级及以上教师培训次数	0 次	129	0.719	F＝3.761，P＝0.011＜0.05
	1～2 次	108	0.677	
	3～4 次	38	0.460	
	5 次及以上	43	0.427	

资料来源：国家社会科学基金项目（项目号：BFA180069）和山东省教育科学规划课题（编号：YC2019183）项目的调查数据。

（一）部分乡村幼儿教师专业发展实践知识不足

山东省部分乡村幼儿教师专业发展实践知识不系统，一般来讲，大部分乡村幼儿教师没有经历过系统专业化的培养，都是进入乡村幼儿园之后才开始进行真正的学习，而乡村幼儿教师学历偏低，一定程度上影响了文化学习的效率。加上进入乡村幼儿园之后，所有的工作都是从未处理过的，所承担的工作量也就大大加重，而且幼儿本身的自理能力是很弱的，所以需要乡村幼儿教师照顾到乡村幼儿生活的方方面面。因此乡村幼儿教师所付出的心力和脑力不是工作量所能体现的，也就没有时间增强自身的专业能力，逐渐地，由于自身的疲惫感和自控力不强，乡村幼儿教师们就没有了学习专业知识的精力，每天只要完成自身的任务和工作，让家长和领导满意就行了，对于自身的发展觉得可有可无。同时，因为只需要完成工作，教学工作的所耗费的心思就有所减少，甚至不把教学放在心上，教学效果慢慢滑落，想要培养专业能力更是难上加难。由于新入职的乡村幼儿教师都是刚出院校或者缺乏经验的年轻人，不熟悉如何进行教学工作，教学能力不足，而提高教学能力的基本途径之一是专家培训和让教学经验丰富的乡村幼儿教师进行引导。如果不依靠外在的帮助，让乡村幼儿教师依靠自身提升专业能力，想要得到好的效果所付出的时间和精力还要再增加一倍。

山东省部分乡村幼儿教师对于实践知识的掌握并不是很全面，然而实践知识是乡村幼儿教师专业发展的知识基础。通过调查发现，每位乡村幼儿教师在处理突发事件时的反应是不同的，所采用的技巧也是有差距的，在一定程度上反映了实践知识是不如理论知识的。乡村幼儿教师面对实践知识和理论知识需要保持同样的心态，不可以产生偏倚的想法，在提升自身专业能力时均衡地发展理论知识和实践知识。这其实和乡村幼儿教师的学历水平有间接关系，如果乡村幼儿教师在入职前就拥有非常系统、深切的理论知识教育，入职后不仅省了很多不必要的麻烦，还可以更快更好地提升自身的专业水平，在乡村幼儿园教学过程中也会更容易上手。

山东省部分在职的乡村幼儿教师在学习专业知识的时候一般会将其所学与幼儿园中遇到的实际情况相结合，所以乡村幼儿园教师在服务方面的专业知识有着很强的目的性和实用性。研究也发现，幼儿教师很有必要学习幼儿的实践知识。在教育过程中，理论和实践的组合可以促进孩子的发育。当然，乡村幼儿教师入职上岗要具备的条件就是拥有基础的保育和教育知识，但是某些乡村幼儿教师对于保育和教育知识的储备并不是很充足，只能在后天的发展和学习中逐步提升，保育教育知识和乡村幼儿教师在乡村幼儿园展开的工作有着密切的关系，而这类通识性知识和在乡村幼儿园里可能并不能立马用到的心理知识在乡村幼儿教学过程中面临会被忽略的困境①，在乡村幼儿园中传授专业性知识是幼儿教师的任务，这表明乡村幼儿教师对于幼儿学习专业性知识的功利性还是比较强的，仅仅是为了完成乡村幼儿园布置的教学任务，把自身的学习局限在其中，缺乏通识性知识的乡村幼儿教师在处理情感和价值观上可能并没有那么细致，了解的也并不多，传授的自然科学和人文社会科学等知识不会那么详细和正确。从另外一个角度来看，也在一定程度上缺少了对于自身发展的远大立意，对于自身的发展也存

① 任晓玲，严仲连．谁更愿意到农村幼儿园任教——基于1264名高校学前教育专业学生的调查［J］．现代教育管理，2019（5）：101－106.

在着妥协和敷衍。大家都熟知，通识性知识包括的范围很大，乡村幼儿教师对于通识性知识的掌握不够全面是可以理解的，但通识性知识也是专业知识的组成部分，乡村幼儿教师需要注意这部分内容的学习，不要忽略通识性知识的重要性，要用积极的心态去补充并学习更深层次的相关知识。

（二）部分乡村幼儿教师职后学习问题存在多样性

山东省部分乡村幼儿教师职后学习问题存在多样性，相对分散不集中，乡村幼儿教师在刚入职的时候，会面临一系列的问题，包括如何将所学的理论知识转化成实践知识教授出去或者表达出去，如何将理论与实践紧密结合起来，如何开展有意义的幼儿教学活动等。而职后培训就是可以帮助乡村幼儿教师跨越这道鸿沟的桥梁，职后培训可以让刚入职的乡村幼儿教师更加熟悉自己的工作内容，更容易进入状态，可以让入职好几年的乡村幼儿教师从以往的教学模式中走出来，学习新的知识，为其注入新的能量，也可以通过培训解决在教学活动中产生的疑惑，通过培训来提高自身专业水平，提升其自身的专业发展能力，所以说，职后培训是一件很值得推广的事。目前来看，大部分幼儿园都有职后培训，但是培训的水平和内容却不尽如人意，而且存在名额限制问题，许多乡村幼儿园因为没有足够的投入资金，无法保证在园所内的每一名乡村幼儿教师都有外出学习和参加职业培训的机会。大型的培训活动也存在着不足，乡村幼儿教师学习的心态可能会被大环境所改变，产生一些不可控制的因素，课程会更适应大众，没有针对性，效率也低，虽然说职后培训的作用很大，但起决定作用的是乡村幼儿教师的内在动机，如果乡村幼儿教师有信心，敢付出、敢努力，这些困难都不叫困难，这些问题也会迎刃而解。

山东省乡村幼儿教师要对自身的专业发展有相应的认识和理解，乡村幼儿教师实践知识单一的原因，一方面是外在因素所导致的知识匮乏，另一方面就是自身的发展。传统的教学提倡的是给学生解疑的角色定位，这就导致乡村幼儿教师更加注重知识的教授，而忽视了自身各个方面的了解和发展，致使现在的乡村幼儿教师缺乏教师主体性，对自身的专业技能和知识没有确切的规划和目标，对于得到的进修机会和培训机会也敷衍了事，不抓住进步的机会。时代越来越快速的发展，知识和信息也在不停地增加和更新，乡村幼儿教师需要不断地学习和运用新的知识、不断地进步，加深对专业素质进行提升的认知。现在的乡村幼儿教师缺少提升专业素养的想法，导致其专业素养普遍较低，这已经严重影响了乡村幼儿教师的自身专业发展。刚入职的乡村幼儿教师由于对自身的见解并不深刻，在真正的实践教学活动中没有得到指导，就会产生一些情绪和想法，对促进自身发展产生不利影响，其实这样是低效率的，最实际的还是从自身发展开始，要意识到自身进步的重要性，才可以从内到外地改变发展自己。而教龄较长的乡村幼儿教师则要提升自身专业素养，增加自己对工作的兴趣，通过自身内在动机提升自己的专业水平。

（三）部分乡村幼儿教师专业发展自身能力不足

山东省部分乡村幼儿教师专业发展自身能力不足，乡村幼儿教师的学历构成主要以专科和高中为主，这在一定程度上增加了乡村幼儿教育事业更深入的发展的难度，并且学前教育专业毕业的只占据乡村幼儿教师群体的小部分。这就让许多没有接受学前教育专业系统教学的人进入乡村幼儿园成为一名幼儿教师，也影响了想要快速发展的幼儿教育事业。乡村幼儿教师的学历一般不会太高，具备的文化素养和专业性也没有很强，并且因为资金等问题，缺少在职培训和职前培训的机会，这就更加需要对自身发展有一个前瞻性的目标。因而，对于自身专业能力和知识的发展有一个确定目标是一件紧要的事。大部分乡村幼儿教师提升专业素质的意识不强，这就会导致幼儿教师的专业水平停留在最初的阶段，慢慢地，教师就会越来越不了解儿童，缺乏专业知识与好的教学方法。与其他地区幼儿园相比，幼儿教育发展目标具有不确定性，幼儿教师的专业素质较低，成为山东省幼儿教师发展的制约因素。

山东省乡村幼儿教师的师生配比存在失衡问题，大部分乡村幼儿园能够确保实施“两教一保”教育制度，在每个班里配置两名专职乡村幼儿教师进行教育教学活动，一名保育员管理幼儿生活卫生等琐碎问题，但现在的现实情况是，乡村幼儿教师不仅要带班上课，在某些时刻还要进行部分的保育工作，从而让精力更加分散。幼儿教师整天忙碌于烦琐的工作中，并且其工作强度较大，再加上乡村幼儿园还存在待遇薪资不高的问题，如果自身发展动力不足的话，就会逐渐失去想要继续从事幼儿教育工作的信心和动力，对于自己所从事的乡村幼儿教师工作还没有产生事业感，就已经产生倦怠情绪，最终导致山东省乡村幼儿教师的专业发展动力不足。

在山东省乡村幼儿教师中，许多刚刚入园的新手乡村幼儿教师，因为缺乏自我认识，对自身的知识和技能没有形成客观的评判，在实践工作的时候，又没有外界的帮助，没有意识到自身发展的意义。而在幼儿园里待了很久的乡村幼儿教师在多年的教学过程中已经积累了丰富的工作经验，但是自身的专业技能和理论知识得不到提升，同时，年复一年相同的工作令自身的工作满意度降低，止步于现状，对现有工作状况“知足”，抱有一种临时工的心态。通过调查可以发现，无论是新手乡村幼儿教师还是教龄时间长的乡村幼儿教师，他们对待工作的专业态度都是积极的，但是他们并没有真正了解学前教育专业发展的规律。并且被调查的各个园的乡村幼儿教师在填写资料时，部分乡村幼儿教师并未填写自身的真实情况，这些会进一步导致乡村幼儿教师在工作成长过程中对自我认识产生偏差。

在山东省乡村幼儿教师专业发展过程中，大部分乡村幼儿教师表示愿意学习新的知识，并且尝试学习新知识，但是学习效果并不好。通过调查可以发现，即使乡村幼儿教师学习了新知识，尝试了全新的教学方法，在现实的教学环境里，学习到的新知识和新方法仍难以实践操作。由此可以总结出，乡村幼儿教师在学习新知识、掌握新技能即进行专业素质提升的过程中，一味地学习新知识，却不能做到主动探究与反思如何让这些新知识运用到现有的教学环境中，以及使之前的教学方法和新的教学方法互相融合，取其精华，去其糟粕，真正落实到现实的教学环境中，因此，主动探究与反思正是山东省乡村幼儿教师专业发展过程中的核心。

第五章 促进乡村幼儿教师专业发展的对策

第一节 政府出台及完善乡村幼儿教师专业发展的政策及措施

一、加大监督管理力度，创建乡村幼儿教师发展的良好环境

教育部门应建立完善乡村幼儿教师的工作制度，健全幼儿园监督制度。由于山东省乡村经济发展相对滞后，开办的乡村公办幼儿园数量不多，并且幼儿园内基础设施配备不足，占地面积也小，园内配备的幼儿教师较少，开设的班级数量也不多甚至有的只有一个班级（这也许与部分选样有关），导致山东省乡村幼儿园接收的幼儿数量远远超出幼儿园的容量。因此，山东省地方政府相关部门应该扩大乡村公办幼儿园的规模，提高乡村各地区的幼儿园覆盖率，扶持乡村民办幼儿园的发展，因地制宜地按照各个地区的标准来执行，山东省相关政府部门要针对乡村幼儿教师面临的现状，着力解决乡村幼儿教师的福利待遇问题，增加乡村幼儿教师的数量，同时，鼓励城市幼儿教师下乡支教，并完善相应的奖励机制等。对乡村的公办幼儿园和民办幼儿园要同样进行严格的管理，加大幼儿园的监管力度，建立健全监督制度及相应的乡村幼儿教师服务体系。

（一）加大对乡村幼儿教师工作环境的管理力度

首先，加强乡村民办幼儿园准入制度管理。监管机制不完善导致乡村地区的幼儿园质量参差不齐，教育质量和教学水平难以保证，与城市幼儿园相比教学水平较低。因此，要严格管理乡村民办幼儿园的准入制度。第一，山东省相关政府部门应统筹兼顾，采取各项措施对乡村民办幼儿园的准入进行监督，严格按照程

序创办幼儿园。第二，山东省乡村幼儿教师必须持证上岗，否则不得聘用，这一举措有利于提高乡村幼儿教师质量，促进幼儿的健康成长。

其次，完善乡村幼儿园管理制度。第一，对乡村幼儿园基础设施安全进行评议。第二，乡村幼儿园各项活动都应注意安全防护，落实安全责任制。第三，落实和完善乡村幼儿园的一年一检制度或者一年多检制度，通过采取多次检查构建相应的配套体系或制度方法，将乡村幼儿园的安全监管问题落实到位。对存在安全隐患的乡村幼儿园进行整改，整改合格的乡村幼儿园可以进行正常的教育活动，整改不合格的乡村幼儿园应继续整改且不能进行教学活动，待其整改合格后可以进行相应的教学活动。

再次，建立乡村幼儿教育考核机制，健全乡村幼儿教育服务体系和机制。山东省相关政府部门要完善制度，建立乡村幼儿教师考核评价体系，完善符合山东省实际的乡村学前教育监督体制及服务体系，有利于促进山东省相关政府部门职责的切实落实，保障各项工作的正常运行。第一，认真细化各部门的职责，落实责任制，将这项工作列为单位考核目标，确保参与监管的单位有章可循。第二，加强日常监察和管理，制定日常监察管理制度。第三，强化主体责任，落实责任制，将考察结果进行公示并完善问责机制，提高社会关注度，促进幼儿教育的发展。从乡村幼儿教师的专业长远发展来看，政府提升意识，增加教育投入，广泛发展乡村学前教育，保证幼儿教育机会均等，有利于促进幼儿教育结果的公平，促进社会主义新农村的建设。要完善乡村幼儿园的管理制度可以从以下几方面着手：①完善乡村民办幼儿教师的聘用制度，提高乡村幼儿教师入园门槛；②完善乡村幼儿教师奖惩制度，提升乡村幼儿教师的工作积极性，激励乡村幼儿教师的教学热忱；③完善乡村幼儿教师的民主管理制度，提高乡村幼儿教师的主体地位，无论是乡村幼儿园的园长还是家长及社会人士等都要认同乡村幼儿教师的劳动，提高乡村幼儿教师的幸福感和满足感。坚持实事求是，针对乡村民办幼儿教师在教学活动中存在的问题，完善乡村幼儿教师培训的机制体制，积极解决问题，增加乡村幼儿教师在职培训的机会。

最后，强化政府职能，与有关部门共同参与乡村幼儿教师的管理及服务。山东省相关政府部门是促进乡村幼儿教育高速发展的主心骨，山东省政府担负着重大职责。学前教育的持续稳定发展需要山东省政府的政策引导和宏观调控，山东省政府职能的发挥直接影响学前教育的质量和发展水平。通过对各国学前教育发展经验的研究发现，明确山东省相关政府部门职能及对相关部门的工作进行规范是学前教育持续健康长期稳定发展的重要保证。就目前来说，在山东省乡村地区，政府主导的乡村公办幼儿园的认可度较高，并以此为主，所以需要进一步完善山东省政府主导的省内区域性乡村民办学前教育的机制体制。

目前，党的十九大报告把教育公平摆到了一个非常重要的位置。但是山东省乡村地区由于各种条件的限制，经济相对滞后，教育水平相对较低，乡村学前教育的发展不容乐观，缺乏相应的学前教育机会。大多数乡村幼儿在乡村地区接受相对低水平、低质量的学前教育，与城市地区相比，接受高水平幼儿教育的机会较少。乡村幼儿教师收入水平较低，导致乡村学前教育进展缓慢。要改善这一状况，国家教育部门和山东省相关政府部门应该加强政策支持，建立山东省乡村幼儿教师发展战略导向，将幼儿教育公平及发展乡村幼儿教师队伍建设贯彻到底，保障乡村地区幼儿也能接受平等的教育。山东省相关政府部门要发挥领导职能，为山东省乡村学前教育提供更多的资源，为幼儿提供更多的受教育机会，加强乡村地区幼儿园基础设施建设，建设高质量、高水平的乡村幼儿园，提高乡村幼儿教师的综合素质素养，保证乡村幼儿接受高质量的学前教育，山东省地方政府部门应充分发挥乡村地方政府的职能，大力发展乡村幼儿教育事业。根据各地区的实际情况，合理利用教育资源，地方负责分级管理，促进当地学前教育的持续稳定高质量发展。

（二）完善乡村幼儿园“两教一保”制度

在山东省乡村幼儿教育领域存在这样一些现象，部分乡村幼儿园会提前做好准备，先找好保育员，以保证一个班级一个保育员，以应付上级部门的检查（当然这是极少数，这也许与访谈的抽样有关，同时经过访谈可知，这种现象随着园所建设能力水平的提升基本消失，部分乡村幼儿园正在持续完善相应材料等）。而当检查结束以后，乡村幼儿园就会再回到原有的配置。这就说明，山东省相关政府部门的监管相对不到位，不利于山东省乡村幼儿教育事业的发展。乡村幼儿园班级管理的主要特征就在于保教一体，乡村幼儿园的一日生活和教育都离不开保育和教育。对待幼儿，乡村幼儿教师要耐心引导和细心照料，促进幼儿的全面发展和健康成长。因此，乡村幼儿教师和保育员要加强合作与配合，及时沟通和交流，合理分配教育工作将保教结合落实到位。山东省相关政府部门应该加大监管力度，不定期多次进行随机检查，制定相关文件和有关要求，以坚决落实保教制度，对于一些未进行保教结合的乡村幼儿园进行相应的惩罚，提高保育员的工作门槛，规范应聘条件。山东省乡村幼儿教师“两教一保”教育制度的实行，既有利于保证乡村幼儿获得高水平的保育质量，也有利于降低乡村幼儿教师的工作压力，让乡村幼儿教师有更多的时间和精力投入自己的专业发展中，有利于专业技能的掌握和综合素质的提高。

（三）加大对乡村民办幼儿园检查管理力度

加大对乡村民办幼儿园检查管理力度并不是山东省针对乡村民办幼儿园，限制其发展；相反，是为了更好地提升乡村民办幼儿园的办学质量和办学水平，改进乡村民办幼儿园的环境，帮助乡村幼儿园利用优势，发挥所长，提升竞争力，提高乡村民办幼儿园的社会地位。在乡村公立幼儿园的数量变化波动起伏小这一现状下，乡村幼儿教育仍有很大的缺口，因此，乡村民办幼儿园趁势兴起，然而大部分乡村民办幼儿园却遇到资金不足以完善园内基础设施、资质不够办园的“瓶颈”，为了增加生源，获取收益，其所聘请的乡村幼儿教师很大一部分缺乏幼儿教师完备的专业性，很多乡村幼儿教师是无证上岗，进而存在较多方面的隐患。而且，山东省相关政府部门受制于部门繁多、职权分散的困扰，造成监管力度不够、监管人员有心无力、监管质量不达标的现状。

提高山东省乡村民办幼儿园教师准入门槛，层层把关，健全监督和评价机制，提升乡村幼儿教师的质量水平基准，促进乡村幼儿教育持续稳健高水平发展。创新管理机制，发挥政府职能，设立专门的管理中心和资料库等，对乡村民办幼儿教育进行科学管理。伴随着山东省乡村幼儿教育事业的突飞猛进，乡村幼儿教育也在山东省相关政府部门的引导下日新月异地发展，多种教育体制下的教育体系也在迅速地完善与发展，乡村幼儿教育发展与社会进步的关联也更加紧密。乡村幼儿教师教育及乡村幼儿园的发展也出现了类似的情况，现在乡村新开办的幼儿园大多数有社会力量的支持，社会力量也逐渐成为乡村幼儿教育的重要组成部分。首先，给予了乡村幼儿家长更多选择的机会；其次，山东省乡村民办幼儿园的发展扭转了公办幼儿园数量短缺的局面，并与乡村公办幼儿园共同担负着幼儿教育的艰巨任务。因此，更要加强乡村民办幼儿园的建设。目前，由于《中华人民共和国民办教育促进法》的施行和推广，乡村民办幼儿园早已深入人心，并且逐渐发展成为一个有组织、有能力的社会组织，应继续为乡村幼儿教育的发展提供健康快速的助力支持。为了保证山东省乡村民办幼儿教育的高质量发展，使先进的教学观念深入人心，山东省相关政府部门需要从以下几个方面加强管理：

首先，合理规划乡村民办幼儿园布局，提升乡村幼儿教师的素养。要对山东省乡村民办幼儿园注册入园这一环节的相关手续审批审核过程进行最精细和完善的监督，目的是在原有政府准入环节上科学规范地开展乡村民办幼儿园以后的一切教育教学活动。对于乡村民办幼儿园的发展，要坚持“以人为本”这一核心教学理念，同时，要加强乡村小学与乡村幼儿园之间的合作和竞争，最大限度地通过幼小衔接这一通道做好对乡村小学教育资源的利用，乡村小学与乡村幼儿园相互沟通和帮助，可以为乡村民办幼儿园教学模式和方法的创新提供有利的条件。山东省相关政府部门要加强对乡村民办幼儿教师自身资历和素质的严格把关，结合乡村幼儿园的实际情况招聘幼儿教师，若无法通过考核，则不能从事乡村幼儿教育工作。由于乡村民办幼儿教师的专业发展水平不一致，从教动机存在偏差①，所以山东省相关政府部门更应该加强监管，对乡村幼儿教师进行严格考核，不仅要提高乡村幼儿教师的薪资水平，满足其基本的生活需求，给乡村幼儿教师提供好的工作环境和工作氛围，更应该注重落实好乡村幼儿教师的培训，大力提高这些在职乡村幼儿教师的专业能力，帮助其采用更加科学有效的最新教育理念教育幼儿，提高乡村民办幼儿教师的社会地位和满足感。

其次，政府为乡村民办幼儿园的发展提供有利的政策环境支持。山东省相关幼儿教育政策及乡村教育政策的支持能够促进乡村幼儿教育的发展，乡村幼儿教育的发展同样也不能脱离国家政策的支持。因此，乡村民办幼儿园需要跟着山东省乡村幼儿教育发展的步伐，在山东省相关政府部门的带领和引导下，以科学的理念向正确的发展方向前进，提高乡村民办幼儿教师的薪资待遇。例如，加强乡村民办幼儿园的基础设施建设，建设现代化的教学设施，加强对乡村幼儿教师的综合素质培养，开展各色各样的教学活动和具有自身特色的社会实践等；通过山东省相关政府部门众筹等措施确保乡村民办幼儿园的资金投入能得到最大程度的保障；鼓励乡村民办幼儿园开展有自身特色的教学活动，提高知名度，以此来获得广大群众的认可和支持；提倡有关幼儿教育专家下基层，开展知识讲座，为乡村幼儿教师提供科学的教学方法等。乡村民办幼儿园要坚持服务大众、服务社会的理念，着力建设高质量、高水平的民办幼儿园，乡村幼儿园的办园方式和途径的多样化，有利于满足大多数新开放的社区教育的需求，有利于促使儿童在合适的年龄就得到优质的乡村幼儿教育，促进社会的进步和发展。

最后，增强乡村幼儿教师的各项待遇保障，集中力量提升乡村幼儿教师的综合素质和科学素养。山东省相关政府部门要通过严格把控乡村幼儿教师准入条件来提高乡村民办幼儿教师的资质水平，并且多为其提供学习的机会，拓宽乡村幼儿教师的培训途径，正向刺激他们提升自身综合素质，大力鼓励支持其成为具有新时代创新意识和创新思维的乡村幼儿教师；对乡村民办幼儿教师的教学水平、教龄进行划分，并根据职级发放工资；有关部门还要根据本地区的经济发展状况，制定薪资待遇；加强监管，对工资流向进行跟踪，观察工资是否按时按量发放到乡村幼儿教师的手中，对乡村幼儿园克扣幼儿教师的公积金及工资，随意减少乡村幼儿教师的假期等侵害乡村幼儿教师基本权利的行为进行严肃处理，保障乡村幼儿教师的基本权益，提高工作的主动性和热情，促进乡村民办幼儿园稳步发展。

---

① 龚欣，李贞义，由由．贫困农村幼儿园教师流动意向研究——基于湖北省 2 县 64 所农村幼儿园的调查［J］．教育发展研究，2019，39（8）：49－57.

二、增强专项资金投入，为幼儿教师专业发展提供支持

目前，学前教育作为我国一个重点发展领域，发展前景广阔，但是乡村学前教育的教育资源仍然缺乏，在众多乡村幼儿教师的努力下，国家和社会也逐渐认识到这个问题的紧迫性。新时代起草的有关学前教育的法律举措，提供了有利于幼儿教师专业发展的政策支持保障①，激励了乡村幼儿教师工作的信心和积极性，端正了乡村幼儿教师的工作态度。例如，山东省相关政府部门可以根据一段时间内的乡村幼儿园评定结果，对表现优异的乡村幼儿园发放奖励资金等；通过设立个人或集体奖项和奖金来表彰乡村幼儿园中表现杰出的教师，有利于提高乡村幼儿教师工作的积极性。山东省相关政府部门要合理有效地利用资金，对办学合理、质量过关的乡村民办幼儿园进行政策性扶持，建设高水平、高质量的幼儿园，建立健全山东省乡村幼儿教师专业发展公共财政补贴和奖励机制，对奖励标准进行明确说明，根据对乡村幼儿园的教学成果及其教学质量的评估结果，确定下一年度的财政补贴与奖励，这样无论是乡村公办幼儿园还是乡村民办幼儿园，都能够得到平等的发展机会，得到公平公正的待遇。

进入 21 世纪以来，国家对学前教育事业越来越关注，我国开始逐步推进学前教育课程改革进程，但山东省乡村幼儿教师专业发展教育经费的分配结构相对不协调，在学前教育领域，山东省相关政府部门需要充分发挥各项职能，加大资金支持力度，奠定坚实的物质基础和长期的稳定保障。与其他省份相比，山东省在乡村幼儿教师专业发展领域的财政扶持力度相对较弱，山东省政府的财政扶持政策中关于乡村幼儿教师专业发展的专项资金相对较少，而且乡村幼儿教师专业发展的资金投入在山东省的教育总投入中只占很小的比重，而且这种状况在一定范围内一直持续。因此，要实现山东省乡村幼儿教师专业长期稳定发展，不仅要靠社会力量，还要加大山东省政府的财政扶持力度和加强其他有利于促进乡村幼儿教师专业发展的政策措施。

经费短缺始终是乡村幼儿教师专业发展缓慢的主要原因之一，特别是山东省乡村地区幼儿园面临的发展困境尤为严峻，由此导致了一系列问题的发生，如乡村幼儿教师薪资待遇水平较低、交流学习的机会较少等。而且在居民收入方面，乡村居民明显比城市居民收入低，对于乡村地区的居民来说，乡村幼儿教育经费的压力很沉重。山东省相关政府部门应加大乡村幼儿教育的财政扶持力度，山东省政府的财政投入是其发展的重要保障。在经济条件较差的乡村地区，如何保证与扩大山东省乡村幼儿教育的经费来源和加强经费管理是一个急需解决的问题，

---

① 张艳玲．河北省 HS 市幼儿教师专业发展现状研究［D］．河北师范大学硕士学位论文，2017.

因为乡村幼儿教育不属于义务教育的范畴，乡村幼儿教育的发展必须由国家、集体及个人等共同承担责任。

（一）增加政府对乡村幼儿教师发展的财政投入

山东省政府的资金支持是乡村幼儿园长期发展的一项重要保障。山东省政府应加大对乡村学前教育的资金支持力度，为学前教育事业的发展奠定物质基础。仅依靠乡村公办幼儿园难以满足社会发展和适龄儿童的入学需求，在这种大形势下，乡村民办幼儿园为其分担了一部分生源，这也满足了乡村幼儿的学习需求。但山东省乡村民办幼儿园的发展面临着许多问题：一方面，资金技术的缺乏使乡村民办幼儿园进入了发展的瓶颈期；另一方面，乡村民办幼儿园幼儿教师的专业发展也面临着挑战。进而山东省相关政府部门要加大对乡村幼儿园特别是民办幼儿园的经费投入力度，为乡村幼儿园制定专门的财政扶持政策，集思广益，同时，建立全方面、多层次的资金资助途径，集社会多方力量，鼓励企业投资。另外，山东省相关政府部门应该提高乡村幼儿教师的工资水平和福利待遇，尤其是乡村民办幼儿园的教师，这是因为乡村民办幼儿园教师相比乡村公办幼儿园教师的工资待遇有一定的差距，应提高乡村民办幼儿教师的幸福感。同时还要实行奖惩机制，提高乡村幼儿教师的收入水平，从而提高乡村幼儿教师的社会地位和工作积极性。基于我国教育财政投入有限的背景，除了呼吁财政保障，更需要财政的精准投入和有效投入，完善各种体制机制，采取多种措施、通过各种渠道来筹措学前教育经费，提高教育经费利用率，坚持政府主导、社会力量共同参与的资金筹措制度，健全财政奖励及考核体系，以奖励考核形式监督幼儿教师培训的学分学时及专业发展成果。

（二）加强对乡村幼儿园转岗教师政策扶持

乡村幼儿教育是有益于全社会的一项公益事业，需要社会各方面，特别是政府的正面支持，解决乡村幼儿教育发展中出现的问题。乡村转岗幼儿教师的发展状况不容乐观，存在较大问题。这提示我们在关注乡村幼儿教育事业发展的同时，要兼顾各方面，不能忽视乡村转岗幼儿教师这一群体遇到的问题，山东省乡村转岗幼儿教师到新的单位，专业能力相比其他专业乡村幼儿教师有所欠缺，在工作初期会出现手忙脚乱的现象，并且乡村转岗幼儿教师福利待遇较低，不能支撑转岗教师的生活和学习。因此，山东省相关政府部门应采取提高福利待遇等有效措施，解决乡村转岗幼儿教师面临的困境，这样既有利于提高乡村转岗幼儿教师工作的积极性，保障乡村转岗幼儿教师的切身利益，也可以吸引更多的优秀教师为幼儿园工作，提高乡村转岗幼儿教师的综合素质和专业能力。

（三）加大对乡村幼儿园基础设施的投入

山东省政府应加大乡村幼儿园基础设施投入，为乡村幼儿的生活学习提供舒适便利的条件，对乡村幼儿园进行多方面投入，而不仅是乡村幼儿教师培训，改善学习环境，提高教学体验。乡村民办幼儿园的发展需要政府的资金支持和政策扶持，其发展所需的资金全由乡村幼儿园经营者自筹，导致经营者经济压力比较大。大多数乡村民办园以盈利为目的，偏离了教育的本意，违背了教育发展的方向。因此乡村民办幼儿园的长期稳定发展需要政府的统筹兼顾，加强基础设施建设，为乡村民办幼儿园及乡村民办幼儿园教师发展创设良好的发展环境。家庭住宅建设、独立游乐场建设、乡村幼儿园荒地建设、非功能区建设等需要大投资的困难项目，由于山东省相关政府部门尚未为此类项目设立具体资金（但有少部分资金支持乡村幼儿园的基础设施建设等），乡村幼儿园荒地建设、非功能区建设等需要大量投资的项目都是困难重重。因此，山东省相关政府部门要全力全方位地在乡村幼儿园落实相应的政策，支持文件所产生的措施和方案，并根据各地实际情况进行资本投资和财政资助。如果一些地区为该区域的幼儿园或一些示范项目提供财政资助，这就需要有关部门的监督和协调，以便将部分资金分配给区域幼儿园，提高其使用效率。

（四）加大乡村幼儿教师专业发展培训投入

“十年育树，百年育人”，人才的培养需要长期的努力，山东省乡村民办幼儿园的发展必须要有优秀的幼儿教师。然而山东省乡村地区由于经济发展较滞后以及其他条件的制约，乡村幼儿教育师资力量匮乏，专业水平和综合能力较低，教育经费缺乏，使各项教学活动难以正常运行。山东省乡村幼儿教师专业能力和素质的提升都需要雄厚的经济条件作为保障，乡村自身薄弱的经济基础不能给乡村幼儿教师专业发展提供充足的资金。《关于加大财政投入支持学前教育发展的通知》指出，国家财政部分资金会向乡村幼儿教师培训工作倾斜，为乡村幼儿教师培训提供政策和资金上的支持，加大乡村幼儿教师培训力度，满足培训需求。但山东省在教育方面的经费投入在省财政中所占比重仍然较小，乡村幼儿教师职业培训的资金分配存在地区间不平衡的问题，由于乡村幼儿教师专业培训资金落实工作不到位，职业培训没有达到预期效果。一些地区为了提高乡村幼儿教师的培训效率，激发乡村幼儿教师的培训积极性，还给予参加培训的乡村幼儿教师一定的财政奖励和资金支持，山东省可以借鉴这些地区的经验，将乡村幼儿教师专业发展培训专款专用制度落实到底，建立乡村幼儿教师专业发展培训专项经费，为其提供资金支持和保障。

（五）提升乡村幼儿教师工资福利待遇水平

依据马斯洛的需要层次理论，乡村幼儿教师工资少，既难以满足其生活和学习上的需求，也无法获得更高层次的心理需求——职业幸福感或获得感，乡村幼儿教师会缺乏专业发展的动力，易产生职业倦怠感。从山东省目前的社会保障制度改革发展方向来看，保障劳动者的基本权益，为其提供最基础的保障是一个重要的趋势。近年来，山东省相关政府部门加强了对乡村幼儿教师薪资的重视，颁发了一系列文件，提出了一系列措施来提高乡村幼儿教师的薪资水平。山东省相关政府部门应该切实依据《中华人民共和国教师法》《中华人民共和国劳动法》等相关法律法规，加大政策资金扶持力度，但只是依靠财政补贴还不足以解决当前问题，还需要建立健全相关政策制度来提高乡村幼儿教师的工资水平，如进一步建立全方位、多层次的乡村幼儿教师薪酬体系，加强对教育财政资金的监管，追踪乡村幼儿教师专业发展专项资金的使用，让资金得到高效率利用，山东省相关政府部门要采取有效措施推动提高乡村幼儿教师的工资水平及增加福利待遇等工作落到实处，激励乡村幼儿教师自觉提升自身的专业能力和综合素质。此外，山东省相关政府部门要落实医疗保险、社会养老保险及职业保险等基本保障条件，健全乡村幼儿教师社会保障机制，提高乡村幼儿教师福利待遇。要全力保障乡村幼儿教师安全需求，提高乡村幼儿教师工资水平，特别是在福利保障及教师队伍稳定等方面，切实保障教师权益。要保障教职工专业发展渠道的畅通，引导乡村幼儿教师提高专业发展能力和综合素质，通过保障工资、福利和乡村幼儿教师评价，提高其专业发展能力和认同感。

（六）建立乡村幼儿教师发展财政扶持机制

必须建立科学、规范及有效的财政支持体系。由于资金投入不足，乡村幼儿教育质量水平较低，管理者的积极性不高，乡村幼儿园教师培训及研究等需要大量资金支持。资金的缺乏会阻碍乡村幼儿教师教育教研水平、教学能力的提升。因此，要通过科学的分析建立稳步增长、科学有效的学前教育预算制度和稳定的财政保障制度，避免不均衡现象的出现，要均匀分配，采取各项措施促进学前教育经费合理有效长期稳定增长。

（七）建立乡村幼儿教师专业发展的责任制

建立健全经费管理系统，确保足量的教育经费及时投入和有限的教育经费及时用在需要的地区，不得私自挪用教育经费，严格管理政府专项资金、集体资金和幼儿收费。这种做法有利于在经济困难的乡村地区改善乡村幼儿园基础设施，提高现代化水平，为乡村幼儿园教师创造良好的工作环境，山东省相关政府部门可以借鉴乡村义务教育经费管理体制，实施学前教育经费管理。乡村幼儿园以县为主体，将乡村幼儿教师幼儿教育经费管理与义务教育经费管理统筹结合，这对乡村幼儿教育经费管理具有重要的补充意义。同时，为其他地区提供经验和新的发展思路。

因此，要设立山东省乡村幼儿教育专项启动和发展资金，将责任制落实到位，最主要的是教育责任，并将其作为考核乡镇相关领导年底业绩的一项重要指标，确保经费的充足。山东省相关政府部门应该通过采取奖励机制来鼓励村民自办幼儿园，提高村民的积极性，合理利用资源，提高资源的利用率，合理利用幼儿教育经费，充分发挥其作用。

三、拓宽技能培训渠道，丰富幼儿教师专业发展的方式

《国家中长期教育改革和发展规划纲要（2010—2020年）》描述道，教师培训是加强教师队伍建设的重要环节，是推进素质教育，促进教育公平，提高教育质量的重要保证。山东省相关政府部门对乡村幼儿教师进行在职培训是开展乡村幼儿教师再教育的有效方式，同时也满足了乡村幼儿教师进行自我提升和成长的需求。近年来，山东省相关政府部门针对乡村幼儿教师各方面专业能力和综合素质的提升采取了相关的措施，制定了许多政策，以保障乡村幼儿教师在职进修的权利等，但是在实施中也发现了一些问题，如乡村幼儿教师的在职培训政策有失指向性，相关培训环节的规定不够详细，乡村民办幼儿园和公办幼儿园的幼儿教师的在职培训财政资金投入有一定的出入，民办幼儿园教师的培训机会明显少于公办幼儿园教师，乡村民办幼儿园教师培训权利得不到保障甚至缺失。因此，为了培养高质量的乡村幼儿教师人才资源，给幼儿提供优质师资，要求山东省相关政府部门建立健全科学的乡村幼儿教师在职培训政策和培训体系，拓宽乡村幼儿教师技能培训渠道。

（一）建立科学乡村幼儿教师培训师资体系

乡村幼儿教师培训体系是教师专业发展的重要保障。山东省相关政府部门要建立科学规范的乡村幼儿教师培训师资体系，建构针对不同年龄段教师发展需求的教师分层培训课程模式①，为幼儿教师开展形式多样的培训活动。根据培训时间的不同，可开展假期专修班、学期定期研讨等；根据培训空间的不同，可开展会议培训、进修学校培训、城乡幼儿园之间的研讨会议等。针对不同学历、文化知识、教学能力的乡村幼儿教师，开展的培训活动不能混淆，否则会缺乏针对性，无法让不同水平的教师有良好的学习效果。例如，针对文化理论知识较弱的教师，就比较适合组织他们参与假期专修班，用比较集中且相对充分的时间去系统地学习专业理论知识和教学技巧。将培训贯穿到日常教学工作中，努力实现长期化的岗位培训，定期研讨可以以学期为单位，乡村幼儿教师可以分享彼此的教学经验，通过讨论和交流教学过程中发现的一些问题或者遇到的困难，共同寻找解决策略。在保证培训方式多元化的情况下，还要考虑到教师的需求，根据乡村

① 张雁．农村幼儿园教师分层培训课程模式的建构——以“国培计划”山西省农村幼儿园骨干教师培训为例［J］．教育理论与实践，2015，35（2）：35－37.

幼儿教师的各种需求的不同开展培训，如专业知识理论讲习班、教学技巧培训班、教材教法培训班，更要根据乡村幼儿教师每个人的实际情况进行针对性培训，帮助其学以致用。

建立和运行山东省乡村幼儿教师培训体系，不是仅推着乡村幼儿教师让其被动地学习，提升自己的专业能力，更为重要的是能在前期的培训过程中，让乡村幼儿教师逐渐养成并掌握进行自我学习、自我教育的习惯和方法，并以此为基础寻求更高水平的发展。无论乡村幼儿教师是乡村公办幼儿园还是乡村民办幼儿园，都应该有同等的培训机会，山东省相关政府部门要“一碗水端平”，在发展乡村公办幼儿园的同时，也要扶持和引导民办幼儿园的发展。《中华人民共和国民办教育促进法》规定，应当对教师进行思想品德教育和业务培训，其中对培训的说明指出了要对乡村民办幼儿教师进行专业理论知识和技能素质方面的培训，如何开展培训、开展怎样的培训等问题。但现实中对乡村幼儿教师的培训考核和要求都过于简单，乡村幼儿教师掌握的知识仅停留在记忆层面，基础并不牢固，乡村幼儿教师在入职后也只记住了些条条框框，无法将其运用到实际工作中。除此以外，还要注重对乡村幼儿教师专业发展的全局性筹划。乡村幼儿教师专业发展并不是静态的，而是一个动态的发展过程。在不同的发展阶段具有其明显的阶段性和连续性，一环扣一环，前期发展阶段的发展状态和发展水平都会直接影响后期发展阶段的连贯性和状态，而后期发展阶段则是对前期的深化和提高，整体的发展动态则呈现出重叠式的趋势。乡村幼儿教师的认识水平也会发生变化，尤其在教育认识上，逐渐由只看事情的表面到透过表面看本质，由关注外部需求到关注内在发展需求，由被动到主动。所以，山东省相关政府部门需要向幼儿园的管理者提供一种系统性、全局性的教师专业发展模式，因此，乡村幼儿园管理者需要在开展培训的过程中统筹兼顾各个方面，协作调度，构建一个上下联动、持久有效的乡村幼儿教师专业发展支持体系。

构建乡村幼儿教师专业发展的生态圈。山东省乡村幼儿教师的专业发展不能受到时空所局限，做“井底之蛙”，需要时间和空间上的延伸，打破桎梏，推动山东省乡村幼儿教师的专业发展更上一层楼。从乡村幼儿教师自身出发，到园本培训学习模式、跨园的学习模式，再到跨地区的学习模式，甚至是更大的学习模式，这都会构成乡村幼儿教师专业发展的“智库”，激励乡村幼儿教师不断学习，构建自身的专业知识体系。需要政府给予更大的保障，认真落实各项政策，完善与乡村幼儿教师在职培训相关的政策，同时也需要其他各方的支持。建立“国家—省级—市级—区级—县级—乡级”一体化的乡村幼儿教师培训基地，以县乡级为单位，整合各幼儿园的资深教师，作为培训的主要负责人，最大程度发挥各教研员所长。如此不仅实现了资源的共享和有效利用，节省了很多资源，发挥了集体学习的优势，还能增强培训的针对性，最终达到解决共性问题和引导解决特殊问题的目的，增强其引导性。

（二）确保乡村幼儿教师培训机会及其效果

山东省城市和乡村的经济水平存在一定的差距，因此山东省乡村地区的幼儿教师培训工作一直没有取得很大的突破，并且这一直以来都是一个重点问题，山东省相关政府部门应制定强有力的决策和法规，努力健全培训机制，形成系统的职前、职后培训。应该将乡村幼儿教师的在职培训作为一门专项计划实施，落到实处。要认真准备培训预期所用的资金、培训单位、培训内容和形式、评价等，做好调研，立足乡村幼儿教师的实际，为乡村幼儿教师量身定制培训计划，还要建立专门的大小型培训基地、优秀工作示范点。当然，培训不能仅开展专业知识的培训，还要开展心理疏导等提升教师身心素养方面的培训，以便及时采取措施解决问题。

山东省政府在这一方面做得相对到位，为乡村幼儿教师培训专门制定了一系列规划，是山东省相关政府部门为提升乡村幼儿教师队伍师资力量和水平实施的重要举措，这些培训项目尤其是其中一些以提高乡村幼儿教师素质为重点而实施的培训项目，很大程度上提高了乡村幼儿教师的专业能力。山东省培养了大批能力强、素质高的乡村幼儿教师，这也证明了具有山东省特色的培训计划对乡村幼儿教师专业发展的重要作用，山东省相关政府部门制定并采取了相关制度和政策，让每位乡村幼儿教师都能享受新时代政策改革的福利。但这一计划也存在一些不足，如山东省特色的培训计划所包含的内容不够全面，培训方式单一，多以专家、名师讲座为主，而讲座这种形式的专家与乡村幼儿教师之间的互动性相对较差，教师的困惑得不到及时解决。所以，为了确保乡村幼儿教师得到实质性的学习成果，需要政府重视培训，在培训的内容、形式等方面多把关，严格要求，认真负责，山东省特色培训计划应该将通识知识和专业知识并重，创新培训方式方法，拓宽培训途径，构建专家指导、乡村幼儿教师互助的学习共同体，推动培训理论知识和实践教学相结合。

（三）符合乡村幼儿教师发展实际按需培养

山东省乡村幼儿教师技能发展培训的重点是借鉴先进经验，从失败中吸取教训。山东省乡村地区的幼儿教师技能培训取得了很大的成功，关键在于转变培训方式，创新方法，将培训重点从培训机构转向乡村幼儿教师专业发展，以乡村幼儿教师为本，将培训重点转向乡村幼儿教师，深入调查过往培训的实际问题，倾听教师的心声，收集乡村幼儿教师的意愿，尽量满足其合理的专业发展诉求，根据问题找准对策，采取具有针对性和实效性的措施，激发乡村幼儿教师的培训兴趣，让乡村幼儿教师积极主动参与培训。

一方面，根据山东省乡村幼儿教师各方面专业能力和知识漏洞有的放矢，在有所欠缺的方面加以引导和改善，有针对性地在幼儿教育、心理学、教育科学理论知识等领域中选择培训内容；另一方面，培训方式的选择要考虑山东省乡村幼儿教师自身专业能力等内在因素和乡村幼儿园的资金及管理模式等外在因素，由此来创新培训方式。培训需要资金和资源的支持，但资金这一问题并不能在短期内得到解决，所以针对乡村幼儿教师的培训方式要多样化、灵活、弹性大，并且在以往的培训方式上寻找突破点进行改进，提高培训效率，优化培训效果。例如，以往的专家讲座缺乏互动性，教师参与度低。其实，有些专家讲座的内容以理论知识为主，互动与参与无非是让教师针对某一知识点发表自己的看法或提出疑问，而参与这种互动的乡村幼儿教师本身就少。一是因为乡村幼儿教师总会把讲座当成一种单向的灌输，一味地记笔记而很少思考；二是理论知识这类讲座难以在现场进行实践操作，所以乡村幼儿教师事后觉得难以将讲座的内容运用到实际教学中。由此，理论知识培训可以通过相应的网课及乡村幼儿教师自学等时间较为自由的方式进行，而讲座这一形式可以进行专业能力培训。例如，教授如何讲好幼儿故事，专家或名师现场演示并讲解，然后组织在场的乡村幼儿教师进行成果展示，专家给予现场指导；或者开展分享教学经验的讲座，使其更具有实用性。同时，也要动员多方力量对乡村幼儿教师进行科学及多维度的培训，坚持理论与实践的统一，让乡村幼儿教师能学以致用，当然，培训方式也要实事求是，基于乡村的实际与乡村幼儿教师的发展需要来制定。另外，要对不同教龄的教师采取分层培训，根据乡村幼儿教师的教龄和年龄等进行分层培训。乡村幼儿教师的专业发展能力与其教龄和年龄具有很大的联系，山东省相关政府部门理应在开展培训时考虑到不同教龄和年龄的因素，采取不同的培训内容和方式，建立符合乡村实际情况的乡村幼儿教师培训体系。而且，乡村幼儿教师的教研能力不强，而针对这方面的培训较为缺乏，教研是乡村幼儿教师提高教学质量、解决教学中实际问题的重要方式。乡村幼儿园的分布比较分散，开展集中培训的难度较大，建立教研网的难度也较大。因此，政府要建立县、乡镇、村等级的教研网，将责任制落实到位。

（四）为乡村幼儿教师提供丰富的教育资源

教育资源仅凭山东省相关政府部门或者企业机构等供给往往是不够的，社会上一切可利用的资源都要加以利用，高等院校、职业院校和幼儿家长等也可以为乡村幼儿教师提供大量的教育资源。为此，山东省相关政府部门先要完善乡村幼儿教师教育制度政策体系，并号召动员社会各界力量，为乡村幼儿教师提供丰富的知识智力资源，由政府统筹各方力量与资源，明确并详细地介绍幼儿教育五大领域及其他领域的活动目标和要求，为乡村幼儿教师提供学习的范例，有据可依。在这些社会力量中，不管是从师资力量还是从教育教学的素材和资料上，高校所拥有的教育资源都更为丰富和优质。所以，各高校尤其是师范类高校要加大与当地乡村幼儿教师和本校毕业生的交流力度，并进行合作和共享，高校可以与当地的乡村幼儿园开展合作，定期派高校教师去乡村幼儿园对乡村幼儿教师进行培训和实践指导，共同分享教学经验，实现资源共享。另外，山东省政府鼓励企业和团体机构增强社会责任感，为乡村幼儿园投资，并为乡村幼儿教师提供更多的发展机会。例如，企业或机构可以为乡村幼儿园开展的一些活动提供器材或者资金的赞助。当然，幼儿家长的优势和价值也不能忽视，乡村幼儿园可以请在某一领域有突出成就或有特殊能力的家长到乡村幼儿园为幼儿或乡村幼儿教师开展相关的课程活动，由此增加活动的专业性和多样性。

充分整合现有教师教育网络平台。在“互联网＋”背景下，教育不再局限于时间和空间，也不仅是传统意义课堂上的教师授课。教学手段、学习方式的日益多元化和丰厚的教学资源可以说是“供过于求”，“智慧教育”“云教育”等新兴概念吸引人们的眼球，这些都为山东省乡村幼儿教师提升自身专业能力提供了广阔的多维发展空间。在教学方面，乡村幼儿教师将信息技术运用到教学中，可以提高课堂的趣味性，并且以云数据等方式，通过计算与统计分析幼儿的心理状态和教学成效，在现阶段水平的科技辅助下使教学效率达到新的高度。在乡村幼儿教师教育方面，山东省相关政府部门充分整合教师网络教育平台，丰富乡村幼儿教师网络学习的途径，乡村幼儿教师能够从软件及网站等平台上获得丰富的学习资源，在平台上实时发布专家及优秀乡村幼儿教师的讲座和公开课视频等，分享幼儿活动所用到的一些素材和资源、乡村幼儿园优秀教学案例、优秀的环境创设图片等。平台的资源要集思广益，鼓励社会同行积极投稿，提供学习资源，在平台上建立同行交流圈，山东省各地的乡村幼儿教师都可以在圈里发布动态，分享在园工作经验及工作生活等。同时，乡村幼儿教师可以把工作中的困难与圈内其他同行教师进行交流，山东省相关政府部门拨资金聘请专家、名师及学者等，线上供乡村幼儿教师取经请教。除了开发乡村幼儿教师专门学习的软件及网站之外，山东省相关政府部门还可以让乡村幼儿教师进入高校课堂学习，通过大数据对乡村幼儿教师的工作以及学习培训状况有相对准确的认识。网络培训相比线下培训可以节约许多资源，也可以让乡村教师们结合自身实际情况自行学习，培训和学习的时间具有弹性，同时还可以拓展乡村幼儿教师专业能力的范畴，使其教育实践的深度和广度得到有效提升。

第二节　乡村幼儿园加强自身管理，促进乡村幼儿教师专业发展提升

一、建立完善的制度，为乡村幼儿教师专业发展提供措施保障

乡村幼儿园发展机制是提升乡村幼儿教师专业发展的重要措施，山东省乡村幼儿园建园之初要建立机制①，制定与乡镇幼儿教育政策、乡村幼儿教师、后勤等各方面相关的规章制度。为了更加有效地推动乡村幼儿教师在专业方面的成长，乡村幼儿园还应制定与乡村幼儿教师相关的多方面的鼓励激励制度，从制度上保障乡村幼儿教师的学习能够与工作生活同步进行，并促使乡村幼儿教师和乡村幼儿园实现可持续发展。

（一）坚守乡村幼儿教育教学宗旨

教育的主要目的是育人，无论是小学教育还是高等教育、无论是乡村幼儿园教育还是家庭教育，在山东省，无论是乡村公办幼儿园还是乡村民办幼儿园，如果乡村幼儿园管理的目的是盈利，那么入学标准就是乡村幼儿的学费价格，乡村幼儿教师的价值定位就是劳动力报酬，教育就偏离了原来的本意。目前，山东省极少乡村民办幼儿园无视相关法律法规，降低入学门槛，接纳不合格的教育人员，以降低成本，实现经济效益。这样做不足以呈现教育目的，缺乏乡村幼儿教育精神，既不利于儿童的成长，也不利于乡村幼儿教育教学的发展，甚至降低了教师的专业水平。因此，应完善山东省乡村幼儿园办园理念，落实教育方针，坚持德育为先，立德树人。

（二）坚持以人为本理念，完善人文关怀制度

提到"以人为本"，可能想到的是以人为中心，但其含义并不仅如此，山东省乡村幼儿园要贯彻落实的以人为本，主要是强调上级管理人员结合管理对象的实际条件来满足其在生活、工作、学习及心理方面的需要。因此，园内管理者需要有针对性地考虑问题，依照乡村幼儿教师的现实发展境况，分配其有差别的工作事务，使教师的长处得以施展，激发其工作热情，以达到提高工作效率，促成乡村幼儿教师专业发展的理想效果。

乡村幼儿园想要管理得井然有序，那么，在执行规章制度时，就要恰当运用

① 谷丽芳．对推进农村幼儿园家园共育的思考［J］．教育探索，2017（6）：49－51.

刚柔相济的管理模式，注重创造一个富有人情关怀的幼儿园集体环境，只有这样才能让乡村幼儿教师获得最诚挚的关怀和最可靠的帮助，让乡村幼儿教师在日常教学和全力付出的过程中，能够持久地感受到乡村幼儿园管理者及同事对其的关爱，从而获得精神上的愉悦和满足。

作为乡村幼儿园的管理者，应恰当规划乡村幼儿教师的工作时间和工作事务，为乡村幼儿教师的专业成长给予更多的可能性。通过问卷调查，发现缺少业余时间是阻碍山东省乡村幼儿教师专业成长的重要因素。乡村幼儿教师很多时间用于课堂或园内的各项活动、照料幼儿的日常行为生活，而用于发展自身专业的机会比较少。同时，由于工作任务分配得不够明确，一人多职的情况在乡村幼儿园普遍存在，这种身兼数职的情况也使幼儿教师身心疲惫，工作热情降低，不能全心全意地投入自己所任职的工作中。因此，乡村幼儿园管理者应适度减轻乡村幼儿教师的任务量，协调相应的任务，以减轻乡村幼儿教师的工作负担，保证乡村幼儿教师以更高的效率完成更优质的工作。科学合理分配工作任务，合理制定每天工作量，为乡村幼儿教师提供充足时间来准备、充实自己的课堂，实现自己预想的课堂效果，如课前备课准备、课后反思总结，也可以与其他教师进行专业沟通交流，让“敬业不乐业”转变为“敬业乐业”，努力实现其提升专业素质的愿望。除此之外，山东省乡村幼儿园还应经常组织丰富多彩且有趣的娱乐活动，如夏令营、登山、歌手大赛等，提高乡村幼儿教师之间的凝聚力。

此外，山东省乡村幼儿园管理者应深入了解每位乡村幼儿教师的基本情况，以便提供适合他们的、有独特性的外部支持条件，使乡村幼儿教师充分发挥他们的才能，促使乡村幼儿教育教学等活动的质量进一步提升。例如，每季度选拔出一批优秀乡村幼儿教师去优秀幼儿园参观、学习；分阶段开展教育理论的交流研究活动，鼓励乡村幼儿教师学习现代信息技术，进行网上资料查询，并通过经验丰富的乡村骨干幼儿教师开展课改研讨及经验分享等活动，达到共同进步的目的。乡村幼儿园管理者与幼儿教育工作者应经常性地进行沟通，熟知乡村幼儿教师的才能以及其对专业成长的期盼需要，可以适度地帮助其规划与自身发展条件相匹配的职业成长计划。乡村幼儿园管理者还应为教师提供多样化的学习方式，让其获得更多的学习机会，以便更快速地了解学前教育专业的最新发展趋势，更新自己的知识教育体系，激励自己自主成长。

乡村幼儿教师之间的交流有利于促进乡村幼儿教师专业能力的发展，专业的乡村幼儿教师如果没有良好的合作与沟通，其教育教学工作就不可能完美。因此，没有合作就没有真正的影响，那么，如何加强合作？首先，山东省乡村幼儿园管理者必须制定相应的制度要求，必须有条不紊地按照规则办事，在这种情况下，乡村幼儿园可以组织一些活动，让乡村幼儿教师积极参与并提出建议，交流感情，沟通合作，共建合力，实现目标，共同努力。其次，山东省相关政府部门要及时确认和支持乡村幼儿教师的工作，相信乡村幼儿教师能够克服工作中的困难，积极与乡村幼儿教师沟通，团结合作融为一体，支持每一位乡村幼儿教师的教学活动。最后，在山东省乡村幼儿园建立新老乡村幼儿教师合作纽带，加强双边交流。新入职幼儿教师很难将理论与实践完美结合，在实际的教学和操作过程中也存在不足，而一些长期工作的乡村幼儿教师有着丰富的教育教学经验，新老乡村幼儿教师可以建立一个学习共同体，互相帮助。这样，合格的乡村幼儿教师可以把自己的经验和教训传授给新教师，新教师也可以和合格的乡村幼儿教师讨论自己学到的新理论，相互帮助，共同进步。就像我们传统教学中的教育者和受教育者一样，乡村幼儿园通常会指定更有经验的乡村幼儿教师担任班主任，以便新乡村幼儿教师在教学活动中学习更有效的教学方法和交流方法。这样既能让乡村幼儿教师快速了解乡村幼儿园的教学和工作情况，又能更有效地促进乡村幼儿教师的专业发展。

（三）构建以乡村幼儿教师管理为主的制度

现代科学化的管理模式所要求的就是全员参与到管理过程中，充分调动和利用各方力量和智慧。然而，现在山东省许多乡村幼儿园无论大事小事，一般由乡村幼儿园园长一人决策，教师往往都是被动接受，不能表达自己真正的意见和想法。因此，要想使以往这种“不能当家做主”的情况有所改变，就要求乡村幼儿园积极构建教师能够参加到管理中的民主监督机制，逐步实现现代化科学管理的模式。同时，乡村幼儿园管理者也要为教师提供尽可能多地参与管理的机会，把乡村幼儿园集体的利益同乡村幼儿教师个人的利益紧密联系在一起，让每位乡村幼儿教师都有机会参与决策管理，并确保乡村幼儿教师参与管理决策的权利，以加强乡村幼儿教师的责任心，增强乡村幼儿教师使命感，激发乡村幼儿教师的主人翁意识。例如，让乡村幼儿教师参加重要的学术会议及研讨活动，并鼓励乡村幼儿教师在会议上及活动上积极大胆发言，可以经常组织乡村幼儿教师和园内领导一起讨论交流乡村幼儿园的计划及发展方向，允许乡村幼儿教师自由表达自己的观点、提出发展报告等。要善于结合多方意见和建议，发挥集体的优势作用，只有这样才能引导全体乡村幼儿教师朝着一个目标前进，到达既定目标。

（四）建构全面科学合理的乡村幼儿教师评价机制

山东省乡村幼儿教师发展性评价机制是促使其专业发展的重要因素，是推动乡村幼儿园合理规范管理和乡村幼儿教师专业发展必不可少的制度性保障。因此，山东省乡村幼儿园应给予发展性评价机制以高度重视，以此激发乡村幼儿教师专业成长的潜力和动力。建构全面合理的发展性评价机制，是促使乡村幼儿教师早日实现预期工作计划，确保幼儿健康发展的保证。

正如《幼儿园教育指导纲要（试行）》强调的，乡村幼儿教师教育评价是乡村幼儿教师自身发展的重要途径；当然，评价应该伴随着教育的全过程。评价乡村幼儿教师的发展状况，不仅可以帮助乡村幼儿教师掌握有效的工作方式和方法，而且可以帮助乡村幼儿教师了解教育教学中的不足。在乡村幼儿教师发展评价机制中，乡村幼儿园要把乡村幼儿教师发展作为一个关键要素，尊重乡村幼儿教师个人意见，增强乡村幼儿教师的责任感，充分发挥其主观能动性，使用多样化的评价标准和方法。创建具有山东省区域特色的“山东省乡村幼儿教师个人成长发展档案”的成长评价方式，收集所有关于乡村幼儿教师本人的信息，包括乡村幼儿教师教育教学活动的信息、认证、出版的书籍及研究课题等。收集这些资料可以客观地展示乡村幼儿教师的优秀表现，体现乡村幼儿教师发展评价的自主性，促进乡村幼儿教师个体发展准备与共同发展目标的融合。此外，对乡村幼儿教师的评价要给予一些理解宽容，用公正客观的评价督促乡村幼儿教师自身及专业的成长，减轻其在工作方面的压力，降低职业倦怠感。

（五）制定合理的乡村幼儿园奖励评价机制

山东省乡村幼儿园不仅要建立乡村幼儿园特色区域性评估体系，定期检查工作，还要对评估结果给予一定的奖励。所以，一方面，可以督促乡村幼儿教师严格要求自己，不要放松，激励自己不断发展进步；另一方面，对表现好的乡村幼儿教师进行考核，成立新的乡村幼儿教师学习小组，进行全面、规范的培训，培训结束后可以安排优秀乡村幼儿教师到教学工作不规范、不成熟的地区，用所学的理论来指导实际的教学和管理活动。这样不仅可以锻炼这些优秀乡村幼儿教师的指导和管理能力，提高乡村幼儿教师的自信心，还可以帮助新手乡村幼儿教师更快地适应工作，完成角色之间的转换。同时，乡村幼儿园管理者应鼓励教师大胆创新，不断学习，积极分享和发表关于乡村幼儿教师专业发展的研究报告和工作见解，对取得成果和进步的乡村幼儿教师给予津贴补助。

（六）建立乡村幼儿教师定期考核评价制度

首先，严格定期考核评价制度。在对山东省乡村幼儿教师进行访谈时，问及乡村幼儿园园长是否有规定定期的考核制度时，大家纷纷摇头，并表示只要能按时完成教学任务，乡村幼儿的安全能够得到保证且乡村幼儿教师的教学范围不超纲即可。由此可以看出，部分乡村幼儿园园长对乡村幼儿教师的要求并不高，这样乡村幼儿园园长也就不能完全地了解乡村幼儿教师们的实际情况。这就需要建立定期的考核制度，考核不仅可以使乡村幼儿园园长全面了解乡村幼儿的最新状态、乡村幼儿教师的课堂教学近况，而且也能让乡村幼儿教师了解自己的教学能力，了解自身的不足之处从而改正，进而使乡村幼儿教师在不断发现错误、反复修正中获得成长和进步。因此，定期考核各方面知识对乡村幼儿教师巩固专业知识、提升专业发展能力有着极大的促进作用。

其次，建立乡村幼儿教师分层次、分阶段的考核体系。在对山东省乡村地区乡村幼儿教师的访谈中可知，平时园内对乡村幼儿教师的考核基本都是以晚来早退等外在因素为考核标准，因为这些都和工资相关。除了期末对乡村幼儿教师整体情况的考核外，平时基本上没有专门进行其专业能力的考核。因此，乡村幼儿园园长也是一学期期末才能对园所的乡村幼儿教师有些许了解。面对以上现状，园内决定建立“前—中—后”的考核体系。在开学之初的测评分为两部分：一是对整体考勤等外在因素的考核；二是对上学期教育教学自我总结的考核（包括与同事、家长或学生之间交流的工作记录，以及自己对本学期的规划等）。期中考核是对乡村幼儿教师半学期的教学进行自我总结（对前半期教学的总结，包括不足与改进）。期末整体考核分为三个层次：一是对本学期整体的总结与评价，以及对中期时考核方给予建议后所纠正的结果的考评；二是个别特长展示；三是对最新国外相关领域乡村幼儿教育教学现状及国内其他省份地区乡村幼儿教师教学状况的考核。每次考核必须有乡村幼儿园园长、邻近乡村幼儿园园长、骨干乡村幼儿教师或幼儿教育专家等共同参与其中，以保障考核能够顺利开始和结束，也便于对参与的乡村幼儿教师进行现场指导，这样全面、公平、公正地进行考核，才能真正提升乡村幼儿教师的专业能力。

最后，适时实施乡村幼儿教师小型竞赛考核。科学的学习促进体系是促使个体和整体持续发展的活动，山东省乡村幼儿教师应根据幼儿身心发展的规律，制定山东省乡村幼儿园发展方针和发展需要，制定本学期的发展计划和目标，从而构建一个民主、和谐、积极向上、崇尚学术的科研氛围，提高乡村幼儿教师的专业素质。为减轻乡村幼儿教师应付工作以及考核的压力，平时可以为乡村幼儿教师准备一些乡村幼儿教育方面的知识竞赛。例如，一周结束之后，可以抽一个小时进行知识竞赛，拔得头筹者可以赢得一些生活用品或购物券等。竞赛知识的内容可以是乡村幼儿专业方面的专业知识，也可以是一些关于国内外最新乡村幼儿教育动态的知识，还可以穿插一些有趣的脑筋急转弯等。这样整个环节下来，不仅可以调动整个竞赛的气氛，同时也可以使乡村幼儿教师了解最新专业动态，学到新的知识，从侧面也可以检验乡村幼儿教师最近学习与教学的动态。或是一个月进行一次乡村幼儿教师教学能力比赛，获胜者可以得到奖金等，其他参与者同样可以获得小礼品。竞赛评委由教学能力优秀的乡村幼儿教师担任，可以为其不足之处给予一定的帮助，对不同层次的乡村幼儿教师在专业能力提升方面能产生极大的助推力。

二、丰富园本课程，为乡村幼儿教师专业发展提供知识内涵

以山东省乡村幼儿园基础课程为根本的园本课程，是在其实际情况的基础上延伸出来的与山东省乡村幼儿园的教学资源、乡村幼儿教师团队以及基础设施等相匹配的基本课程。许多乡村幼儿园根据其特点努力构建与乡村幼儿身心发展规律等相适应的乡村幼儿园园本课程，主要以现代乡村幼儿教育教学理论为教学基础，以促进乡村幼儿的全面成长为教学宗旨，以创办特色乡村幼儿园为传播媒介，充分发掘幼儿的潜能，努力培养新时代独具特色的乡村学前儿童。乡村幼儿园作为幼儿成长学习的重要场所，同时也是乡村幼儿教师丰富自我知识和促进自我发展的场所，乡村幼儿园的园本课程为幼儿教师提供的不仅是知识储备上的丰富，也为乡村幼儿教师在能力方面的提升提供了一个“空间”。乡村幼儿园园本课程的丰富不仅是管理者及上级领导的事，也与乡村幼儿园及乡村幼儿教师发展有着密切联系。

（一）创设良好乡村幼儿教师发展园本环境

在山东省乡村地区，作为乡村幼儿教师最贴近的外部空间，乡村幼儿园应为教师的成长给予最贴切的保障。因此，乡村幼儿园应大力丰富园本课程，创设良好的专业成长环境，最大限度地为乡村幼儿教师的自身发展给予支持。因为只有具备浓厚发展氛围的园所才能够调动乡村幼儿教师积极参与到专业发展中来。每个乡村幼儿园都应努力营造属于自己的园所园本文化氛围。环境对人有着潜移默化、深远持久的影响，这种氛围一经创设就会形成一股无形的推动力，推动乡村幼儿教师的专业成长。此外，乡村幼儿园创设有利于乡村幼儿教师自身成长的园本文化，营造优质的支持氛围和成长环境，尤其对于新入职的乡村幼儿教师快速适应工作环境和完成角色转换有着关键的效用。

（二）构建乡村园本幼儿教师发展支持体系

在山东省乡村地区，乡村幼儿园作为乡村幼儿教师专业成长和发展的主要场所，应立足于山东省乡村幼儿教育自身的制度体系改革和乡村幼儿教师的教育教学活动，充分利用自身优势，激活内部用人机制，在一定资金条件下，利用乡村园本课程优势，构建乡村幼儿园支持系统。当然，有条件的乡村幼儿园可以邀请专家现场指导，利用现有的乡村幼儿园教学工具，或者利用互联网为乡村幼儿教师解决问题创建远程学习系统。另外，为发展和提高乡村幼儿教师专业素质创造更多的机会和条件，充分利用和整合已有的优质教育资源。乡村幼儿园可以开展示范课评比并将表现优秀乡村幼儿教师选出，选出的优秀的乡村幼儿教师可通过自身经验去帮扶其他幼儿教师，帮助其更快地成为幼儿园的骨干教师；同时，乡村幼儿园管理者要立足于长远，不断加强与实训方面做得较好的乡村幼儿园的联

系，安排乡村幼儿教师到典型性幼儿园观摩及学习，通过这些方式让乡村幼儿教师接受更优秀的教学方式，增加对外交流合作学习的机会，以推动其更快的进步。

（三）提升园内管理水平，开设多样化的培训

山东省相关政府部门提高乡村幼儿园管理水平，可以优化乡村幼儿教师的学习成长环境，为其进一步发展提供强大的内在力量。适应不同发展阶段乡村幼儿教师的需求，对不同类型的乡村幼儿教师进行有针对性的分层培训，合理安排乡村幼儿教师的时间和岗位。由访谈可知，乡村幼儿教师给出了乡村幼儿园的培训应该由哪些专业人员来进行，乡村幼儿教师应该接受什么培训，带班老师应该接受什么培训，老乡村幼儿教师应该接受什么培训，新乡村幼儿教师应该接受什么培训，新乡村幼儿教师应该如何提高自己的专业水平，名师应该接受什么样的培训，如何培训后勤人员，如何培训保安人员，如何培训保育员等问题的回答。

针对山东省乡村幼儿教师在教学中遇到的困难，乡村幼儿园在培训教师前，要对其需求进行调查，找出问题，制定培训内容，一名乡村幼儿教师在谈话中说："目前培训的机会很少。上学期我们幼儿园只开了两节培训课。第一节课是关于环境，第二节课是关于幼儿园室内区域规划的内容。这些都是普通问题。我们想学一些我们感兴趣的东西，比如说，我真的很想学音乐教育，但是幼儿园没有进行我们要学的培训。"因此，一些乡村幼儿园正在推行的本位课程比较单一，不能真正满足教师的需求，有必要实施多元化的乡村幼儿课程，以满足乡村幼儿教师的职业发展需求；还有高质量的班级培训、分散培训、实地培训和研究小组等小规模培训形式，但仍不能同时满足不同乡村幼儿教师的需要。广泛运用多种形式的培训，为不同发展阶段、不同需要的乡村幼儿教师提供更多的讨论和交流信息的机会，满足教师多样化的需求，深入儿童的学习和生活场景，是一种更直观、更有效的乡村幼儿教师校本课程培训方式。此外，组织参与乡村幼儿教师的培训，还需要自由、灵活、合理、充分的时间，乡村幼儿教师其实非常渴望得到培训机会。访谈中一位教师说："只要有满足我们需要、帮助我们的培训，我愿意随时学习，哪怕我自己掏钱。"可以看出，乡村幼儿教师很迫切地想要获得培训的机会。因此，要为乡村幼儿教师提供合乎情理且真正有益的课程培训，丰富乡村幼儿教师的理论实践知识，促进乡村幼儿教师自身更快的进步与发展。合作是顺利实施乡村幼儿园园本课程培训的有效方式。山东省乡村幼儿园的园本课程强调乡村幼儿教师的自身兴趣、发展需要以及实际教育教学情况，因而更能激发乡村幼儿教师参与其中的高涨热情，使乡村幼儿园园本课程培训更富有活力，获得预期的效果。在实施乡村幼儿园的园本课程培训时，首先，应该以乡村幼儿教师的自身发展需求为导向，重视乡村幼儿教师的个性化需求，课程培训实现人文

转向；其次，应重视乡村幼儿教师课程培训的实践性，可以根据策划的培训方案来实现培训的实践性；最后，应注意乡村幼儿教师园本课程培训形式的多样性，设计形式风格不同的乡村幼儿教师园本课程培训方案。

（四）推进乡村幼儿教师园本课程有效管理

山东省乡村幼儿教师专业化水平的高低很大程度上依托于所在幼儿园园本课程的水准，但很多幼儿园尤其是大部分乡村民办幼儿园的园本课程制度并不完善，培训教研时间也难以保证，同时专业引领能力不强，最终导致一些乡村幼儿园的园本课程质量效能低下，无法有效促进乡村幼儿教师专业化的发展。因此，想要提升乡村幼儿园的园本课程水平，推动乡村幼儿教师不断成长，科学有效的管理是至关重要的。

山东省相关政府部门要明确乡村幼儿教师专业发展的目标，认识到以乡村幼儿园为基础的乡村幼儿园课程管理与乡村幼儿园的健康发展息息相关，管理要不断深化，主要目的是促进乡村幼儿教师的专业发展，同时也满足了园区发展的需要和现实。制度要明确可操作，不能含糊其词，应针对目前大多数幼儿园的情况，制定相应的规定，如经费继续投入规定、组织机构规定、计划汇总规定、活动时间频次规定、有关责任人责任规定、乡村幼儿园教师规定等，上述规定将乡村幼儿园园本课程的基本需求和层次限定到最低，并在一定程度上保证了以乡村幼儿园为本的学习和研究的实施。科学管理的前提是既要保证管理的相对稳定性，又要不断完善管理制度。将课程与日常教育教学相结合，使乡村幼儿园课程的学习能够对教师专业发展的自觉行为产生无形的影响，也有利于与时俱进，提高课程活动的有效性，提高乡村幼儿教师专业发展的积极性和创新性。在完善的制度保障和科学的管理下，由乡村幼儿园园长牵头，副园长、教研组长具体负责管理和指导园本课程工作；各教研组要经常性地组织开展教研会议，成员根据自身情况分享交流经验，同时也要引领全体乡村幼儿教师开设各项教育教学实践，探讨热门话题，着重解决实际教学中遇到的难题，以此逐步构建和形成正确的价值观，树立积极的风气和氛围，使广大乡村幼儿教师的专业水平能够在优质的文化工作环境中得到良好发展。

（五）构建合作式的乡村幼儿教师园本课程

山东省乡村幼儿园教师培训在自给自足的同时，高校或培训机构的培训也不能少，目前还存在乡村幼儿教师的专业自主权不能发挥，培训课程单向转移、过于学术化、非实践性等问题。创建合作型乡村幼儿园的园本课程模式可以更好地解决上述问题。以教育培训机构和优秀乡村幼儿教师合作为基础，从乡村幼儿教师专业成长和幼儿教学质量提高两个方面进行培训。乡村幼儿教师将理论研究、复杂问题和教学方法紧密联系在一起，可以有效地提高乡村幼儿教师的整体素质，满足乡村幼儿教师专业发展的要求。

合作式乡村幼儿园园本课程方式具有针对性强、效率高的特点，能有效促进乡村幼儿教师学以致用、学用结合，同时，由于其依托于乡村幼儿教师自身所在的教育实践场景和教育教学问题现场，能够更好地激发其主人翁意识和专业发展的热情。综观已有的乡村幼儿园课程会发现，课程种类繁多，发展水平良莠不齐，但如果仔细寻找，还是会找到不少优质课程。特别是那些由乡村幼儿课程专家、幼儿教育专家和优秀乡村幼儿教师合作精心编制的课程，是值得乡村幼儿园借鉴使用的。那么，既然有这种现成的优质乡村幼儿园园本课程，乡村幼儿园为什么还要实施不符合自身发展的措施？难道是因为只有乡村幼儿园的园本课程才能凸显自己园所的真正实力以及个性特点吗？其实不然，一个乡村幼儿园如果想要凸显自己所特有的个性特点，其需要的不仅是自己园所的基础园本课程，还要把这些基础课程园本化，换句话说，即乡村幼儿园在已有课程的基础上，根据本园的实际发展状况，结合自己对园内课程的理解进行合理改编，灵活地运用园本课程，使其能够更加符合自己教育对象的身心成长规律和特点，更好地推动乡村幼儿教师全面和谐稳定发展。

（六）通过园本教研推动乡村幼儿教师发展

山东省乡村幼儿园的园本教研是促进乡村幼儿教师专业成长的重要途径，山东省乡村幼儿园管理者要把其作为推进乡村幼儿教师专业成长的重要形式，认真研究园本教研活动的形式和主要内容，激发乡村幼儿教师的研究兴趣，提高乡村幼儿教师解决问题的速度及能力，充分发挥乡村幼儿教师的集体智慧和力量，推动专业共同进步。首先，乡村幼儿园园本教研活动中的一些问题应该来自教育教学实践，所研究的也应该是实践中出现的实实在在的问题。其次，要明确乡村幼儿园园本教研的主要目的是让乡村幼儿教师的职业能力得到提升，促使幼儿全面和谐发展。最后，要调动所有乡村幼儿教师共同参与，在乡村幼儿园的园本教研进程中，要以乡村幼儿教师为教研主体，即在乡村幼儿园的园本教研实施过程中，乡村幼儿教师不是一个旁观者，也不是一个学习者的单一角色，而是要以策划者、参与者的身份来组织、决定并执行乡村幼儿园的园本教研活动，真正使乡村幼儿教师成为乡村幼儿园园本教研的领导者和引领者。现有的一些教研模式都十分值得借鉴，如乡村幼儿教师专业发展学习共同体及传帮带等。

三、结合多维评价，为乡村幼儿教师专业发展提供机遇

（一）提升乡村幼儿教师自身对职业的认同

山东省乡村幼儿教师职业认同的相对缺失，是由于潜意识中对自己的职业缺乏信心，除了专业意见外，还受到社会群体对乡村幼儿教师评价的影响。从社会

群体的角度看，对乡村幼儿教育直至乡村幼儿教师的评价，在一定程度上影响着乡村幼儿教师的职业认同。作为一名乡村幼儿教师，大多热爱幼儿教育，有职业理想，具有师德师风，遵纪守法，但一些乡村幼儿教师在现实中无法获得职业认同。因此，增强乡村幼儿教师的职业认同感迫在眉睫。

山东省乡村幼儿园要帮助乡村幼儿教师树立正确的教育信念。信念可以认为是信仰或崇奉某种观点和理论，那么，教育信念就是指乡村幼儿教师对于自己所从事的教育事业，是否认同所坚持的观念，教育信念是乡村幼儿教师参与竞争的核心力量，是其专业化自觉意识成长的主导因素，而自觉意识就是一种信念定格。乡村幼儿教师的教育信念主要体现在其对所从事的教育事业有着高度的使命感及强烈的责任心和事业心，蕴含着热情与认真、努力与拼搏、始终如一与勇往直前。强烈的责任心促使乡村幼儿教师对教学工作尽心尽力，而使命感和事业心作为坚定的职业信仰，又会使乡村幼儿教师对自己的教育事业和工作态度有着较高的追求。教育信念与教育的各方面是有所联系的，包括以下几种信念：①关于学习者和学习的信念；②关于教学的信念；③关于学科的信念；④关于学习怎样教学的信念；⑤关于自我和乡村幼儿教师角色的信念。一旦形成了良好的教育信念，就会给乡村幼儿教师的全面发展带来潜移默化的影响，在教育工作中就会成为乡村幼儿教师的信念导向，进而使乡村幼儿教师逐渐形成正确的职业观、价值观、教学观以及学生观，这种自我进取的表现是自觉意识觉醒的最好体现，教育的进取发端于教师的自觉。

对于山东省乡村幼儿教师如何树立正确的教育信念，有良好端正的教育信念，可从三个方面入手：①在教学过程中渗入。作为乡村幼儿教师，也许会在其教学过程中生成或累积一些受外界其他因素影响所产生的某些教育信念，建立起自己独特的教育信念体系。无论乡村幼儿教师自己是否发觉，在其教育实践过程中都始终伴随着自己所肯定的教育观念。乡村幼儿教师在工作中也要始终关注教育发展的现状，以便及时认识到自身在教学过程中的不足，发现不足的所在并分析其与教育发展趋势的关系，厘清当前教育发展的规律，感悟其在当代的重大价值，进而不断构建新的与时代价值和内涵相契合的教育信念。②个人的情感和经验。乡村幼儿教师的个人情感是建立和更新教育信念的基石，影响着教育信念的发展轨迹和持久程度，因此，加强对乡村幼儿教师情感方面的引导是不可或缺的。乡村幼儿教师良好的个人情感应表现为乡村幼儿教师重视热爱学前教育事业，尊重喜爱并宽容理解学生，否则，乡村幼儿教师是不可能在这一行业全心投入的。乡村幼儿教师的个人经验与乡村幼儿教师对其事业和学生的情感是密不可分的。乡村幼儿教师的个人经验以其个人情感为根本，将自己的个人情感融入自己的事业、乡村幼儿园和幼儿的学习生活中，努力了解乡村幼儿的心理及一切近况，以便及时更新最新的个人经验和感受，激发自己的责任心和热情，从而建构良好、正确的教育信念，增加对职业的认同感。山东省乡村幼儿教师在教育教学实践中提高乡村幼儿教师专业发展水平除了要具备专业知识体系和拥有独特的教育信念外，还要增强专业发展意识，保持充足的自信，相信自己能够顺利快速地进行和完成工作①，这也是乡村幼儿教师增加职业认同感的一种方式。乡村幼儿教师对职业的认同程度关系着他们对工作活动的积极性以及教学的效率，可以把这种方法作为促进教师自主寻求进步的动力。乡村幼儿教师只有树立起主动进步的观念，才能更加关注自己职业的相关问题，促进自身的发展，对乡村儿童的教育更加用心。调研显示，有一部分乡村幼儿教师在教学时，并没有对自身是否能够完成教学工作、实现教学目标的能力、知觉引起重视，这可能会导致乡村幼儿教师的责任心慢慢降低，从而使教学积极性逐渐降低。因此，作为一名乡村幼儿教师，一定要先从自我做起，增强个人的专业发展意识，对自身的职业发展有一个长远的规划，而不是只顾眼前，真正认识到自己的长短处，定位准确且找准专业发展的方向。乡村幼儿教师只有不断增强专业发展意识，不断向着既定的目标前进，尽心尽力地进行教育教学活动，才能不断提升个人的专业水平。③明确专业角色与地位，树立职业自信。乡村幼儿教师只有在明确自己的专业角色和地位后，才能对自己的职业和发展领域产生更浓厚的兴趣，才会更加主动地追求专业发展的卓越境界，不断地增强自己的职业自信和认同感。杨启亮教授认为，教师的职业境界应分为四大层次：一是社会对教师角色的规范和要求，二是出于责任的活动，三是出于职业良心的活动，四是体验幸福的活动。他认为前两个层次是属于“他律”的范畴，后两个层次是属于“自律”的范畴，并建议教师应当从“他律”转变到“自律”取向。乡村幼儿教师首先要对自己的职业表示认同，这种认同在一定程度上是已经内化了的“自律”，是具有主动性、积极性的心理体验。只有具备了这种心理体验，乡村幼儿教师才能真正以主人翁的心态，踏踏实实地融入幼儿教育教学活动。在这样的过程中，山东省乡村幼儿教师对自己职业特征和职业要领的理解会更加清晰，也使乡村幼儿教师对自身职业的认知更加深刻，进而形成和增强对自身职业的认同感。此外，还应督促乡村幼儿教师进行定期的内在自我鼓励、评价和反思，促进自身不懈奋斗与进步。同时，构建山东省乡村幼儿教师外部评价激励机制，这就要以乡村幼儿教师成长为本，结合全方位的评价，培养乡村幼儿教师正确的情感认识，引导其追求更为广阔的发展空间。

（二）创建乡村幼儿教师专业发展优质环境

山东省乡村幼儿园对乡村幼儿教师的职业认同的影响主要表现在乡村幼儿园

① 张小芳. 三类幼儿教师专业发展诉求调查研究［D］. 重庆师范大学硕士学位论文，2015.

管理者的管理水准和观念阻碍着乡村幼儿教师的专业化成长。乡村幼儿教师的专业化成长需要乡村幼儿园管理者的关注和关心，有些管理者认为乡村幼儿教师只需要带好幼儿就可以了，对乡村幼儿园的持续发展和乡村幼儿教师的专业化成长并没有一个长久固定的计划，且具有较强的功利性，目光短浅，不愿耗费时间、金钱和精力为乡村幼儿教师准备在职培训、组织教研交流会，更没有所谓的乡村幼儿教师的全面发展。这样就容易导致许多乡村幼儿教师产生职业倦怠，想要换工作，对自身的职业认同感降低，影响乡村幼儿教师对幼教工作的热情及积极性。那么，乡村幼儿园管理者应该怎样增强教师对职业的认同感？可以从以下几方面着手：

首先，山东省相关政府部门要营造和构建乡村幼儿教师专业发展的良性氛围与环境，激发乡村幼儿教师的自主自觉意识，乡村幼儿教师要想拥有专业化的自主自觉意识，前提条件必须是肯定自己的专业化身份，同时，乡村幼儿园要尊重和认同乡村幼儿教师的身份和地位，制度要作为支撑乡村幼儿教师身份和地位的保障。乡村幼儿园所营造的文化氛围在悄无声息中滋润着乡村幼儿教师的内心，让乡村幼儿教师感受到自身文化素质提升的重要性，乡村幼儿教师对于幼儿的喜爱和关注、对自身专业化的自主性发展，以及对事业的重视都在文化环境中得到升华，而乡村幼儿教师的自觉意识是这一切的先导。

其次，山东省相关政府部门要努力提高乡村幼儿教师的社会地位、社会认同和工资水平。乡村幼儿教师在社会中的身份、待遇和地位直接或间接地影响着他们的职业认同和忠诚度，影响着整个乡村幼儿教师群体的架构、稳定和发展。为了提高乡村幼儿教师专业发展的质量和水平，政府鼓励优秀的乡村幼儿教师积极投入乡村幼儿园的发展中。近年来，乡村幼儿教师的福利水平逐步提高。针对我国现实因素，结合国外乡村幼儿教师薪酬福利待遇及相关政策，提出以下建议：①教育部门应根据调查情况，定期对乡村幼儿教师待遇进行调查，设置合理的薪资福利标准，制定乡村幼儿教师的最低工资标准，确保其基本的物质生活需要；②当地政府应构建完善的社会保障机制，为其提供多种方式和渠道参与到社会保障中，包含医疗保险、社会养老及失业保险等，可采用政府、教师与幼儿园固定比重共担的分配方式，来增加乡村幼儿教师的工资收入；③利用法律保障乡村幼儿教师的社会身份和地位。

最后，山东省相关政府部门应提高乡村幼儿教师的待遇水平，以稳定园内乡村幼儿教师队伍。由于办学基础与财力支持的限制，部分乡村幼儿园难以兼顾乡村兼职幼儿教师与专职幼儿教师的培训，但对于专职乡村幼儿教师的职后培训工作应当给予高度的重视和支持，这样才能有力提高在园乡村幼儿教师的专业能力，提高整体专业素养，切实提高园所的教育质量。可以采用灵活多变的培训方式，如将园外培训与园内培训结合，培训与自我学习相结合，且不应局限于园所培训，让乡村幼儿教师自学等。另外，也应该多方兼顾，让乡村幼儿教师学到他们想学的，尽量避免机械记忆。培训的内容及乡村幼儿教师的接受能力等应相匹配，才能使教师有所收获，也才能提升乡村幼儿教师的专业素质。此外，还应重视乡村幼儿教师的职业情感，这是促进其良好教育教学行为的内在动力。通过访谈可知，乡村幼儿教师对自身职业的深厚情感、认同度高以及工作的积极状态，能够对乡村幼儿教师的生活和工作产生重大影响。无论是在工作还是在生活中，乡村幼儿教师的情绪问题往往由自己消化，缺乏与同事或园所领导的沟通。园所与幼儿教师缺少交流沟通，会忽略教师的真实想法，也了解不到乡村幼儿教师在教育教学中真正所需要的。乡村幼儿教师的压力和情绪如果得不到及时的释放，会对工作与生活的热情产生影响。因此，作为乡村幼儿园的管理者，除了正确引导、监督本园教师做好本职工作外，还应该关心园所教师情绪情感的变化，及时对其做出的努力和获得的成就给予肯定和鼓励，平时也要多与园内乡村幼儿教师进行交流沟通，如利用闲暇时间开展娱乐活动及面对面交流等，多了解教师的日常，多给予关怀，乡村幼儿园教师才能从心底认可乡村幼儿教师这一职业，追求卓越的专业素质水平。

（三）家长对乡村幼儿教师给予肯定与支持

山东省乡村幼儿教师的职业认同不仅来自乡村幼儿教师自身，还来自社会。社会方面的认同主要来源于乡村幼儿的家长。乡村家长对乡村幼儿教师的认同程度的高低可能会影响“家园合作”的形式、乡村家长对乡村幼儿的教育引导方式，而不同形式的乡村幼儿教育方式在幼儿身上表现出来可能会对乡村幼儿教师的教学质量及职业认同产生一定的影响。

通过调研表明，山东省乡村幼儿家长对乡村幼儿教师这一职业的认同度高对于建立良好的家园合作关系更加有利，而且更有利于家长增加对乡村幼儿教师的信任，其表现为：乐于采纳乡村幼儿教师的意见；积极参与并配合乡村幼儿园组织的各项活动和工作；遇到疑惑和难题时，能够及时与乡村幼儿教师进行沟通交流。同时，这样的乡村家长培养教育出来的乡村幼儿会更容易喜欢和信任乡村幼儿教师，服从乡村幼儿教师的教导，认真完成乡村幼儿教师分配的任务。相反，对乡村幼儿教师这一职业认同度不高的乡村幼儿家长，大多数认为乡村幼儿园阶段的学习教育对幼儿的成长和发展影响不大，因此对乡村幼儿教师提出的意见或建议通常是无所谓或不理睬的态度，进而对乡村幼儿园组织的各项工作和活动的参与度和配合度也不高。此类家长教育培养出的幼儿可能会乐于参与乡村幼儿园或乡村幼儿教师组织的游戏活动，但对学习活动不感兴趣，可能会简单敷衍地完成乡村幼儿教师分配的任务，以此来减少与教师的交流沟通，这样就失去了双方交流的机会。

山东省乡村幼儿家长应明确乡村幼儿教师的专业角色与地位，增加对其专业化水平的认同，理解并协助乡村幼儿教师的工作，做好家庭教育工作，促进家园合作。家长应该以平等、信任、合作及友爱为基本原则，积极主动地配合乡村幼儿教师的工作，参加乡村幼儿园活动，帮助乡村幼儿教师提高素质和教育教学能力。因此，加强家园合作与沟通十分必要。沟通和合作可以说是人与人之间相互认识、逐渐熟悉的桥梁。建立家园沟通与合作是目前国家对幼儿园的要求，也是提升教育教学质量的天然资源。加强家园之间的沟通和合作，一方面，可以让乡村幼儿家长随时且及时知道幼儿在园内的各方面状况，见证他们的成长历程，从而使乡村家长更加理解幼儿，增进他们之间的熟悉感和亲密感。另一方面，乡村幼儿家长参加幼儿园组织的各种活动，可以增进其对乡村幼儿教师工作事务的了解，改变乡村幼儿家长对乡村幼儿教师的认识，提高他们对其工作的认可程度，从而提升乡村幼儿教师的自信心与成就感，坚定其职业信心。由于环境的特殊性，个别乡村幼儿家长或许难以相处，但是经常进行沟通与合作，不仅可以了解家长的期望，还可以不断进行自我改进，乡村幼儿家长也能更加了解教师工作，从而得到乡村幼儿家长的信任和配合。因此，加大乡村幼儿教师与乡村幼儿家长的沟通与合作对于增强乡村幼儿教师的职业认同感具有巨大的推动作用。

第三节　唤醒乡村幼儿教师专业发展自觉，帮助其成为发展的主人

一、学习智慧——激发乡村幼儿教师专业发展的内在动力

学习智慧指乡村幼儿教师依据自身已有的价值观，制定适合自我成长方向的学习标准，通过了解和肯定这个标准，逐步转变为情感的意愿，从而促成良好的学习行为，进而适应工作[①]的一种知识和技能。一个把自己职业当作终身热爱事业的乡村幼儿教师，会积极主动在自己专业领域不断汲取新鲜知识来满足自己的求知欲，会在自己的学术领域有所长进，获得一定的成就。要想成为一名优秀且专业性强的乡村幼儿教师，应该具备丰富的专业知识、优越的专业技能和充实的

---

① 邱敏蓉，王乐，李玲．幼儿教师职业生涯阻碍状况研究——民办幼儿园与公办幼儿园的对照比较［J］．教育学术月刊，2020（12）：88－93.

专业情感这三种专业素养。乡村幼儿教师除了要重视这三个方面的发展外，还要注重是否具备积极进取的意愿、发现问题勇于探寻的能力、学习借鉴实践创新的能力、不断反思追求卓越的能力。学习智慧为乡村幼儿教师的全面发展提供了一种增强自身信念、探索符合自身发展方式、认知与情感并重、理论与实践相联系的专业发展理念和思路。

（一）主动学习新的乡村幼儿教育教学理念

陈鹤琴把能否自主地进行学习当作影响乡村幼儿教师教育教学水平的一个重要因素，要求乡村幼儿教师要自觉地进行学习，同时，要经常阅读一些理论书籍，养成读书的习惯。作为一名乡村幼儿教师，其学习的内涵不仅是对日常生活中教学经验和知识点的累积，而且还要进行自主学习。自主学习也就意味着乡村幼儿教师要主动学习研究、主动探索、主动积累沉淀，慢慢地充实自己。乡村幼儿教师丰富自己的方式方法有很多，如在园学习教育、职后机构培训、课堂教学反思等。因此，山东省乡村幼儿教师不应只满足于眼前的一种或几种方法、途径，而应积极地探寻新的路径，结合各种学习方法的独到之处，多渠道开阔自己的视野，拓宽自己知识面。例如，在时间并不宽裕的工作事务日，乡村幼儿教师可以使用网络进行学习，了解最新的教育政策及知识，在丰富知识的同时还能保证自己的工作顺利进行和完成；而在周末休息时，乡村幼儿教师可以到机构进行再培训，即在职后进一步提升自己的教育教学能力；也可以选择居家学习，或自己感兴趣的体育、美食及生活等方面的书刊，还可以了解幼儿喜爱的各类动画、动漫及游戏。山东省乡村幼儿教师教育教学观念的完善创新可以让教学行为更加合理。在乡村幼儿教师专业化思潮逐渐渗透的园所环境中，乡村幼儿教师应该更加积极主动地参与到学习深造的过程中，孜孜不倦地更新自己的专业知识理论，积累实践教学经验，努力提高自身专业发展水平，学会见贤思齐，与新时代共同进步，紧跟新课程改革的步伐前进。

在强调山东省乡村幼儿教师主动学习的同时，还需要注重教师之间的沟通交流。积极沟通交流，不仅能够发现问题，从中获得答案和经验，而且能够创造良好的学习环境，在无形之中扩大乡村幼儿教师知识的广度和深度。主动交流经验和不足，在小组合作探究中实现自我进步和超越。

乡村幼儿教师是一个必须不断加强学习和思考，不断实现知识结构现代化，促进教学能力可持续发展的职业。山东省乡村幼儿教师要在职业发展的各个阶段学会不断充电，增强自觉性和自主学习发展的能力，把读书作为促进专业成长的重要组成部分，与聪明人一起读书，开阔学术视野，启迪思想，拓宽学习和思考的广度和深度，只有这样，才能适应社会发展的需要。此外，乡村幼儿教师还要达到自我卓越的境界，要想实现自我的跨越式发展必须不满足于现状，从被动走向主动，积极主动地学习与分担任务，以便快速地掌握知识和经验，提高自己的能力。例如，初任乡村幼儿教师可以主动邀请组内教师听课指导或者主动地旁听优秀乡村幼儿教师的课，并做好记录；主动请求参与科研论文的撰写；主动与带教乡村幼儿教师探讨工作中的疑惑，分享教学中的快乐等。山东省乡村幼儿教师组建的合作小组有助于其之间的合作式交流，能够使乡村幼儿教师互相产生信任感和愉悦感，从而促进乡村幼儿园协作文化的建立和延续，进而使乡村幼儿教师共享发展利益与价值。这样，乡村幼儿教师就可以通过多种方式突破专业提升的“瓶颈”，在走向幼儿名师的道路上亮出有意义而个性的教学风采。

（二）增强乡村幼儿教师专业发展成长意识

在人的发展过程中，自我意识起着至关重要的作用，没有自我意识的人不会有持续发展的可能，也不会有进步的念头和空间。乡村幼儿教师自我专业发展的意识可以说是其专业成长的内在帮助，当乡村幼儿教师有自发学习和自觉发展的强烈欲望时，会主动地寻找相应的方式方法来促进自我能力的提高，从而不断提升自我价值。山东省乡村幼儿教师由于受传统教育观念的影响，目前大多数乡村幼儿教师不愿意主动学习和接受教育，缺乏多样化的学习概念和习惯，并且自我进步、自我学习、自我思考的意识和能力不强，这样很可能会导致乡村幼儿教师的发展停滞不前。

山东省乡村幼儿教师专业发展要丰富自身的知识和涵养，要想给幼儿带来一杯水的收获，那么教师首先得有一桶水的储备，这是过去对乡村幼儿教师教书育人知识存储的基本要求。随着乡村幼儿教师职业观念的发展，乡村幼儿教师改变传统的教育观念，有了专业发展的意识，开始关注自身的发展，自己有意愿地主动学习，才能知道自己当前最需要的是什么、如何去贯彻以及今后发展的主要方向等。乡村幼儿教师正处在知识信息新时代，所学的知识不足以满足实际工作中的需要。因此，乡村幼儿教师必须把终身学习的理念落到实处，并作为专业成长的指引，以提升自身的整体水平为发展目标，加强专业自觉成长的意识。此外，乡村幼儿教师要做一个积极的学习者，不断进取，加强知识理论学习，更新自己的知识体系，增强专业发展意识，提高工作适应能力，推动个人朝着更稳定、更美好的阶段发展。

（三）增强乡村幼儿教师专业发展的主动性

山东省乡村幼儿教师要重视研究能力，这里的研究能力不是指通常意义上的纯学术研究，而是一种行动研究。行动研究与乡村幼儿园空间内容密切相关且围绕其展开，因为其本身就是乡村幼儿园空间内部的不断行动。从行动中找出难题，深入研究难题，进而解决难题，逐渐提高教育教学水平，改善工作中遇到的消极情况，使其推动乡村幼儿教师教学专业水平的提升。因此，行动研究是指幼儿学习者在学习过程的各个阶段都要能够抓住问题的关键点，围绕关键点对课堂教学或学习资源进行有针对性的研究，努力寻找与课程自身思想相近的知识，学习提升高标准教学的水平和速度。

（四）呈现乡村幼儿教师教学风格

山东省乡村幼儿教师的教育水平要想走向成熟，就要主动呈现教学风格，逐步传播符合其个性特点的教育魅力。严格意义上的教学风格通常形成于稳定期，从初任期开始。稳定期是乡村幼儿教师在长期教学过程中形成并发展起来的，属于独立的发展阶段，处于从参考教学向创新教学过渡的时期，在这期间形成的教学形态，是乡村幼儿教师素养全面发展的体现，也是教学风格初创和展露的开始，正处于一般到卓越的教学风格的转变阶段，仍然需要乡村幼儿教师经过坚持不懈的奋斗来实现自我跨越，实现飞跃发展。独立的发展阶段是乡村幼儿教师实现创新教学的必经之路，要将这条路打造成一条坚实可靠的路。经验表明，有追求的乡村幼儿教师往往不会仅止步于日常性教学，而且会有一种更高质量的教学追求。因为乡村幼儿教师唯有摆脱了他人教学模式的束缚，实现了模块式教学的跨越，才能真正地踏入独立的发展时期。

（五）拓展乡村幼儿教师专业发展知识深度

山东省乡村幼儿园贯彻的教育方针始终是对学前儿童进行“德、智、体、美、劳”等方面全面和谐发展的教育，使其身心可以健康发展。乡村幼儿教师作为学前儿童教育的重要参与者，想要推动幼儿全面和谐健康发展，就要求其自身有健全的知识结构体系。学前儿童往往好奇心较强，会对事物产生这样或那样的疑问，这就要求乡村幼儿教师具备深厚的文化底蕴和足够的教学经验，这样才能在幼儿有困惑时帮助他们解决，起到启发心智的作用。

（六）树立乡村幼儿教师发展终身学习理念

山东省乡村幼儿教师要树立终身学习的发展理念，当今社会早已成为学习型社会，形成终身学习的观念不只是对广大乡村幼儿教师的要求，也是每行每业人员应当形成的观念，因为只有与新时代共进，才能促使专业长久的成长。所谓终身学习，是指主动投入学习、不停止就学、始终汲取新知识，并且有着长久学习深造信念。而反观现在社会发展的趋势，现代社会无时无刻不在发生着变化，这种不断变化的过程也意味着在校学习的结束并不代表个体学习的终止，而是一个崭新的开始。对于幼儿教师来说，教育培养对象各式各样，教学工作复杂多变、不断更新，这就更需要不断学习，开阔视野并践行终身接受教育、继续深造的理念。因此，坚定职业信念，树立终身学习理念，督促自我不断学习进步，进而促进山东省乡村幼儿教师专业能力的持续提升，可以从以下三个方面做起：

首先，制订学习计划，督促自我学习。自觉自主地计划自己在专业成长过程中的每一步，合理的职业计划是成功路上的索引。如果乡村幼儿教师对职业规划能够产生充分的认知，就可以获得充足的体验，感受到由职业带来的幸福感。乡村幼儿教师可以在开学之初为自己制订一个学习计划，既可以是短期计划，也可以是长期计划。计划中要设置定期的学习进度和目标，可以设置比较大的目标，把这个大目标分成一个个小目标，从学习小目标开始。也可以把学习目标分散在每天，工作结束后进行自我反思，反思自己今天的学习计划是否完成，完成得如何，从而发现自己在学习计划进行过程中出现的问题并及时解决，以更好地督促自己对学习计划的完善和坚持。其次，主动向他人请教。在碰到困惑或是想不明白的地方时，要主动向周围经验丰富的教师请教，平时常在乡村幼儿教师之间分享交流自己的经验和观点，这也是推进自我职业能力成长的必要途径。最后，借助网络平台进行学习。现在是信息技术时代，网络平台资源十分丰富，获取资料迅速便捷，资源内容种类多种多样且开放，乡村幼儿教师可以学到许多自己无法在生活中学到的知识。主动在网络平台上学习，这对平时工作忙碌的乡村幼儿教师来说是极其适用的，特别是对于那些培训机会少的乡村幼儿教师，不仅可以让乡村幼儿教师随时随地学习到知识，还可以节省教师节假日等休息时间。

因此，对于乡村幼儿园环境不能满足自身需要且工作满意度和学习积极性不高的幼儿教师来说，坚定职业信念和树立终身学习观念，会对其自身能力的进步有着不容小觑的影响。可以说学前教育对一个人一生的成长都起着一定的基础作用，作为乡村幼儿教师应对自己有严格的要求，不能只局限于已有的知识储备与实践经验，缺少促进自身专业发展的自主性。要跟随时代的变迁，及时充实自己的知识库，巩固已有的知识框架，建构新的知识体系，寻求自我跨越式的成长。“人生百年，立于幼学”，乡村幼儿教师作为幼儿人生路上的指路人之一，不仅要与时代共进，学习许多专业方面的知识，还要学会必要的实践操作技能，而且要注重审视自我，增强解决问题的能力。与此同时，在遇到教育突发情况时，需要冷静面对机动处理，进行富有创造性的工作。

（七）促进乡村幼儿教师专业发展教与学融合

山东省乡村幼儿教师专业发展要教与学相结合，生活在这个新时代，每个人都需要紧跟时代的脚步，努力汲取知识，而教育者被称为人类文明的播种者与指引者，乡村幼儿教师更应如此。除了认真扎实学习外，乡村幼儿教师还要养成教与学相结合的习惯。乡村幼儿教师要学会把工作与学习融合到一起，即在一日的幼儿工作中去学习。乡村幼儿园工作较其他教学阶段来说是比较琐碎、耗时的，在乡村幼儿教师完成教学保育工作之后，自我闲暇的时间极少，倘若乡村幼儿教师对学习的兴趣极低，再加上没有一个合理的学习计划及实施方案，那么，能力的提升就无从谈起了。乡村幼儿教师要养成自觉学习的习惯，在遵照乡村幼儿园日常规范的同时，还要严格地要求自己，在教中学，在学中教，这样才能在工作中取得成效。

二、实践智慧——促进乡村幼儿教师专业发展的外在核心

实践智慧是乡村幼儿教师有效进行教学工作、完成教育目标的必然要求。对于乡村幼儿教师来说，实践智慧体现在教育情境中“乡村幼儿教师应当如何做”的行为方法与“乡村幼儿教师做什么”的行为内容的统一上。乡村幼儿教师的专业发展需要在情境化、高度复杂且未知的环境中逐渐实现，但乡村幼儿园内部教育质量保障机制不健全[①]，因此，仅具有完善的专业知识体系是不够的，还要具备专业发展的实践智慧。

（一）激发乡村幼儿教师发展实践智慧

首先，对乡村幼儿教育事业充满热情。山东省乡村幼儿教师要对乡村幼儿教师事业充满热情，我们必须清醒地认识到，作为一名乡村幼儿教师，一旦具备了一定的实践智慧，就应该能避免无目的及固执地崇奉和尊崇一些教育理论，做出正确的选择，就应该能避免实践性的教学被转变为简单机械化的操作，失去其原有的色彩。对于乡村幼儿教师而言，只有真正地投身到实践中，才能把实践中的认知理论、应用理论、方法理论、发展理论，最终转化为自身的智慧成果，成为一种可以直接推动乡村幼儿教师有效的教育教学行为形成的教育实践智慧。实践智慧的生成和提升与乡村幼儿教师对学前儿童教育事业的满腔热爱有着密不可分的关系。

其次，山东省乡村幼儿教师要热爱自己所从事的学前教育事业，对乡村幼儿教育事业满怀热忱和激情。在教课过程中对学前儿童满怀爱心，是乡村幼儿教师首先要履行的工作道德信条。乡村幼儿教师对其所从事的教育工作，不仅要在理论上具有深刻的见解，而且在心理和情感上也要对其有满腔热情和浓厚兴趣，不违背乡村幼儿教师的基本原则，不贪图名利，不差别对待，任劳任怨在乡村幼儿教育的肥沃土壤中撒播种子，辛勤耕耘，无私奉献，这是乡村幼儿教师参与到学前教育事业中应具备的前提条件。乡村幼儿教师作为乡村幼儿现阶段的教育人，每天会接收到幼儿提出的各种问题，这些问题可能是天马行空、不受拘束的，但是幼儿往往有“打破砂锅问到底”的意志，因此，拥有广博的学识才能及时为乡村幼儿解决疑难问题。但知识绝非是静止不变的，乡村幼儿教师每天也在丰富充实着自己，实现自己的下一个飞跃，特别是在现在这个被称为“新学习时代”

---

① 王声平．普惠性民办幼儿园教育质量保障机制构建的困境与未来趋向［J］．教育评论，2017（2）：24－29.

及“互联网时代”的今天，让自己所储备的知识不断新陈代谢，追随时代发展的趋势，不断建构新的教育观念与改革创新教学方式和内容变得尤为重要。只有当一名乡村幼儿教师拥有了对幼儿教育事业的热情，才能够全心全意地投入其中，愿意跟随时代的步伐，不断巩固充盈自己的知识，积极进行各方面的学习实践，充实自我。否则，乡村幼儿教师就会消极对待自己的工作，不去更新充实，已有的那些比较落后的知识终究会变得没有生机活力。总之，乡村幼儿教师只有对自己的职业怀有爱和憧憬，对工作充满热情，才能有助于自己事业的成长。

最后，具备专业发展意识和职业规划。山东省乡村幼儿教师要具备专业发展意识和职业规划，拥有积极的发展意识和完备的职业规划，有利于山东省乡村幼儿教师更加深刻、全面地认识自己专业未来发展的方向，找到自己的目标，更加清晰地了解自己在成长过程中的优势与不足，专业计划做得越好越能体现出幼儿教师专业发展意识的加强，也越有助于其自主学习主动性的加强。乡村幼儿教师只有时刻提醒自己不断提高专业素养，才能在不断前进的社会上站稳脚跟。新乡村幼儿教师要根据自己的学习情况规划教师专业发展的内容，最终进入最佳的学习境界；长期从事教学工作的乡村幼儿教师应明确自己的学习需求，逐步拥有自己的教学技能、特色素质；乡村幼儿教师在保持自身优势的同时，也要确保个人的专业发展符合乡村幼儿园的发展目标。

（二）丰富乡村幼儿教师专业发展实践知识

首先，要丰富实践知识，在自我学习中增进对学前儿童发展知识和教育基本原理的探索。实践智慧的形成离不开乡村幼儿教师主动地寻找各种途径与方式来学习进而获得知识，当前的智慧之源主要来自乡村幼儿教师愿意主动学习的认真态度，以及不断追求自我进取、自我发展的需求。随着新的教育思想及教育理念的出现，乡村幼儿教师的教育观也在无形中发生着变化，外部的专业知识为乡村幼儿教师提供“能学”的条件。只要乡村幼儿教师的自主发展意识被激活，内心充满着“想学”的动力，乡村幼儿教师就能自觉地实现幼儿发展知识和幼儿教育基本原理的自我学习。

其次，在团队研究探讨学习中建构教育实践知识。山东省乡村幼儿教师在教研活动中，缺乏现代教育理念的支撑①，需要对典型的教育案例进行仔细研读、分析、判断和反思，把个人在教研过程中所遇到的教育难题与其他教师进行沟通交流，把其转变为共有的问题，并依靠团队力量为个人教育困惑提供解决路径，为个人实践智慧的提升提供一个有利的平台，也为乡村幼儿教师专业发展的可持

① 黄晶．促进农村民办幼儿教师专业发展的园本支持体系研究——以云南省农村民办幼儿园为例［D］．云南师范大学硕士学位论文，2014.

续学习增添力量，这样乡村幼儿教师就能够构建起属于自己的个体实践知识框架。

最后，充分利用闲暇时间学习技能知识。闲暇时间是丰富实践性知识理论的重要源泉。乡村幼儿教师需要重视闲暇时间，巧用周围环境的闲暇资源，如公共开放的图书馆、读书角及活动室等，阅读一些与自己专业发展有关的书籍。同时，乡村幼儿教师也可以去其他幼儿园进行观摩学习，与其他园内的优秀乡村幼儿教师多沟通，从而丰富自己实践方面的知识。闲暇时间对于乡村幼儿教师来说，是相对匮乏的。乡村幼儿教师需要充分把握利用自己的闲暇时间，做到每分每秒都为其所用，并积极主动寻找增强技巧的方法，提升闲暇时间的质量，开阔自己的视野。

（三）提升乡村幼儿教师专业发展实践能力

首先，转变在乡村幼儿园活动中的角色，提高活动组织能力与指导能力。乡村幼儿教师所持有的教育理念和所具有的教学能力对其教学行为和方式水平，对乡村幼儿的教育目标、内容和实施方式都会有一定的影响。乡村幼儿教师对幼儿所进行的教育活动的效果和自身专业发展的方向及实施智慧的水平也随着其教育观念和所具有的教育能力的不同而受到不同影响。乡村幼儿教师在学习、游戏及生活方面对幼儿的引导要符合乡村幼儿自身成长的需求，符合乡村幼儿教师自身发展的意愿。观察与倾听是乡村幼儿教师指导幼儿活动的基础，这有助于让乡村幼儿教师从只关注自己的“教”转变为关注幼儿的“学”。就是因为乡村幼儿教师适时地在幼儿玩耍的活动中仔细留意并认真聆听幼儿的想法，才学会了适时、恰当地帮助孩子，从而实现自身活动组织能力与指导能力的提高。

其次，逐步提高因材施教能力。为了使乡村幼儿在游戏活动和学习中能够获得更好、更恰当的支持和引导，乡村幼儿教师一定要全面了解学生，知道幼儿的真实想法和对什么事物感兴趣，在启发和指导下激发幼儿对事物的热情和动力。乡村幼儿教师也要能灵活、机智地处理教育活动中出现的一些偶发性问题，增强其在具体教育活动情境中的认知感受、应变能力、创造能力和辨析能力。

再次，撰写教学随笔。同理，要想成为一位优秀的乡村幼儿教师，拥有自己的教学思想是必不可少的，而撰写教学随笔是发掘知识宝藏、升华教学思想的最佳途径。随笔的特点主要是字数不需太多，篇幅不需太长，结构层次简单明了，内容条理清晰，触及的知识面窄，用于撰写的资料易搜索、整理和运用。教学随笔撰写的时间没有限定性和局限性，只要有了某种感受便可进行记录撰写；没有特定的书写模板和格式要求；记录下来的通常是一些在活动及与其他乡村幼儿教师的交谈中实时迸发出的灵感和转瞬即逝的想法，要马上记录下来。正是由于教学随笔是乡村幼儿教师自觉投身于实践、在实践中积极组织与记叙的一种教育研究方法，才有益于乡村幼儿教师实践知识的发掘，进而备受广大乡村幼儿教师的喜爱。对身处一线的乡村幼儿教师来说，不见得每节课都有深刻的感受与体会，但是每节课所准备及开设的教学活动内容是有差别的。基于情况的复杂多变，但凡在工作上是一个有心人，有一双能发现“美”的眼睛，素材就会取之不尽、用之不竭。

那么，教学随笔的内容有哪些？要显现撰写教学活动中的特色之处，如一项幼儿活动中优秀的活动设计、使用的新的活动形式、因为突发事情而获得灵感的瞬间，以及对乡村幼儿合理赞赏的评价；同时，思考探讨不完美的地方，在平时的课堂学习活动中，总是会有这样或那样的小问题，如选取的教育题材内容不够用，游戏活动的操作过于烦琐，讲课的语言不够优美生动等，这就需要乡村幼儿教师在课后及时处理、记录并深刻反思这些小问题；撰写听课记录，“取长补短，相得益彰”，乡村幼儿教师可以互相听课并学习其他教师课堂中的闪光点，及时书写听课记录是必要且有意义的，但更加重要的一点是撰写听课的心得体会，从比较全面的角度分析本次教学活动的出色之处和需补充之处，运用比较式的方法汲取他人优秀之处，进而取得自身的进步。乡村幼儿教师复杂多变的工作和较大的压力使其没有剩余时间对个人知识进行专门、系统的整理。大多数优秀乡村幼儿教师的出色发展都与其教学随笔和实践有着密切关联。同样身为乡村幼儿教师，同样的一天 24 小时，同样的工作强度和任务，但是有的乡村幼儿教师就可以在所剩无几的时间挤出撰写教育随笔或心得的时间，哪怕只有寥寥几行字也要用心地记在本子上，就这样每日记录，就算是一篇简短的教学随笔或心得也会积聚成几千字或是几万字的宝藏，无形中更是推动了乡村幼儿教师的专业发展。

最后，以幼儿为主，学会“放手”和“引导”。在幼儿园的一些自由活动中，一方面，学前儿童要是有自主选择的权利来参与并且组织符合其自身兴趣爱好的活动，其会进行更深入的探索。另一方面，在这种环境下学习或操作活动，乡村幼儿教师的角色并不是被动的。要善于运用自己的眼睛，勤于观察，利用所记录的信息规划下一个有意义、有成效的支持学前儿童学习和游戏的活动发展方案，积极引导他们参与其中，并对活动中他们提出的疑惑及时做出回应，满足他们的求知欲望。儿童在游戏中学习，他们会认识世界、认识自我。学前儿童要有一定的条件和机会追寻自己的兴趣爱好，主动发起游戏活动，逐步建构起自己对整个世界的认识体系，提高自己的认知和理解能力。此外，在这些由学前儿童自主发起的活动中，乡村幼儿教师也在努力寻找恰当的教育时间和机会引导乡村幼儿投入其发起并主导的活动中。教育的整个过程起始于一个人诞生，延续到一个人的结束，贯穿人发展的始终，对人有着深远持久且不可忽视的影响和作用。接受教育是一个人在终生发展中不可缺少的一个环节，接受教育并不是指单纯从乡村幼儿教师那里获得一些知识经验，而是乡村幼儿自己从环境中自觉地汲取知识，不是被乡村幼儿教师硬生生地输入。乡村幼儿教师的任务不单是教授，还要为乡村幼儿设置可供其发展的特殊活动环境，准备和组织相关系列的文化娱乐活动。乡村幼儿教师的实践智慧不仅需要幼儿教师懂得做什么，同时也要理解怎么做，怎么做才会让儿童和自身都取得进步和发展。在某些活动中学会“放手”，不仅可以给乡村幼儿教师留足时间进行留意观察，提高自己的观察力和感知力，同时也能使乡村幼儿更加有想法，更加大胆和勇敢。因此，运用一定的实践智慧在促进自身的茁壮成长上起着重要作用。

（四）融通乡村幼儿教师的教育理论与实践

山东省乡村幼儿教师要融通乡村幼儿教师教育理论和实践知识，与其他教育阶段的教师相比，乡村幼儿教师更需要进一步地提升自己的智慧和能力。因为在乡村幼儿园的教学中，随时会出现各种事件，具有不确定性和多变性，所学的教育理论不可能将所有的情况都涵盖。要想将学前儿童的各种教育理论和实践应用到教学中去，就需要将两者与乡村幼儿园的实际情景结合起来，之后进行深入的观察分析和整合。乡村幼儿教师的实践智慧就是教学理论知识的掌握与教育实践的行为之间达到相互默契的贯通。

（五）增强乡村幼儿教师专业发展之间的合作

山东省乡村幼儿教师之间要增强合作，打造乡村幼儿教师专业发展实践共同体。乡村幼儿教师专业发展不是把教师当作独立的个体，独自进行发展，推动其成长也不能只依靠单个的乡村幼儿教师，而是需要乡村幼儿教师群体共同的努力和奋斗，应该主动寻求幼儿教育工作者间的合作，追求共赢进步。乡村幼儿教师作为参与乡村幼儿教育的主导力量，要同其他班级或年级的乡村幼儿教师交流探讨，成立具有稳定团结性的实践共同体。要突破层级关系的传统观念，在这个共同体中每位乡村幼儿教师的身份地位都是平等的，每个人都拥有自由表达的权利，可以向其他人分享自己在教学中是如何做、如何实践的，在这里，每位乡村幼儿教师的正确观点都应给予肯定和赞美。实践学习共同体可根据每位乡村幼儿教师的发展需求进行组合，如“区域活动设计实践学习共同体”“科学实践活动学习共同体”“体育活动实践学习共同体”等；也可以以幼儿园中的一些难以处理的事件为根本，建立相应的实践共同体，如“家园合作实践学习共同体”等。在这个大家庭中，大家可以互相督促、改正错误、互相鼓励、达致双赢。这样既能提升每位乡村幼儿教师的素养，也能增强幼儿教育工作者间的凝聚力，进而将整个幼儿教师队伍的发展水准拉高。

三、自我反思——完善乡村幼儿教师专业发展的重要途径

山东省乡村幼儿教师在以自主自觉意识为前提的情况下，还必须具有自我反思的意识和能力，确立价值自信①。了解自己在发展中存在的弱点，并寻求方法解决。只有当乡村幼儿教师认识到了自身的不足，才能有进一步发展的空间。对自身行为的反思是乡村幼儿教师成长和前进的起点，是自觉意识醒悟的源泉。判断幼儿教师自主自觉意识是否形成的标志为是否能够熟练自如地运用相关知识理论来解读、查验和反思自己的教育活动，其最高境界是超越前人，乡村幼儿教师自主自觉意识的觉醒有利于自己理论结构的形成。可以看出，乡村幼儿教师所缺少的并不是自觉意识，而是创新反思意识，只有当乡村幼儿教师自身拥有了反思的能力，才能对自己的实力及职业有足够的自发认识，促使专业化有所成长。无论是在学前教育任职的乡村幼儿教师还是从事其他教育教学阶段的乡村教师都应该认识到，乡村教师这个职业其实具有很强的实践性和创造性，从事这项职业的人要想真正地胜任这份工作，单凭文化素养、丰富的科学知识和教育理论是不够的，还要具有解决日常教学中的各种突发事件及各种实践活动中出现的问题的能力，并且能够透过出现的问题去找原因，然后进行反思和改进，提高自身的反思能力。

（一）乡村幼儿教师应该具有良好反思意识

山东省乡村幼儿教师要具有良好的反思意识，乡村幼儿教师如果想要提高自己在专业上的才能，那么，拥有良好的反思意识是一条捷径。乡村幼儿教师如果想要达成自身价值，在专业成长上取得一定的进步，那么，就要把反思意识融入整个教学体系中。乡村幼儿教师在工作过程中遇到难题是不可避免的，应该正确面对。

首先，拥有进行自我反思的意识和习惯，对问题本身进行分析和思考，并找到适当的方式方法解决这些问题。乡村幼儿教师应站在公正客观的立场上，回顾反思自己在课堂中的表现，认真分析其在课堂活动中存在的优势与不足，改掉缺点和不足之处。从横向分析来看，乡村幼儿教师不仅要反思考虑教课内容是否符合乡村幼儿发展的规律，是否符合乡村幼儿身心发展的教育理念，而且还要反思在这种理念引导下的教学课程是否能让知识更加清晰明了，更便于乡村幼儿理解；从纵向分析来看，乡村幼儿教师有必要在课前课后对自己进行一个全方位的反思总结。无论是自身的知识结构和认知结构，还是心绪心情、个人品质及言语

① 秦玉友．乡村振兴视域下农村教育现代化自信危机与重建［J］．教育研究，2021，42（6）：138－148.

行为，总体上都能对乡村幼儿带来或多或少的正向影响。因此，全方位了解自身的长短处，尽量做到扬长避短，填补存在的不足，而且逐步填补自身不足就是专业化自觉意识形成与发展的表现。其次，乡村幼儿教师应对幼儿进行反思。乡村幼儿教师进行的教学与幼儿进行的学习之间不是单纯的“人”与“物”之间的教授模式，而是“人”与“人”之间复杂的人性化的沟通模式，教育是活生生的“人”的教育。乡村幼儿教师应把幼儿当作灵动、自由的独立体，对乡村幼儿整体情况了解得越透彻，越有助于自身全面的提升。正如韩愈提出的“闻道有先后，术业有专攻”，随着幼儿见识和知识的增长，乡村幼儿教师会受到激励，进而引起对专业发展的反思意识，推动乡村幼儿教师追随专业发展的步伐，使乡村幼儿教师被“探索—思考—改善—再反思—提升”的链条形式所浸染，使乡村幼儿教师专业化自觉意识的本领与能力不断提升，进而取得一定的进步。总的来说，不管是从自己的课堂效果及幼儿反馈给自己的信息，还是从自身自觉进行由内而外的反思总结，都是培养、加强和提高自觉反思意识的有益点。最后，要善于与他人交流。乡村幼儿教师的日常课堂教育教学活动虽有一定的独特性，但基于乡村幼儿身心发展的规律及乡村幼儿教育活动的奇特性，乡村幼儿教师的课堂活动及教育活动必须在集体的帮助鼓励下才能顺利地贯彻和实施。同时，乡村幼儿教师在与同事的沟通合作、交流及相互评价的过程中，更容易认识到自己的不足与短处，进而根据自身实际适当采纳同事意见进行改善，迈向更好的发展。另外，乡村幼儿教师在与他人沟通分享经验时，要及时做总结，将当下的教学成效与之前的经验做对比，将其中优秀的经验成果结合起来，获得优良的反思结果。

加强乡村幼儿教师对于专业的反思与自觉能够进一步提升教师的专业素养。专业反思能力的高低是目标是否兑现落实的根源，专业反思是自我反思、实现自我。个体的文化自觉首先表现在个体的专业反思上，个体对自我的内在审视，成为自觉达成的需要。详细来说，就是对语言、意识及行为等意义的内省与解决。乡村幼儿教师的语言、思维及行为都是显性的文化形式，通过这些形式探寻文化内容的意蕴，才是个体真正的自觉。通过对经验的反思和对事件、发展状态及结论的分析，从而找到看待教育问题的新思路及新思想，进而温故知新。

（二）提升对乡村幼儿教师发展反思能力的重视程度

山东省相关政府部门增强对乡村幼儿教师反思能力的重视程度，乡村幼儿教师往往具备一定的反思能力，但反思能力的强弱问题却容易被其忽略。有些乡村幼儿教师对反省反思能力的需求不高，认为其不能给自身发展带来多少作用，不重视其重要性。反省反思能力较低是阻碍乡村幼儿教师在反思方面进一步发展的内在影响因素，这会影响乡村幼儿教师反省反思能力的增强和应用以及自己专业方面的长进。可见，在提高乡村幼儿教师反思水平的进程上，需要做到的是加强乡村幼儿教师对反思能力的重视度，只有当乡村幼儿教师自己意识到自身反思能力的缺失，并具有足够热切的意愿想要加强时，才能完完全全地投入反思能力方式方法有效运用的学习中和能力本身的提高上。此外，在与部分乡村幼儿教师交谈时，发现有些乡村幼儿教师并没有将对幼儿、对自身及对园内的一些最初、最真实的观点表达出来，保留了部分意见。即使乡村幼儿教师表达出来的想法是不可行、不值得提倡的，但乡村幼儿教师可以通过表达自己的想法进行相应的反思，反思幼儿、自身及园内的问题，促使自己勇于表达、敢于交流，激发反省和思考的意识，进而提高反省和思考的能力。由此可以看出，乡村幼儿教师只有真正脚踏实地地进行自我反省和思考，才能有益于专业和职业的持久发展，自我反思能力对于促进乡村幼儿教师的发展有着很大的影响。

（三）培养乡村幼儿教师专业发展反思能力

山东省相关政府部门培养乡村幼儿教师的反思能力，如果只具备反思意识而不具备反思能力，就很难将反思工作变成实际行动，并对乡村幼儿教师产生积极的影响，也就是说，只停留在意识层面的反思活动是没有任何实际效果的。教师职业的成长与发展，离不开教学经验的积累与教学活动中不断的自我反思，只有两者结合，才能产生完美的结果，促进教师专业的成长，由此可以看出，教师自我反思对自我专业能力提升的重要性。乡村幼儿教师需要通过多种途径和方法开启自我反思模式，自我梳理并重新构建自己对各种教育理念和实践经验的想法。反思活动是乡村幼儿教师在工作情境中考虑自己的观点和行动所出现的问题时激发思考和实践的一个过程，是一种能为乡村幼儿教师指明方向的行为。在工作中，不少幼儿教师勤勤恳恳，但工作后获得的成果却不多，付出与收获不能对等，其原因是仅靠自己在幼儿园内习得的知识理论和经验支撑自己主持的各项活动，不与时俱进，不更新完善乡村幼儿教师自己的知识系统，教学方式不及时改善且不擅长反思总结，就这样在自我认知封闭的环境中循环往复。实际上，乡村幼儿教师在每天的工作教学中都会经历不同的教育活动，也会有很多工作上的感悟和自我经验的丰富。若是有意识地进行自我发展的人，都会抓住这种机会，将问题深入剖析，进行进一步的研究，从“知识理论型”转向“经验技能型”，不断在“学习—实践—反思—改进—再实践—提升”的过程中实现阶梯型上升，这必将会形成一种良性、有益、稳定的循环。这样一来，就可以将一些复杂的理论性知识转化成通俗易通的教育行为，更有利于自身的吸收，从而更进一步地进行专业化发展。

山东省乡村幼儿教师的反思意识与反思能力应完全融入幼儿园日常的活动中。首先，在进行任何教育教学活动之前，要思考怎样进行活动的设计和课程的开发及利用。乡村幼儿教师应该思考活动内容如何选择，如何才能有效开展，是否符合本班幼儿的身心发展规律，是否具有足够的生活性和趣味性，教师能否借助活动进一步拓展知识，活动内容是否便于幼儿理解和接受等。其次，在各项活动开展的过程中，乡村幼儿教师应多观察、多留意，认真思考幼儿的表现和行为，通过幼儿的表现及行为反思自己的活动方案是否存在不足之处，如自己的活动方案是否符合幼儿的身心发展规律和教育教学规律，是否能够引起幼儿的关注，是否能够激发幼儿的兴趣，充分调动幼儿的积极性。最后，在活动结束后，乡村幼儿教师应整体评价整个活动，将自己的所想所感记录下来，进行更加深入的思考。乡村幼儿教师进行反思的方式有很多种，例如，通过教育教学随笔、反思日记、观看自己的教学录像等来进行反思记录；也可以通过观察其他乡村幼儿教师的教学活动来进行自我反思，弥补自身不足之处。除了学会自我反思外，乡村幼儿园管理者也应该组织一些反思活动，从一定程度上引导乡村幼儿教师进行反思。由于乡村幼儿教师自身经验不足及理论知识的欠缺，并且乡村幼儿园对于乡村幼儿教师的反思结果不太重视，没有进行整体的指导与谈话，导致其自我反思意识薄弱。为了培养山东省乡村幼儿教师的教学反思能力，乡村幼儿园可组织乡村幼儿教师通过撰写自我评价、教育心得和案例分析等途径，让其重新思考和改善已有的经验，为日后打下坚实的基础，推动山东省乡村幼儿教师专业化体制的变革与完善。

（四）提升乡村幼儿教师专业发展教学反思

山东省相关政府部门将乡村幼儿教师教学反思转变为详细化和常规化的内容，要改变乡村幼儿教师在反思时随性的态度和零碎散漫的状态，这就需要其养成优良的反思习惯，确保反思过程的详细化与常规化。作为乡村幼儿教师，要有一定的属于自己的反思时间，要善于行动并回顾自己的反思笔记，努力把自我反思转化为日常工作生活中不可缺少的一部分，使反思更加具象化。所有的反思活动不仅是为了乡村幼儿教师进行自我检验，也是为了促使乡村幼儿教师能在其中收获满满的反思性知识。

（五）确保乡村幼儿教师反思的真实性及实践性

山东省相关政府部门要确保乡村幼儿教师反思的真实性和实践性，林崇德提出了有关反思的公式，即教学过程＋反思＝优秀教师，反思活动就是把乡村幼儿教师自身在园内工作的所有行动和互动作为考量对象，进而审视、分析、思考和决策产生的结果。反思意识对于乡村幼儿教师来说是必须要具备的，也是乡村幼儿教师必须要培养的能力，拥有这种反思意识能够提高乡村幼儿教师的自我审视水平，对于其专业的发展有很大帮助。山东省乡村幼儿教师评价的过程往往也是其进行自我反思和提升的过程，山东省乡村幼儿教师大多写反思笔记及反思报告对工作中的表现进行记录及反思。在实际教学活动中，部分乡村幼儿教师能够坚持写反思日记，并且进行及时的自我总结，这部分乡村幼儿教师能够提升教育教学能力，但是通常来说，部分乡村幼儿教师写反思日记都是为了应付检查，做表面功夫，都是在自己所在乡村幼儿园的要求下才去完成的，而且很多人还是在上交最后时间期限前，像完成临时任务一样，根本不考虑是否是乡村幼儿教师自己的亲身体验及自身的反思，随机写一篇又一篇，反思日记的质量也是毋庸置疑的低。另外，部分乡村幼儿教师对写反思日记这一要求持有抵触心理，就会带着消极的情绪来写，这样一来，虽然反思日记的数量上去了，但实际内容却无多大参考价值，敷衍了事，最终导致乡村幼儿教师的反思能力和专业发展能力都没有得到实际性的提高。乡村幼儿教师进行反思积极性不高的原因主要是，目前其对写反思笔记的目的的理解还不全面，不知道为什么要写，怎样才能完成。由此可见，促进山东省乡村幼儿教师专业发展不仅要在教学活动过程中注重重要的、起一定教育作用的细节，改善和重组教育教学观念与方式，还要定期且长久地坚持写反思笔记，以及进行日常的反省、思考和主动表达交流，若乡村幼儿教师能养成良好的反思习惯，对提升其教育教学水平和反思意识都具有重大意义。

山东省乡村幼儿教师养成自我反思的习惯是其专业发展的动态部分，这个过程具有一定的阶段性和规律性。在这样一个动态过程中，山东省乡村幼儿教师需要不断思考、不断反思，正确判断自我发展的阶段，寻找科学发展的道路。教学活动中的反思是对教学活动的最终经验总结，也是新的教学活动的起点。养成优良的教学反思意识和习惯，不仅能加强自己对已有知识经验系统的了解和认知，还能在理顺知识经验的基础上改良甚至创新教学活动方法。如果停滞在原有的知识经验水平上，不进行反思升华，乡村幼儿教师的整体水平就很难得到提升，阻碍专业的进一步成长。所以，山东省乡村幼儿教师要有自觉养成反思习惯的良好意识，勤于回顾反思和做小结，善于发现并解决留存的难题并做好书面笔记，努力打造一条通过内在反省促进山东省乡村幼儿教师专业发展能力提升的通道。

第六章　乡村幼儿教师专业发展的展望

第一节　知识探索与成员合作

乡村幼儿教师作为教师队伍建设与发展中的一个群体，其专业发展具有无限可能且具有延展性和拓宽性，乡村幼儿教师是乡村幼儿发展的启蒙教师之一、是乡村幼儿幸福教育开始的启蒙者、是乡村幼儿幸福开端的伴随者和引导者、是幼儿成长的重要辅助因素①，承载着乡村基础教育任务的乡村幼儿教师激励着幼儿内心的唤醒和启迪，影响着乡村幼儿教育的起点和未来乡村幼儿前进的方向，促进乡村幼儿教育质量的提升以及幼儿发展环境的改善。

山东省乡村幼儿教师的职业素养会直接影响乡村幼儿的发展，职业素养相对高的山东省乡村幼儿教师对幼儿的正向影响往往较大，对山东省乡村幼儿发展具有重要的意义，不仅与山东省乡村幼儿个性的形成发展有着密切的关系，也与山东省乡村幼儿持续健康的发展有着重要的联系。在研究过程中，对于团队的每一个人来说，研究与撰稿的每一步都是一次全新的体验与挑战，也将会带来受益一生的体会与收获。在研究过程中，不仅懂得了团队合作的重要性，同时也激发了研究者自身各方面的潜能，提高了思考及解决问题的创新能力。除此之外，研究者对于幼儿教师专业发展也进行了深入研究，尤其是在乡村幼儿自身发展及乡村幼儿教师队伍建设等方面。相关的专业理论知识和调研操作技能知识，不仅拓宽了研究者的田野调研的视野，同时对于科研团队（特别是团队中学生科研群体）以后的学习和工作也有极大的帮助，对山东省乡村幼儿教师教育的探索及研究有着重要的推动和激励作用。当然，团队成员也迫切希望能够多参与类似的研究活

① 李云淑．农村幼儿园实习生生存状态及其影响因素研究［J］．教育评论，2017（2）：140－144.

动，使相应的知识经验更加丰富，使多方面科学研究能力有显著提升，增强相应的科研知识能力。团队在调研过程中也一致认为，在这个过程中的收获与体验是在书本上体会不到和学习不到的，需要亲身体会才能有所获益。因此，我们团队十分珍惜此次研究机会，丰富了自身的探索和研究过程。

一、进一步理解山东省乡村幼儿教师专业发展

乡村幼儿教师自身专业发展自主理念在乡村幼儿教师专业化的长久发展过程中占据了十分重要的地位，既要跟随乡村幼儿教师终身的发展阶段，又在理论和实践上持续起着积极的指导和引领作用。山东省乡村幼儿教师专业发展自主理念的形成主要包括专业发展自主理念的唤起、专业发展自主理念的路径、专业发展自主理念的内容以及专业发展自主理念的价值四个方面。山东省乡村幼儿教师从知识的学习者和技能的接受者逐渐转变为促使其自身专业成长与发展的引领者和执行者。山东省乡村幼儿教师是教师队伍建设的重要部分，是山东省乡村幼儿内心的指引者，是山东省乡村教育振兴的重要助力者，山东省乡村幼儿教师应持续更新相应的知识体系并不断走向专业化，提升其专业化水平既是新时代的要求也是山东省乡村幼儿教育发展的重要方向。而山东省乡村幼儿教师专业发展自主理念的逐步生成，是山东省乡村幼儿教师摆脱专业发展困境并艰难地进行专业化成长的重要路径或方式，而且是在一定程度上改变了山东省乡村幼儿教师专业发展单纯路径的本能性活动，不再是一个虚无的山东省乡村幼儿教师专业发展的口号，改变了山东省乡村幼儿教师的不具备任何专业发展自主理念的相对简单的职业形象，而山东省乡村幼儿教师专业发展自主理念也成为一种具有一定针对性、创新性和挑战性的理念。此外，山东省乡村幼儿园管理者应鼓励幼儿教师树立自身专业发展的自主理念，努力满足山东省乡村幼儿教师专业发展内外部需要，并且在社会化过程中实现其职业的角色化，承认其社会地位，从根本上确保山东省乡村幼儿教师自我素养及自我成长发展规划的实施，这样山东省乡村幼儿教师就会对自身职业规划及专业发展产生较清楚的理论和实践认知，同时，能推动山东省乡村幼儿教师自身自主专业发展的积极性、主动性与创新性，进而引导山东省乡村幼儿教师专业发展的实践性活动，实现山东省乡村幼儿教师专业发展的成长与进步。

二、团队合作精神是任务顺利完成的重要助力

和谐的科研团队关系形成了良好的团队互助氛围。团队里的各位成员秉承同心协力持续进步的毅力与决心就是团队合作精神的具体体现，对于山东省乡村幼儿教师专业发展科研团队来说，拥有了共同的目标和前进方向，遇到的问题将会

迎刃而解。集体主义的具体表现之一就是团队精神，山东省乡村幼儿教师专业发展的研究过程离不开团队精神的指引，这保证了山东省乡村幼儿教师专业发展科研工作的顺利开展，体现了团队精神的巨大推动作用。在山东省乡村幼儿教师专业发展研究的各个阶段，科研团队精神都发挥了重要的作用，有一点值得我们重视的是，其在团结成员及振奋士气方面都发挥了关键性的作用。总的来说，山东省乡村幼儿教师专业发展科研团队合作精神的实质就是一个集体凝聚力的所在。在研究过程中成员之间密切配合、团结互助的精神指引大家持续前进，大家感受到了研究的乐趣。山东省乡村幼儿教师专业发展科研团队成员之间良好的研究氛围更是鼓舞大家持续前进的直接动力，团队成员充分利用自己的时间收集相关文献书籍，并用心研读，渴求在其中找到所需的资料，并且成员之间对研究资料进行共享，团结互助，协助他人完成研究任务，这也使山东省乡村幼儿教师专业发展科研团队在科研进程中感到充实和快乐。虽然研究者在整个山东省乡村幼儿教师专业发展研究过程中遇到了一些难以预料的困难，但山东省乡村幼儿教师专业发展科研团队成员之间的相互鼓励、相互陪伴使不论是研究过程还是成果撰写过程都变得相当丰富有趣，山东省乡村幼儿教师专业发展科研团队成员也在规定的时间内顺利完成了相应的任务。山东省乡村幼儿教师专业发展科研团队中个人成长与团队发展的关系就像“鱼与水”，要紧密联系。总的来说，山东省乡村幼儿教师专业发展研究是一项较为庞大而又系统的工程，仅凭团队中成员的一人之力根本无法完成，要集山东省乡村幼儿教师专业发展整个团队的力量，并且成员之间的配合是非常关键的，当然配合得是否默契同样会对整个研究过程产生不同的影响。在山东省乡村幼儿教师专业发展的整个研究过程中，遇到困难时成员间互相帮助进而共同克服，并始终以一种积极的态度来处理研究过程中出现的各种不同的问题，这才使研究顺利进行。虽然山东省乡村幼儿教师专业发展的研究还可能存在一些不足之处，但在这个过程中，山东省乡村幼儿教师专业发展科研团队成员已经竭尽全力，团队中任何成员都是以极高的标准要求自己。

三、弥补了团队成员知识的不足

随着山东省乡村幼儿教师专业发展研究的逐步深入，整个科研团队也越发认识到自身的不足之处，其中所表现出的最大的问题就是各成员对于山东省乡村幼儿教师专业发展知识的匮乏。在山东省乡村幼儿教师专业发展前期的探究中，由于科研团队缺乏这方面知识与应用技能，在对山东省乡村幼儿教师专业发展资料进行收集时走了不少弯路，不论资料是否有用，都一一整理起来，进行相应的编码，这使科研团队耗费了许多时间与精力。而正是因为有了这样的经历，才使团队成员持续成长，也使得山东省乡村幼儿教师专业发展科研团队成员各方面的能力得到了显著提高。在后来的山东省乡村幼儿教师专业发展研究中，团队成员学会了如何独立收集相关资料并查阅相关书籍等，懂得了如何排除多余的无用信息，对有效资源进行充分的利用，并在此过程中将撰写的内容一步步改进完善。山东省乡村幼儿教师专业发展科研团队曾经也在书本上进行过相关理论的学习，但到实际操作时才发现很多知识点的整理是书本上根本无法预想到的，需要团队成员随机应变，这个过程也正是山东省乡村幼儿教师专业发展科研团队持续进步与发展的过程。在山东省乡村幼儿教师专业发展研究的过程中，团队形成了很多好的科研习惯：首先，团队成员开始学会主动积累一些有用的资料。因为之前做过的类似研究相对较少，对有些有用的资料也没有主动获取与收集的意识，使团队成员在研究刚开始时有些手忙脚乱，在进行研究时，科研团队也发现自身的各方面知识过于贫乏，所以就养成了将一些必要的资料进行收集和编码的习惯，将资料进行分类积累，这也使山东省乡村幼儿教师专业发展的知识内容更加丰富。其次，各成员对于山东省乡村幼儿教师专业发展的知识有了更深层次的认知。研究中接触到很多专业的研究资料与研究内容，拓宽了山东省乡村幼儿教师专业发展研究的视野，使团队成员的知识文化水平得到显著提高，从而不必局限于原来仅有的知识体系。最后，学会及时更新自己的知识库。现代研究中技术手段的应用是极为重要的，学会掌握各种技术能力能够使自己的研究水平得以显著提高。在山东省乡村幼儿教师专业发展研究的起步阶段，团队成员仍使用一些相对滞后的方法或者途径来搜索研究需要的内容，文献知识也相对陈旧，不懂得采用新技术增加自身的知识储备。在山东省乡村幼儿教师专业发展研究中，团队成员不仅持续更新自身的知识储备，而且开始学着利用一些新方法收集自己需要的材料，扩大了团队成员的学习范围，使团队成员的知识与研究技能都有所提高，为今后的研究工作奠定了良好的基础。

四、历练了团队成员的科研意志

整个山东省乡村幼儿教师专业发展研究过程需要极大的耐心，科研成果的撰写过程更加考验人的耐力，面对各种繁杂的资料，一遍又一遍进行查阅及参考，找到与山东省乡村幼儿教师专业发展研究相符的内容，并依据获取的内容，再逐步进行探究写作。但真的静下心来写作探究的时候，山东省乡村幼儿教师专业发展科研团队也逐渐发现，这其实是个有趣的过程，或许是因为写作的过程逐渐变得没有那么艰难，使科研团队多了一份写作的兴趣。尽管在山东省乡村幼儿教师专业发展研究过程结束后，有一些困惑还没有解决，但科研团队觉得，正是因为有了困惑，才迫切想要进行以后的研究，才有尽快解决这些问题的想法，督促自身持续地进行更加深入的研究，并且使学习内容持续丰富，持续提高自己。这是一次积极进取的过程，山东省乡村幼儿教师专业发展科研团队不仅加强了对各种知识的掌握，还使科研团队的各方面能力有所提升，是一个持续进步的过程。在整个山东省乡村幼儿教师专业发展研究过程中，山东省乡村幼儿教师专业发展科研团队一直保持着良好的研究氛围，深受团队中部分队员的影响，不自觉地将精力都投入到科研成果的撰写过程中。这种坚定不移的信念也为山东省乡村幼儿教师专业发展科研团队今后的研究奠定了良好的基础，让团队以更加优异的面貌去完成接下来的各种挑战。在山东省乡村幼儿教师专业发展研究的过程中，虽然有些许障碍，但整个科研团队逐步克服，并意识到了研究过程中许多要注意的困难，正是因为这些艰难，让山东省乡村幼儿教师专业发展科研团队在整个研究过程中收获颇丰，并且对研究的理解逐渐到位，也使山东省乡村幼儿教师专业发展科研团队成员养成了许多好的学习习惯。这样不仅能让科研团队在接下来的研究中更有效率，而且还能促进山东省乡村幼儿教师专业发展科研团队不断发展进步，使自己的能力持续提升。

五、乡村幼儿教师专业发展区域内容有待完善

尽管山东省乡村幼儿教师专业发展科研团队努力从比较广泛的角度选取一些可能带来影响的因素，但从分析过程及最终的结果来看，仍然有一些特殊因素影响着山东省乡村幼儿教师专业的发展。因此，山东省乡村幼儿教师专业发展研究中仍然存在一些不足的地方，还需要加强补充和改进。首先，关于山东省乡村幼儿教师专业发展的调查问卷是根据实际情况创制，但仍然不可能全面地分析山东省乡村幼儿教师专业发展存在的状况，并且在研究过程中，研究对象仅是山东省部分地区的乡村幼儿教师队伍，或许山东省乡村幼儿教师专业发展研究的结论对于相似地区的乡村幼儿教师具有可靠性和实用性，但对于不同地区的某些乡村幼儿教师来说，其专业发展状况可能会因为地域的不同存在一定的差异，需根据其地区结合自身的情况进行全面的考察分析。其次，在对山东省乡村幼儿教师专业发展一些影响变量的测量上，部分变量的测量方法有待进一步加强和完善，力求做到更加细致、全面地了解其影响因素及状况。最后，山东省乡村幼儿教师专业发展科研团队将始终秉持忠于实际、认真探索、积极进取及持续反思的信念继续成长。同时，也希望能有更多的乡村幼儿教师专业发展研究者积极参与到该领域的研究中，以便为山东省乡村幼儿教师专业成长给予更详尽的理论支持和行动指导，从根本上进一步推动山东省乡村幼儿教师专业发展相关研究的发展。随着时代的发展，山东省相关教育部门对山东省乡村幼儿教师有了更高的期望，同时对山东省乡村幼儿教师提出了更高的标准，山东省乡村幼儿教师应是幼儿学习及生活中的引航者、鼓励者，山东省乡村幼儿园管理者对于山东省乡村幼儿教师的专

业发展要格外重视，建立山东省乡村幼儿教师专业发展机制，组织教育教学实践活动，提高教研水平，进而提升山东省乡村幼儿教师的专业素养。山东省乡村幼儿教师作为乡村幼儿发展的主力军，其自身的专业发展水平具有关键性的作用。在现有山东省乡村幼儿教师专业发展相关研究的基础上，对其生存现状进行探索，深刻认识到山东省乡村幼儿教师在幼儿素质教育中的地位和作用，没有山东省乡村幼儿教师教育教学质量的提高，山东省乡村幼儿教育质量的发展水平与其他教育阶段相比就可能会滞后。虽然目前山东省部分乡村幼儿教师对于自身专业发展的积极性较弱，但山东省乡村幼儿教师或多或少认识到了自身专业发展的必要性。展望未来，相信在山东省教育主管部门、社会公益组织及乡村幼儿园等的重视下及乡村幼儿教师自身的努力奋斗中，整个山东省乡村幼儿教师的整体素质会得到一定程度的提升。希望在同一片天空下的乡村幼儿教师能够自信前行，相信凭借大家的共同奋斗，可以为乡村幼儿发展播种优良的籽粒，绽放姿态万千的祖国之花。

第二节　观点融合与内容延展

目前，乡村幼儿教师专业发展教育的预期效果正在显现，但在乡村幼儿教师自身发展的实际感受、乡村幼儿教师的基本专业技术水平、乡村幼儿教师的基本专业技术状况及乡村幼儿教师的基本待遇等诸多方面仍然存在许多差距。我国加强了对新时代的乡村幼儿教育正义及幼儿教育公平的探究，国家对学前教育专业的管理及学前教育政策的制定基本形成，但学前教育政策和专业仍存在发展困境，乡村幼儿教育专业队伍的建设相对还不成熟，因此，普惠性乡村幼儿教育也有待于进一步发展。关于新时代乡村幼儿教育正义所面临的众多发展机遇和问题，目前看来，山东省仍要面对乡村幼儿教师学历水平低、专业的自主发展创新理念不强且素质低、社会综合地位低等许多困境。山东省乡村幼儿教师自身专业发展培训方式多样化是进一步提高山东省乡村幼儿教师专业发展教育服务质量的重要手段和途径。山东省乡村幼儿教师专业发展是山东省乡村幼儿教师多元化专业培训体系中专业培训的主体，应持续提高对山东省乡村幼儿教师知识和技能等专业培训的要求，但对于山东省乡村幼儿教育的专业发展来说，目前仍存在许多特殊领域的教育。与此同时，相配套的教育机构的认证管理体系以及专业资格认证还没有完善。因此，需要尽快建立与山东省乡村幼儿教师专业发展相匹配的管理和制度体系，进一步推动山东省乡村教师专业发展，对于山东省乡村幼儿教育质量的提高有一定的促进作用。

一、乡村幼儿教师的专业素养和认同相对较低

随着山东省乡村幼儿教师专业的发展和山东省乡村幼儿家庭教育质量的提升，山东省乡村幼儿教师专业发展工作的重要性正越发被重视，山东省乡村幼儿教师承担着早期教育的重任①。在当今社会，乡村幼儿教师专业发展的专业教育水平和社会意识不高，同时，乡村幼儿教师的薪资水平整体来说较低，社会对乡村幼儿教师的认识和期望也较低。山东省乡村幼儿教师的声誉、教育水平通常取决于乡村幼儿教师专业发展的独创性与成熟度。但是，由于乡村幼儿教师专业发展水平低，乡村幼儿教师专业发展的专业教育水平不足，难以有效地教育和吸引优质幼儿教师。

二、扩展幼儿教师教育标准全面性与区域性的探索

首先，山东省乡村幼儿教师专业发展没有建立相对科学合理的幼儿教育发展制度。山东省乡村幼儿教师学习和劳动教育的内容通常是扎实、详尽和具体的，需要关注儿童的日常学习、家庭教育和生活中的行为，并关注儿童的成长。乡村幼儿园要确保乡村幼儿家庭和儿童获得全面的幼儿专业教育和健康发展，需要付出很大的努力。

其次，构建内外结合②任务绩效评估机制，可以用来衡量一些乡村幼儿教师专业发展的教育教学绩效。一些乡村幼儿教师没有足够的时间来学习专业知识，同时由于缺乏职业教育发展政策和法律法规的支持，从而使乡村幼儿教师专业发展的工作内容及任务迅速增加。总体来看，山东省乡村幼儿教师的受欢迎程度相较以前有所下降。尽管山东省乡村幼儿教师经过培训后的职业素质教育有所提升，但学历仍不高，山东省乡村幼儿教师的专业化和后期教育往往存在结构性问题和局限性，同时基础教育理论及基础教育实践知识较薄弱。

最后，山东省乡村幼儿教师教育理论的研究相对缺乏。在调整教育结构的过程中，山东省乡村幼儿园都在努力研究和解决课程中出现的一些问题。在乡村幼儿教师专业发展中，有许多教育理论和教育实际问题，需要进行深入研究。这些问题包括如何进行幼儿园教育的课程设置，幼儿园专业教师的实际需求是什么，

---

① 尤蓉蓉．建构主义视阈下农村幼儿教师专业发展调查研究——以甘肃省酒泉市肃州区农村幼儿教师为例［D］．西安外国语大学硕士学位论文，2013.

② 王声平，杨晓萍．构建学前教育质量保障体系的国际经验及其对我国的启示［J］．外国中小学教育，2017（5）：51－58.

如何对乡村幼儿园的不同级别和类型进行分类和定位，不同学历和专业类型的乡村幼儿教师专业素质评估的标准和要求是什么，应该对原有的乡村幼儿园教育课程和教学模式进行怎样的调整，针对乡村幼儿园的培训模式分类哪种定向训练才是最合适及最有影响力的。这些复杂的问题如果不能很好地解决，会阻碍山东省乡村幼儿教师进一步发展。

三、乡村幼儿教师结构比例失调及职业倦怠的出现

山东省乡村幼儿教师自身发展意愿对于教师专业发展来说至关重要，但实际上，山东省乡村幼儿教师专业发展本身仍然存在许多问题。首先，山东省乡村幼儿教师的性别比例不均衡。山东省乡村幼儿园女教师的数量高于男教师数量是一种普遍的社会现象，相关研究表明，主要有两个原因：一方面，山东省乡村幼儿园教育相关专业男生不多；另一方面，社会上对乡村幼儿教师具有偏见，学前教育专业的男生在幼儿园工作的意愿相对较低。其次，山东省乡村幼儿教师产生职业倦怠。由于沉重的心理压力持续增加，教学任务的主动性、积极性相对较低，乡村幼儿教师经常会感到疲倦。最后，山东省乡村幼儿教师的总体素质有待提升。近年来，大多数乡村幼儿教师的职业水平和学历通过各种手段和渠道得到了极大的发展和提高，但文化和知识基础不够扎实，整体素质还不够高，缺乏对自身和教育的深刻理解。在学前教育思想的发展中存在的问题和现象足以证明。许多家长都参加过乡村幼儿园的教育活动，并且愿意参加乡村幼儿园学前教育课程的教学研究，但实际上无法从中获得新思考。很多幼儿的父母只会主动跟随教师和其他家长，而不是主动组织其他家长。鉴于山东省乡村幼儿教师的专业水平较低，提高山东省乡村幼儿教师专业发展的职业水平和整体素质无疑是幼儿教育发展的重要方向。因此，为了使乡村幼儿教师整体素质得到提升，需要山东省各级政府部门的共同努力。山东省乡村幼儿教育较重要的问题之一是山东省相关部门必须认真对待和发展地方乡村幼儿教育，并将确保地方乡村幼儿教育的科学性和发展质量作为山东省各级政府的责任，建立并完善专门从事山东省乡村学前教育管理的机构，将山东省乡村教育基金制度化。在专业社会服务中，山东省乡村幼儿教师专业发展的基本状况得到改善，山东省乡村幼儿教师工作的社会吸引力增大。当然，在山东省从事乡村幼儿教师职业教育的各种多学科机构和培训机构要大力支持和加强指导乡村幼儿教育，从而为山东省的乡村幼儿教师专业发展提供专业教育和培训，同时服务质量和社会福利水平也体现了山东省各地区政府对乡村幼儿教师专业发展的重视。

四、增强乡村幼儿教师社会认可度及职业认同感

在山东省乡村幼儿教师专业发展状况中，山东省乡村幼儿教师的地位并不高。山东省政府相关部门的支持力度不足以提高山东省乡村幼儿教师的专业发展水平，还需要社会公益组织等各类机构的大力支持和帮助。山东省乡村幼儿教师的“职业幸福感和社会地位的可获得性”在很大程度上取决于山东省乡村幼儿教师工作的发展和进步水平，而且政府的政策和专业支持系统对于确保其自身职业发展是非常重要的。

五、缺乏乡村幼儿教师专业教育理论和技能

在山东省调整幼儿教育结构的过程中，乡村幼儿园大多致力于处理自己的职业教育问题，还有许多理论和教育上的实际问题需要探究。例如，山东省乡村幼儿园教育的质量提升和学前专业教育的路径拓宽等，山东省乡村幼儿教师专业发展具有什么样的专业化水准？为了及时进行乡村幼儿教师专业发展的定向培训，山东省乡村区域性幼儿课程的设置和培训方式需要结合实际需求进行适当的调整。以山东省乡村幼儿为中心的自身教师专业发展园本模式的定向培训工作，需要协调好山东省乡村幼儿教师自身专业发展的职业教育内容与学前教育理论之间的关系。

第三节 理念思考与对策应用

一、乡村幼儿园教学科研管理体系建立与完善

首先，建立基于能力的山东省乡村幼儿教师自身专业发展教育教学和研究机制。其一，山东省乡村幼儿园及相关教育部门必须逐步增加幼儿园相关学科的教师人员数量，制订乡村幼儿园总体计划，合理利用和分配山东省乡村幼儿园的人力资源。山东省乡村幼儿园及相关教育部门应组成一个领导乡村幼儿教师专业发展的小组，并逐步建设有效的人力资源管理体系，由山东省乡村幼儿教师和教职员工的主要骨干组成，由园长整体负责，以园长和乡村幼儿教师专业发展小组的成员为领导者和中心去实施，通过合理有效地分配和管理园区课程，幼儿园员工和助手等专业劳动力组织通过设定明确的乡村幼儿园教育专业发展目标和乡村园区课程研发教育目标，推动山东省乡村幼儿教师自身的专业发展，从而提升山东

省乡村幼儿教师自身的专业素养和职业技能。其二，建立和完善山东省乡村幼儿园的教学研究与管理机制，有效实施山东省乡村幼儿园园本课程设置和山东省乡村幼儿教师专业发展的教学职业规划。山东省乡村幼儿园及相关教育部门应积极组织幼儿教师参加以乡村幼儿园课程培训和技能培训为主的培训活动，如主题培训、参与性培训和案例研究分析培训等，提高山东省乡村幼儿教师自身专业发展的知识与职业素养，实现山东省乡村幼儿教师的专业发展。此外，山东省乡村幼儿教师可通过积极有效地开展各种乡村幼儿教育竞赛和乡村教育技能竞赛等活动来推动其专业发展。

其次，山东省乡村幼儿教师自身的专业发展要进行反思性教育教学总结。山东省乡村幼儿教师教育活动的起始点就是反思性教学，这也是教师教学活动专业化的重要影响因素。教师教育专业化发展的自我追求就体现在教师对于更高的知识水平的渴求上。山东省乡村幼儿教师要充分理解反思教学理论的重要性和价值，积极反思和实践各种乡村幼儿园教学理论，为进一步提升山东省乡村幼儿教育教学水平提供所需的职业理论基础。山东省乡村幼儿教师可以充分利用幼儿园的例会时间在幼儿园开展活动，并与其他乡村幼儿园的教师分享在幼儿教师活动中可能出现的问题和教育经验，有效地进行反思教学，提高自我反思能力。随着山东省乡村幼儿教师专业发展多媒体信息时代的到来，山东省乡村幼儿教师的专业发展可以通过使用现代教育设备来践行教学理论，例如，使用计算机多媒体、其他新技术及电子记录器等展现多种观看形式，观看乡村幼儿园的精品幼儿活动课程。对于其他乡村幼儿教师的问题进行回答，并且不断提高乡村幼儿教师的理论水平和实践能力。同时，对山东省乡村幼儿及教师教育的专业发展过程进行管理。有必要进一步建立和完善山东省乡村幼儿园教育管理制度，以促进山东省乡村幼儿教师专业发展的奖励制度、绩效评价制度和选聘制度等的完善。

再次，提高山东省乡村幼儿园教育教学管理水平。幼儿园是教育活动的重要场所，因此，对于幼儿教师专业化培训，必须要求园长能够与城镇附近的城乡中心幼儿园等的教师进行“一对一选用”，为培养山东省乡村幼儿教师提供良好的环境和平台。这项早期的山东省乡村幼儿教师专业发展培训工作计划还可以有效地促进教师专业服务技能的发展，并最终为山东省乡村幼儿教师提供一个舒适和谐的教育成长环境。舒适的教育教学环境应是山东省乡村幼儿教师专业发展学习和工作的基本前提。园长还应帮助山东省乡村幼儿教师应对和解决其在幼儿园教学过程中可能遇到的各种问题，提升山东省乡村幼儿教师专业发展水平，并创造温暖和谐的幼儿园环境。幼儿园应有效调动山东省乡村幼儿教师的工作热情和教育积极性，在和谐舒适的乡村幼儿园环境中改善和提高山东省乡村幼儿教师专业发展的专业技能。

最后，评价山东省乡村幼儿教师自身专业发展相关的各方面的知识。在对山东省乡村幼儿教师的采访中，询问他们是否认为乡村幼儿教师有必要面对乡村幼儿园为教师提供的一系列评价系统。通过访谈可知，乡村地区的一些幼儿园园长对幼儿教师的专业技能要求不高，有些仍然处于相对较低水平，因此，他们不能完全理解乡村幼儿教师专业发展的真实情况和教育状况。但是，评价的目的不仅是让监督者充分了解乡村幼儿教师专业发展最新知识的发展状况，还可以帮助乡村幼儿教师有效地了解他们的知识和教育专长，并纠正其不足。这样，在评价系统的连续错误校正和迭代校正过程中，山东省乡村幼儿教师专业发展就会持续成长。因此，定期评价对提高山东省乡村幼儿教师专业发展的各个方面的专业知识以及改善山东省乡村幼儿教师的知识和专业能力起着重要作用：①对山东省乡村幼儿教师自身专业发展的重要部分进行严格的评估。在访谈中，对山东省普通乡村幼儿园中幼儿教师的评价是基于外部因素。在此阶段结束时，除了评价山东省乡村幼儿教师专业发展的整体状况之外，很少对专业能力进行评估。因此，园长很难理解幼儿教师。所以面对上述现象，在园区内应实行严格的考核制度。第一，入园前的预测评价，包括考勤考核中的外部因素以及对上一次教育和教育学期的自我评价，如同行之间的相互评价。第二，入园中的中测评价，对中期培训中山东省乡村幼儿教师专业发展的总结的评价，如培训中幼儿教师有哪些需求等。第三，入园后的末测评价，包括三个部分，本学期末的总体总结，由骨干幼儿教师对结果进行评价；突出强调山东省乡村幼儿教师自身专业发展的优势领域；评价山东省乡村幼儿教师自身新发展趋势。②针对山东省乡村幼儿教师专业发展开展的小型比赛或评比。为减轻山东省乡村幼儿教师工作压力，可以为其准备知识竞赛。例如，可以举办一个小时的知识竞赛，而最高奖项得主将获得幼儿知识用书或购物优惠券等。竞争的内容可以是育儿领域的专门知识，或者是最新的国际和国内乡村幼儿教师专业发展的动态，甚至还可以穿插有趣的脑筋急转弯等，并且当场解析难以理解的知识。通过这种方式，不仅可以调节整个教学气氛，还可以让山东省乡村幼儿教师了解最新的动态，学习新知识，以及检验山东省乡村幼儿教师的近期学习成果。或者在比赛中讲授乡村幼儿教师的技能，优胜者可以获得一定的奖金等，其他参与者也可以获得一份小礼物。评价人员应是具有出色教学技能的幼儿教师，可以帮助弥补缺陷，从而极大地提高各级幼儿教师的专业技能。还要加强与家庭的合作与沟通。沟通与合作是相互了解的重要桥梁，也是进一步提高幼儿教育水平和质量的重要措施。同时，加强乡村幼儿园与儿童父母之间的交流合作，能帮助家长了解山东省乡村幼儿园的工作及研究和儿童的生活条件，见证幼儿园和儿童的健康成长过程。这样，一方面，幼儿的父母可以更好地了解幼儿园，从而使幼儿健康成长；另一方面，当家长参加乡村幼儿园的各种教育活动时，可以增强对乡村幼儿教师工作的理解，改变幼儿父母对乡村幼儿教师的误解，加深对乡村幼儿教师职业的印象。家庭和乡村幼儿园的工作环境仍存在差异和特殊性。通过定期的沟通或合作，孩子和父母不仅可以更好地了解乡村幼儿园和教师的工作，而且幼儿父母可以不断提高自己，也有更多了解幼儿的机会。因此，为了增加山东省乡村幼儿教师与家长之间的沟通与协作，可以从以下几方面着手：第一，组织亲子互动，设置家长开放日，参观幼儿园和幼儿活动。第二，定期组织家长会，乡村幼儿教师和父母一起讨论幼儿的学习和生活相关问题。第三，定期进行家访，乡村幼儿教师定期访问幼儿家长，以了解幼儿的生活背景和父母的生活方式。这样，乡村幼儿教师了解了幼儿及其父母，父母参加幼儿园的教育教学，也使其了解了当地乡村幼儿教师的专业发展。大多数父母不仅能充分了解幼儿学习的动态，还将大大提高家长与乡村幼儿教师之间的沟通和协作能力，更有利于提高乡村幼儿园课堂教育教学质量，并且可以为幼儿教师自身发展奠定基础。

二、更新乡村幼儿教师专业发展教育理念

首先，强化专业信念，坚定继续学习的观念。继续学习是指继续教育的学习者进行学习，继续接受关于继续教育的深入培训，接受有关继续教育的新知识，秉承继续教育的信念。在社会不断变化的过程中，我国终身教育发展的背景和趋势以及现代的终身教育社会也在日新月异地变化着，这标志着传统乡村幼儿园学习的结束并不是结束而是开始。因此，如果山东省乡村幼儿教师想在学习中不断进步，则需要学习终身学习的核心价值观，采用终身学习的学习方法，在学习生活的同时学习继续教育理念。同样，对于传统的乡村幼儿教师专业发展而言，教学方法和学习目标的多样性，教学思想和任务的复杂性和创造性要求每个人都继续学习，实践这种继续教育。因此，应在乡村幼儿园建立和实施终身教育理念，监督乡村幼儿教师持续认真地学习，并培养和提高山东省乡村幼儿教师专业发展的职业技能：①帮助制订乡村幼儿教师学习计划并监督其自学。在建立乡村幼儿园的初期，乡村幼儿教师就应制订好学习计划。这些计划又可以分为长期计划和短期计划，包括制定长期目标，然后将长期目标划分为一个个较小的学习目标，从小规模学习开始。换句话说，可以分散日常学习的目标，并定期反思今天设定的每个小学习目标以及计划是否已完成，以此敦促明天的学习。②积极向他人学习。如果乡村幼儿教师感到困惑或在课堂上遇到无法理解的幼儿教育问题，可以向幼儿教育经验丰富的教师学习，通常可以提高其专业技能。③在外部网络平台的帮助下学习。当前网络平台资源丰富，幼儿教师可以从中学习很多生活中无法学到的知识。

其次，建立山东省乡村幼儿教师自身专业的角色身份。在访谈中，一位老师说，每天怀抱“我想成为一名优秀幼儿园老师”的信念实在太无聊了。照顾孩子是一项全职工作，如果孩子饿了或有特殊情况要一一处理。经过很长一段时间后，越来越迷茫了。和幼儿园的其他老师谈论刚开始时的理想时，突然觉得自己离自己的期望很远。根据这位老师的述说，可以看到乡村幼儿教师对自身的专业发展没有很高的认识，他们应在乡村幼儿教师职业中建立专业的身份。这样不仅可以指出乡村幼儿教师的发展方向和主要目标，而且可以为乡村幼儿教师专业发展奠定基础，激发其自身的原始动力，明确其工作和身份地位的重要性，及其对幼儿教育的直接影响，这对我国幼儿教师的稳定和可持续发展以及儿童的可持续健康成长至关重要。乡村幼儿教师专业发展的责任心和专业水平越高，就越有利于增强其对发展的责任感和职业认同感。相反，乡村幼儿教师的职业地位越低，教育教学专业的发展就越会困难。因此，对乡村幼儿教师专业发展的专业素养的了解，对提高和发展教学专业能力具有重要影响。为了培养和提高其职业教育水平和专业技能，乡村幼儿教师必须在教育行业中树立职业形象。建立山东省乡村幼儿教师的工作认同感可以通过以下三种方式进行：①正确回顾职业并发展职业身份。乡村幼儿教师在从事该行业之前必须对他们将从事的职业有深刻的了解。对于乡村幼儿教师来说，必须要提高自身的专业素养，增强职业认同感，激发对于自身职业的热情。②正确认识自己。乡村幼儿教师必须首先了解自己，通过了解自己的长处和短处来建立信心，从而学习彼此的长处。③学习正确对待乡村幼儿教师的工作。在一些地区，乡村幼儿教师的工作复杂，常常不得不忙于处理与幼儿父母的关系，尤其是与小班的幼儿父母之间的关系。面对这些困难，乡村幼儿教师必须学会正确对待自己的幼儿教师工作。山东省乡村幼儿教师在面对这些挑战时，不断提高自己，努力学习，可以提高教师的专业技能。

再次，学会反思自己。教师的专业发展和成长与多年教育实践经验的积累和自我反省是密不可分的，只有将两者进行紧密结合，才能得到最完整的教学效果，帮助教师发展自身专业技能。因此，我们可以充分认识到山东省乡村幼儿教师自我反思对于培训和提高其专业发展和实践技能的重要性。然而，山东省乡村地区大多数幼儿教师的自我反思和发展能力较弱。笔者结合以前的访谈中询问自我反思和发展的问题，发现部分乡村幼儿教师很少认真反思教学过程。即使集中进行教学反思，也只是简单的会议或总结。在偏远乡村地区，儿童的早期教育水平较低，可以看出乡村幼儿教师对自我反思的重视程度不高。而且由于乡村幼儿教师现有的自我反思方法过于简单，不够深刻，因此，大多数乡村幼儿教师虽然都有开展与自我反思教育有关的活动，但是在反思过程中对实际问题尚不清楚，对提高专业技能效果甚微。为了提高自我反思能力，可以实现以下几个目标：

①需要建立自我反思意识，即对反思问题的认识。这是因为对反思问题的感知是主动的，而不是被动的。这种反思是自发的，不是强制性的，它具有特殊的含义，而不是机械的含义。因此，山东省乡村幼儿教师真正树立了问题意识并具有自我反思的意识，才有可能充分激发自我反思学习的积极性和激情。②在评估和反思过程中协调课堂教学。在课堂练习中应用特定的课程以及自我评估和反思相协调，进行试验练习，最终帮助教师找到正确的教学方法。③改变评估和反映的方式。这种召开乡村幼儿教师专业发展会议并依次进行自我评价和总结的方法是许多乡村幼儿教师园和乡村幼儿教师使用的一种评价方式。但是，这种自我评价方法相对简单而不深刻，对查明由幼儿引起的问题的根本原因的帮助不大。因此，乡村幼儿教师自我评价和反思方法亟待改变。此外，乡村幼儿教师可以记录下他们与幼儿、其他同事和父母之间的日常，并发现他们的问题，从而帮助幼儿找到更好的解决方案。④山东省乡村幼儿园或其他管理者可以对他人的自我评价发表自己的意见。有时自我评价可能过于主观，可以鼓励第三方进行评价，发现教学中的一些问题。通过对其他人的评价，乡村幼儿教师也可以反思自己并纠正自己的问题。通过这种方式，不断学习和总结自己在成长过程中的经验，同时，通过自己的努力，不断提高自己，从而提高专业知识和相关工作技能。⑤传统教育观念的变化。教育思想观念是一种直接植根于乡村幼儿教师专业发展思想的理念，可以直接影响乡村幼儿教师专业发展的教育理论和行为。乡村幼儿园教育理念和观念的确立与变革无疑是改变乡村幼儿教师专业发展思维的首要步骤。因此，乡村幼儿教师应该纠正和改变传统的教育误解，重视乡村幼儿教育，提高教育专业人员的素质，有效地将教育观念与乡村幼儿园教育实践相结合，并遵循从学前教育理论研究到实践教学的系统教学研究过程，以提高教学能力和科研能力。实践和理论上的反思，可以改善学前教育的教学思想，可以改善学前教育的理论实践，还可以促进专业知识的提高，乡村幼儿教师有许多学习和提高专业技能的关键方法，包括阅读书籍、参加学术交流会，并将其成果积极地反映在教育教学实践中。读书是乡村幼儿教师提高自身知识和技能的重要学习途径。因此，乡村幼儿教师除了日常工作外，还应阅读与幼儿教育相关的书籍，如《学前教育社会学》《学前儿童科学教育》《学前儿童艺术教育》《学前教育学》等，为乡村幼儿园教育课程研究的实施提供良好的教育理论基础。同时，也要密切关注一些与幼儿教育有关的学术会议，这些学术交流和会议是乡村幼儿教师专业发展和提高专业技能的一种方式，通过这些学术交流和会议，能够促进乡村幼儿教师将实际生活与教学联系起来，并且使乡村幼儿教师能够以“处处留心皆学问”的心态改善自己的教育教学过程。乡村幼儿教师应认真观察、积极研究并积极参加城乡幼儿园的各种班会和培训，并加强对课程的反思，以更好地指导未来的教育

教学。

最后，专业技能的多渠道发展。山东省乡村幼儿教师应该通过各种方法（如创造环境、构建生活、设计教学活动以及评估激励活动）来不断提高专业技能和扩充知识。在创建乡村幼儿园环境时，教师必须自己动手，巧妙运用环境设计，积极参与，并为乡村幼儿教师专业发展提供良好的学习和生活氛围。要想提高乡村幼儿教师自身的专业技能，扩充乡村幼儿教师的知识范畴，参加乡村幼儿园举办的各项培训活动是一条重要途径。乡村幼儿教师不仅可以通过教育和培训不断丰富和拓宽理论知识，而且可以通过教育和培训与其他熟练的教师进行沟通和交流，以获得相关专家的指导和支持。参加诸如"幼儿园乡土环创大赛"等活动是培养和提高乡村幼儿教师专业理论和实践技能的重要途径之一。乡村幼儿教师可以通过组织幼儿参加体育比赛来提高其专业技能，如儿童体育游戏活动比赛、乡村幼儿园郊游活动、乡土绘画设计玩具搭配比赛和乡土手工玩具搭配比赛等。此外，乡村幼儿教师可以通过组织幼儿参加动手示范班来提高他们的能力，增加比赛知识和提高自身专业技能能为之后的教育活动奠定基础。以各个幼儿园的自身特点和幼儿的成长需要而开展园本化幼儿园教育活动。乡村幼儿教师应总结教育实践中出现的各种问题，并进一步将其分为具体的教育理念。这些教育理念可用来指导教师进行培训，并通过技能转变来增强和提升乡村幼儿教师的专业服务技能，培养乡村幼儿教师的敬业精神。

三、深化乡村幼儿园体制改革

首先，深化山东省乡村幼儿教师专业发展培训制度的改革，深化了乡村幼儿园培训制度的改革，使地方政府能够充分利用宏观调控的作用和功能，积极推动乡村幼儿园和教师教育结构改革，并为其专业发展教育提供资金。参与动手实践，改革乡村幼儿园教育的培训观念，改进乡村幼儿园教育的教育需求，增强乡村幼儿教师专业发展的教育知识和实践技能，增强乡村幼儿教师专业发展的能力。同时，加强乡村幼儿园教育的专业化，为加速学前教育专业化的教育整合，有关教育部门建立了全面的学前教育培训基地，整合了科学实验室和教育学院，获得高效优质的资源。制定主要员工培训制度，对乡村幼儿教师专业发展的培训进行有机协调，并建立系统的培训前后课程，配合有关考核评价，以解决乡村幼儿教师当前的问题为中心，对乡村幼儿教育专业化的发展进行深刻、细致的培训。

其次，山东省相关政府部门提高乡村幼儿教育专业发展的专业水平。山东省乡村幼儿教师专业发展要求的建立，极大提升了乡村幼儿教师的教育及自身专业化水平，阐明了乡村幼儿教师专业发展的需求，并培养了学前行政人员。与各种行政管辖区合作，积极鼓励地方政府制定和实施各级和不同层次的乡村幼儿园教师标准，合理引导乡村幼儿教师自身专业发展，从而提高乡村幼儿教师的整体素质。

再次，在山东省乡村幼儿教师自身专业发展系统中实行资源整合。实施资源整合和提高乡村幼儿教师专业发展水平的最佳方法是在正常工作环境中查找、研究和解决其问题。政府应发挥管理作用，整合专业教师资源，然后组成专家团队，为乡村幼儿园的教学和研究工作提供有效的专业指导和智力支持。

最后，完善山东省乡村幼儿教师自身专业发展的职业法律制度。必须制定一套完善的制度，并完善乡村幼儿园教育的法律制度，确保乡村幼儿教师专业发展。制定和完善针对乡村幼儿教师专业发展的工资标准及其他相关政策，并根据乡村幼儿教师的职级建立统一的绩效补偿制度，以确保不同类型的乡村幼儿教师获得相同的报酬、完成相同的任务。

四、营造舒适的乡村幼儿园环境，加强加大乡村幼儿教师资格审查与培训力度

首先，增加山东省乡村幼儿园的资金投入。①山东省相关政府部门应增加对乡村幼儿教育的投入，并进一步改善幼儿园的设施设备。乡村地区相较城市地区位置偏远，山东省相关政府部门需进一步加强对乡村幼儿园基础教育资金的管理和投入，一种方法是为乡村幼儿园提供基本的设施设备。因为儿童年龄小不知道如何保护自己，而且孩子容易受到周围环境的影响。同时，增加儿童游乐设备。由于乡村幼儿园目前为乡村幼儿提供的娱乐空间有限，要适当为幼儿添加公园设施和游戏设备，既可以通过舒适和放松的游戏活动娱乐并助力乡村幼儿的成长，也可以为乡村幼儿教师专业发展的游戏和活动的正常组织和开发提供便利。此外，还可以重新设置安全卫生的儿童桌椅、儿童游乐场和教室支持设施，为幼儿提供舒适的游戏、学习和生活环境。希望以上所有这些都能为乡村地区的幼儿和幼儿教师提供舒适的生活、学习和工作环境，以进一步加强幼儿的美育。幼儿园和幼儿教师共同提供了一个良好的学习环境，适合进行幼儿美育和家庭生活的教学，为幼儿和乡村幼儿教师专业发展共同创造良好的成长条件。更新和改进乡村幼儿园的软件和设施，乡村地区的幼儿园所拥有的资金少，而教育设施和设备是基本的。在这种情况下，一方面，山东省政府应侧重于以社会和幼儿家庭提供资金渠道为辅的金融投资，并增加对乡村幼儿园的教育投资，确保乡村幼儿园的信息技术水平和多媒体教育及联网发展。同时，乡村幼儿园教育可用资源限制了儿童获得知识的机会。另一方面，如果建立市、县（区）和乡（镇）三级幼儿园教师学习中心或在线学习平台，乡村幼儿教师和幼儿则可以按照城市的步伐发展。②山东省政府提高经济不发达地区普通乡村幼儿教师的基本工资水平。众所

周知，乡村经济形势落后于城市，交通相对不便利，教育落后于城市。同样，乡村幼儿教师的工资水平较低，不断上涨的物价也无疑增加了乡村幼儿教师的压力。随着我国综合国力的增强，经济的逐步发展，以及财政收入趋于稳定，国家可以增加对农村幼儿教育的支持和鼓励。同时，确保乡村幼儿教师享有基本的社会保障，如养老、医疗及失业保险等。应增加城乡困难地区幼儿教师的补贴。乡村幼儿教师的基本工作之一是满足教育的基本需求，激发教师的社会活力。社会福利待遇可以提高乡村幼儿教师行业的吸引力，改善乡村幼儿教师的福祉和利益，防止年轻乡村幼儿教师的流失，稳定乡村幼儿教师团队。由此可见，乡村幼儿教育的财政支出以及幼儿教师薪资水平问题是当前亟须解决的。

其次，山东省相关政府部门应加强对幼儿教师职业资格制度管理体系的完善。幼儿教师资格制度的发展不仅是提高幼儿教育质量的重要保障，也是教师资格制度改革的重要环节，乡村幼儿教师是学前教育事业发展的核心要素[①]，因此，管理制度的加强是提高我国幼儿教师自身专业水平的重要保证，可以从以下几方面着手：①确保和核实乡村幼儿教师的真实身份、教育背景、实习工作经验以及其他有关身体健康的信息。根据当前的国家政策，重点应放在乡村教育上，应与乡村幼儿教育以及幼儿教育的基础知识有关。②建立山东省区域性“乡村幼儿教师专业发展”评价系统。“权益系统”起源于美国，主要用于加强流程管理和质量评估，同时又避免了评价的形式化。幼儿教师资格认证过程中的最大问题是，不能完全准确地识别和评价参加幼儿教师资格认证的学员的实习经历、职业素质、教育观念和感受等关键因素。因此，可以模仿美国的“利益相关者”评价体系。该系统规定，参加幼儿教师资格认证的申请人将包括课程计划、实习经历摘要以及家长对实习经历的反馈、园丁和同伴之间的相互评估记录以及与班上幼儿一起参加的活动等在内的最原始的资料（如评估记录和与儿童的交流情况）存储在个人文件中。为了公平起见，可以由第三方（即幼儿园教师或幼儿家长等）审查原材料，由评估人员选择各方面都较为优秀的老师。③进一步严格审核幼儿园教师的资格，提高教师学历水平。乡村地区许多幼儿教师目前受教育程度较低，甚至个别幼儿园选择没有幼儿教师资格证书的老师。因此，入职时需要严格控制幼儿教师的学历，监督他们考取教师资格和专业考试。在学历述评方面，支持没有学历或学历不高的教师进行学历提升。关于专业差异，应严格要求乡村幼儿教师的自身专业知识内容的全面熟悉和应用。如果乡村幼儿教师的资格不匹配，则规定乡村幼儿教师专业发展的继续教育资格应包括在教师职位中，上述措

① 庞丽娟，贺红芳，王红蕾等．不同性质幼儿园教师待遇保障研究：现状、原因分析与政策建议［J］．教师教育研究，2021，33（3）：38－44.

施将有助于解决乡村幼儿教育教师的质量问题，促进乡村幼儿园的发展。

最后，山东省相关政府部门应改进和加强对乡村幼儿教师的培训。2018 年 9 月，我国颁布了一系列政策文件，如《国家中长期教育改革与发展规划纲要(2010—2020 年)》《国务院关于当前发展学前教育的若干意见》《关于加强教师队伍建设的意见》等，文件提出应进一步加强乡村幼儿园的基础设施建设，提高乡村幼儿教师专业发展的教育水平，并提高教师教育专业水平。另外，有必要对乡村地区的幼儿教师进行大规模的职业教育。对幼儿园教师的培训有助于改善和提高乡村地区的专业教育服务水平。因此，加强幼儿园教育中教师的专业教育，不仅是提高我国欠发达地区幼儿园教育水平和质量的重要手段，实际上也推动了乡村幼儿教师专业化成长。因此，为了解决当前的问题，增加乡村幼儿教师的培训机会，并采用相对简单的培训模式，可以采用两种方式：①提供多种渠道培训机会。在乡村交通便利的情况下，教育部门定期组织乡村幼儿教师专项教育，增加幼儿教师人数，有效解决大多数乡村幼儿园无法解决的问题，改善乡村幼儿教师缺乏培训场所以及缺乏就业机会的问题。但是，由于大多数幼儿都在偏远地区的乡村幼儿园中，并且交通不便，所以大多数乡村幼儿教师都不愿在县或市参加培训。面对这种情况，政府应遵循“进与出”的原则，使乡村幼儿教师获得更多的培训机会。各级政府必须加强乡村幼儿教师培训，增加培训机会。政府必须定期派出市级和县级幼儿教师或幼儿教育专业人员到乡村，为乡村地区的幼儿教师提供广泛的知识和技能培训。并且安排乡村幼儿教师参与外部培训，定期派遣乡村幼儿教师出去接受培训，以达到良好的培训效果。②增加多元化的培训模式。教师获得教育培训的机会并不多，并且部分培训是为了应付公事，培训条件简陋，培训方式单一。尽管乡村幼儿园会邀请幼儿教育专业人员进行本园教师的培训，但培训的重点是理论而非实践。许多乡村幼儿教师想要将他们学到的知识带到自己的幼儿园里，实际上是比较困难的。此外，无论是工作中缺乏基本专业知识的新教师，还是想要在游戏活动的组织和实施方面学到更多知识的老教师，教育内容都是相同的。因此，必须进一步提高乡村幼儿教师的专业技能，并提升乡村幼儿园教育水平，完善和丰富培训模式。通过加强乡村幼儿教师专业发展的“乡村幼儿教师教育专题讲座”等教育方法来提高实践技能。积极组织乡土幼儿游戏活动和举办研讨会不仅能加强对理论知识的培训，而且还能与乡土生活游戏建立了更实际的联系，为课程开发创建物质教育环境。根据乡村幼儿园的总体状况，建立理论与实践相结合的物质教育环境创造过程，更加注重实践。根据乡村幼儿教师的总体情况，设置有利于提高乡村幼儿教师专业发展的沟通技巧的课程，并且使乡村幼儿教师与同事和幼儿父母进行学习和沟通。正确地组织教师的分级培训，第一，如果一位乡村幼儿教师专业发展在基本理论知识和个人专长等各个方面都很出色，并且显然缺乏实际应用技能，则应加强其乡村幼儿园的实践知识。第二，如果乡村幼儿教师上岗的理论水平和专业实践水平相对较差，重点是培训乡村幼儿教师的基本知识和个人技能。第三，对于年纪较大的乡村幼儿教师来说，接受新知识和新事物的速度比其他教师要慢，可以为这类教师提供多层次的培训机会，以学习新知识和新事物。第四，采取分层次的方式对教师进行信息技术教育培训，这种培训方式对于乡村幼儿教师教育水平的提升有很大的帮助，并且能够有效提升乡村地区幼儿教育的教学质量。

总而言之，针对山东省乡村幼儿教师专业发展的政策制定和修订，有助于社会的发展和乡村幼儿教师本身地位以及专业化程度的提高，能够推进乡村幼儿教师教育的快速、健康、有序发展。

参考文献

[1] Avey J. B. , Patera J. L. , West B. J. The Implications of Positive Psychological Capital on Employee Absenteeism [J] . Journal of Leadership and Organizational Studies, 2006, 13 (2): 42 –60.

[2] Day C. Developing Teachers: The Challenges of Lifelong Learning [M] . London: Falmer, 1999.

[3] Evans L. What is Teacher Development? [J] . Oxford Review of Education, 2002, 28 (1): 123 –137.

[4] Fuller F. F. Concerns of Teachers: A Developmental Conceptualization [J] . American Educational Research Journal, 1969, 6 (2): 207 –226.

[5] Goldsmith A. H. , Darity W. , Veum J. R. Race, Cognitive Skills, Psychological Capital and Wages [J] . Review of Black Political Economy, 1998, 26: 13 –22.

[6] Grundy S. , Robinson J. Teacher Professional Development: Themes and Trends in Recent Australian Experience [J] . Preventive Scatological, 2004, 3 (17): 317 –318.

[7] Glatthorn A. Teacher Development [A] //International Encyclopedia of Teaching and Teacher Education [C] . Oxford: Elsevier Science Ltd. , 1995 (3): 20 –24.

[8] Grace O. , Jared K. Teacher Mentoring and Early Literacy Learning: A Case Study of a Mentor – Coach Initiative [J] . Early Chil dhood Education, 2010 (37): 311.

[9] Hammood L. D. , Cobb V. L. APEC Education Forum: Teacher Preparation and Professional Development in APEC Members: A Comparative Study [J] . International Journal of Educational Development, 1996, 16 (3): 323.

[10] Hargreaves A. Development and Desire: A Post Modern Perspective [M] .

New York: Teachers College Press, 1995.

［11］ Hoyle E. Professionalization and Deprofessionalization in Education ［M］. London: Kogan Page, 1980.

［12］ Kelchtermans G. CPD for Professional Renewal: Moving beyond Knowledge for Practice ［M］. Maidenhead: Open University Press, 2004.

［13］ Katz L. G. Development Stages of Preschool Teachers ［J］. Elementary School Journal, 1972, 73 (1): 50-54.

［14］ Luthans F. The Need for and Meaning of Positive Rganizational Behavior ［J］. Journal of Organizational Behavior, 2002, 23 (6): 695-706.

［15］ Luthar S. S., Cicchetti D., Becker B. The Construct of Resilience: A Critical Evaluation and Guidelines for Future Work ［J］. Child Development, 2000, 71 (3): 543-562.

［16］ Northern Alberta Development Council. Ruraland Remote Education Report ［R］. 2010.

［17］ NAEYC. A Conceptual Framework for Early Childhood Profession Development ［J］. Young Children, 1994 (3): 68-77.

［18］ Perry P. Professional Development: The Inspectorate in England and Wales ［M］. London: Kogan Page, 1980.

［19］ Zigler E., Styfco S. J. The Head Start Debates ［M］. Baltimore: Paul H. Brookes Publishing Co., 2004.

［20］ 蔡军. 西部农村幼儿园转岗教师生存状态与专业发展研究［M］. 北京：教育科学出版社，2016.

［21］ 蔡应妹. 大众文化对农村教师专业发展的影响［J］. 浙江师范大学学报（社会科学版），2016，41（6）：116-120.

［22］ 蔡永辉. 文化自信背景下我国幼儿教师专业发展的瓶颈与出路［J］. 黔南民族师范学院学报，2020，40（2）：89-92，105.

［23］ 曹东勃，梁思思. 优质均衡：后脱贫时代乡村教育振兴之道［J］. 华东理工大学学报（社会科学版），2021，36（2）：42-51.

［24］ 曹洪娟. 幼儿教师专业发展的有效途径：个人知识管理［D］. 山东师范大学硕士学位论文，2013.

［25］ 曹雯娴. 论幼儿教师专业发展的途径［J］. 中国职业技术教育，2013（9）：46-48，53.

［26］ 陈桂生. 教育学的建构［M］. 上海：华东师范大学出版社，2012.

［27］ 陈国华，田振华. 教师专业发展的社会文化转向及路径选择［J］. 当

代教育与文化，2015，7（6）：93－97.

［28］陈俊．乡村振兴战略下农村教育发展现状及应对策略探究［J］．山东农业工程学院学报，2021，38（6）：90－94.

［29］陈娉娉．20世纪二三十年代中国乡村教育实践研究［D］．陕西师范大学硕士学位论文，2018.

［30］陈如婷．农村公办幼儿园教师职业生存状态的调查研究［D］．安庆师范大学硕士学位论文，2020.

［31］陈时见，胡娜．新时代乡村教育振兴的现实困境与路径选择［J］．西南大学学报（社会科学版），2019，45（3）：69－74，189－190.

［32］陈守红．珠海市幼儿教师专业发展现状调查与分析［D］．华中师范大学硕士学位论文，2007.

［33］陈天星．幼教名师工作室环境下幼儿教师专业发展的个案研究——以呼和浩特市L幼教名师工作室为例［D］．内蒙古师范大学硕士学位论文，2018.

［34］程方平．教师保障：乡村教育振兴的基石［J］．教育研究，2018，39（7）：84－86.

［35］程昆．农村幼儿教师专业发展问题及对策研究［J］．教育学术月刊，2013（8）：86－90.

［36］程岭．新时代教师专业发展的伦理规制［J］．西北师大学报（社会科学版），2020，57（6）：117－125.

［37］程天君．以人为核心评估域：新教育公平理论的基石——兼论新时期教育公平的转型［J］．华东师范大学学报（教育科学版），2019，37（1）：116－123，169－170.

［38］程天君等．新教育公平引论［M］．南京：南京师范大学出版社，2019.

［39］程秀兰，高游．幼儿园教师社会支持与工作投入的关系：心理资本的中介作用［J］．学前教育研究，2019（12）：41－51.

［40］褚宏启．社会竞争需要什么样的早期教育公平［J］．中小学管理，2020（6）：62－63.

［41］崔迪，王雪松．幼儿教师专业发展途径之中美比较［J］．基础教育，2016，13（4）：41－49，57.

［42］但菲，梁美玉，索长清．农村乡镇中心幼儿园教育质量现状调查——以辽宁省为例［J］．教育探索，2016（2）：42－45.

［43］但菲，孙贺群．农村家庭式幼儿园教育的现实困境与破解对策——基于辽宁省WFD市Y乡6所村园的调查与分析［J］．现代教育管理，2015（9）：

24－28.

［44］邓泽军．基于不同办园体制的幼儿教师专业发展分类推进策略［J］．中国教育学刊，2014（5）：91－94.

［45］丁杰．教师专业发展需厘清的几个问题［J］．上海教育科研，2018（9）：1.

［46］丁婧．《幼儿园教师专业标准（试行）》视野下的幼儿园教师专业发展研究——以苏州市幼儿教师专业发展为例［D］．苏州大学硕士学位论文，2017.

［47］丁蕊，冯宪彬，李红．农村教师专业发展研究——基于网络信息技术的视角［J］．教育探索，2015（5）：141－143.

［48］董佳．乡村振兴战略下农村教育投资问题研究［J］．绥化学院学报，2021，41（3）：33－34.

［49］杜金锋．广州市幼儿教师专业发展之制约因素与对策研究［D］．广州大学硕士学位论文，2012.

［50］杜琳娜．城乡教师交流制度促进农村教师专业发展的优势与限度［J］．黑龙江高教研究，2014（12）：78－81.

［51］杜媛媛．池州市幼儿教师专业发展现状及提升对策［J］．池州学院学报，2018，32（6）：123－124.

［52］樊婷婷．乡村振兴背景下“90后”乡镇幼儿教师职业适应的差异——基于贵州省50所乡镇幼儿园的调查［J］．成都师范学院学报，2021，37（3）：91－98.

［53］范会敏，常文硕．乡村小学教师专业发展当回归乡土［J］．教学与管理，2019（35）：9－10.

［54］范先佐等．中国教育改革40年：农村教育［M］．北京：科学出版社，2019.

［55］高倩．农村幼儿教师专业发展需要调查研究——以山东省潍坊市为例［D］．苏州大学硕士学位论文，2015.

［56］高水红．超越“再生产”：学校的教育公平实践［J］．南京师大学报（社会科学版），2020（4）：75－83.

［57］高晓敏，张洁，刘岗．农村幼儿园教师专业能力发展现状及提升对策［J］．学前教育研究，2020（6）：63－71.

［58］葛新斌．乡村振兴战略：农村教育究竟能做些什么？［J］．华南师范大学学报（社会科学版），2018（2）：82－87，192.

［59］龚宝成．乡村教师专业发展困境与疏解：地方性知识的视角［J］．课

程·教材·教法，2019，39（3）：126－130.

［60］顾芬芬．构建区域民办幼儿教师专业发展平台［J］．教育发展研究，2005（16）：111－113.

［61］郭海燕．农村幼儿教师专业发展的现状研究——以江西省万安县农村幼儿教师专业发展为例［D］．西南大学硕士学位论文，2006.

［62］郭健．农村幼儿教师专业发展现状及支持体系构建——以山西省 G 市为例［D］．山西师范大学硕士学位论文，2012.

［63］韩晶．促进幼儿教师专业发展的培训探讨［D］．河北师范大学硕士学位论文，2010.

［64］郝文武．当前加快农村幼儿园建设应注意的几个问题［J］．基础教育，2021，18（2）：65－70.

［65］郝文武．为乡村教育振兴而大力推进乡村学校特色发展［J］．教育与教学研究，2021，35（1）：7－14.

［66］郝文武．以城乡教育有特色融合发展促进乡村教育振兴和农村教育现代化［J］．教育科学，2021，37（3）：1－7.

［67］郝岩松．营口地区幼儿教师专业发展调查及职后培训的策略研究［D］．辽宁师范大学硕士学位论文，2011.

［68］何蕙霞．基于问题解决的自主研究——幼儿教师专业发展的重要途径［D］．云南师范大学硕士学位论文，2004.

［69］何霜．探索乡村教育发展新路径［N］．重庆日报，2021－06－02（18）．

［70］洪秀敏，杜海军，张明珠．乡村振兴战略背景下幼儿园教师队伍建设“中部塌陷”的审思与治理［J］．华中师范大学学报（人文社会科学版），2021，60（2）：170－178.

［71］胡传双，鲁如艳．幼儿教师专业发展研究：现状、影响因素及保障机制［J］．巢湖学院学报，2018，20（4）：121－126.

［72］胡芳芳，桑青松．幼儿教师职业认同、社会支持与工作满意度的关系［J］．心理与行为研究，2013，11（5）：666－670.

［73］华子荀，许力，杨明欢．面向教师专业发展的实践共同体评价模型研究［J］．中国电化教育，2020（5）：101－110.

［74］黄楚楚．乡村初中教师专业发展活动状况研究——来自广西玉林博白县的调查［D］．湖南师范大学硕士学位论文，2015.

［75］黄春瑜．幼儿园新手教师心理弹性与入职适应现状及其关系研究［D］．扬州大学硕士学位论文，2021.

［76］黄可馨．新时代乡村教师专业发展的高校支持策略研究［D］．湖南师范大学硕士学位论文，2020.

［77］黄婷婷．乡村教师专业发展的困境与出路——基于湖南省 M 市的调查分析［D］．湖南理工学院硕士学位论文，2018.

［78］黄晓茜，程良宏．教师学习力：乡村教师专业发展的重要驱力［J］．全球教育展望，2020，49（7）：62－71.

［79］黄媛媛，张艳．幼儿教师队伍建设比较研究［M］．西安：电子科技大学出版社，2015.

［80］姬会会．幼儿教师专业发展动机及其影响因素研究——以河南省部分幼儿教师为例［D］．河南大学硕士学位论文，2010.

［81］吉兆麟．基于 RPL 的边远地区幼儿教师专业发展策略研究：澳大利亚的经验［J］．外国教育研究，2014，41（5）：40－49.

［82］贾亚丹．幼儿教师专业发展现状、问题与对策研究——以武汉市 B 幼儿园为例［D］．华中师范大学硕士大学论文，2017.

［83］江宏，江楠，李志辉．乡村教师专业发展政策支持困境调查研究——以重庆市乡村教师支持计划实施为例［J］．教育理论与实践，2021，41（13）：51－54.

［84］姜添辉．全球化时代教师专业发展的元素与实践［J］．国家教育行政学院学报，2018（10）：59－65.

［85］姜勇，柳佳炜．中国幼儿园教师质量检测和队伍建设研究［M］．上海：上海教育出版社，2020.

［86］姜正梅．促进教师专业发展要有校本化行动［J］．中国教育学刊，2021（2）：107.

［87］雷茹．态度、信念、价值观：引领幼儿教师专业发展的内在因素［J］．内蒙古师范大学学报（教育科学版），2014，27（8）：66－68.

［88］雷湘竹，卢静．校本培训：边境民族地区教师专业发展的应然选择——以广西壮族自治区 L 县为例［J］．民族教育研究，2017，28（6）：27－34.

［89］黎静．更多关注农村地区幼儿教师［N］．合肥晚报，2018－03－03(A4).

［90］李彬彬，葛文怡，吴玲．农村幼儿园布局调整的原则及路径［J］．教育研究，2017，38（4）：72－77.

［91］李凤娥．农村幼儿教师专业发展现状的调查研究［D］．内蒙古师范大学硕士学位论文，2020.

［92］李福莲．云南省农村转岗幼儿教师专业发展现状研究——以德宏州和保山市为例［D］．云南师范大学硕士学位论文，2014.

［93］李红霞，张纯华，张邵军，时晓芳．普惠性民办幼儿园教育质量保障外部治理机制现状及优化［J］．教育评论，2017（10）：67－71.

［94］李华君，龚彩云．经验生成的教师专业发展研究［J］．中国教育学刊，2016（1）：89－93.

［95］李欢欢，黄瑾．“高素质善保教”幼儿教师培训模型之构建［J］．中国教育学刊，2019（2）：11－17.

［96］李慧霞．蒙古族幼儿园园本培训与幼儿教师专业发展的研究［D］．内蒙古师范大学硕士学位论文，2009.

［97］李佳知，付卫东．新时代我国乡村幼儿教师队伍建设：问题及应对策略——基于我国6省（区）16个县（区）乡村幼儿园的调查［J］．黄冈师范学院学报，2020，40（4）：68－72.

［98］李家黎．“学习共同体”视域下幼儿教师专业发展策略探究［J］．安徽电子信息职业技术学院学报，2018，17（1）：87－89，102.

［99］李杰，陈超美．CiteSpace：科技文本挖掘及可视化［M］．北京：首都经济贸易大学出版社，2017.

［100］李静，李锦，王伟．普惠性民办幼儿园教育质量评估与提升策略——基于对C市15所幼儿园的调查数据分析［J］．学前教育研究，2019（12）：69－76.

［101］李静，杨晓萍．师资队伍建设：高层次、生态化［J］．教育研究，2011，32（8）：89－90.

［102］李珺．西部民族地区农村幼儿教师专业发展现状与对策——以甘肃省临夏市和政、广河地区为例［J］．甘肃高师学报，2015，20（2）：127－130.

［103］李南，梁艳，费忠化．山东省农村幼儿园教师述情障碍现状及与特质应对方式的相关［J］．中国健康心理学杂志，2021，29（4）：555－560.

［104］李瑞．乡村教师专业发展路径的效能研究——以四川省凉山州、广安市为例［D］．西南大学硕士学位论文，2019.

［105］李森，崔友兴．新型城镇化进程中乡村教师专业发展现状调查研究——基于对川、滇、黔、渝四省市的实证分析［J］．教育研究，2015，36（7）：98－107.

［106］李森，张鸿冀．当代中国乡村教育研究［M］．广州：广东教育出版社，2018.

［107］李世林．农村私立幼儿园亟待规范［N］．中国妇女报，2013－12－15（A1）.

［108］李涛，邬志辉．中国城镇化与教育发展［J］．教育发展研究，2019，

39（21）：1－10.

［109］李晓萍．新职幼儿教师专业发展现状与影响因素的个案分析——以区域游戏指导能力为例［D］．首都师范大学硕士学位论文，2013.

［110］李学容，蔡其勇．幼儿教师专业发展与制度重建［J］．人民教育，2013（22）：13－16.

［111］李雅琳，朱德全．教师专业发展标准的问题研究［J］．中小学教师培训，2017（12）：1－5.

［112］李岩．以区域教师学习共同体促进农村幼儿园教师专业发展［J］．教育探索，2014（6）：147－148.

［113］李云淑．农村幼儿园教师生存状态：历史与现状［M］．武汉：武汉大学出版社，2020.

［114］李贞义，龚欣．贫困地区农村幼儿园教师流动意向的影响因素研究：基于中部76所幼儿园的实证调查［J］．教育与经济，2020，36（5）：52－60，70.

［115］连丽萍，吴荔红．基于扎根理论的在职培训对幼儿教师专业发展影响的研究［J］．陕西学前师范学院学报，2019，35（2）：86－90.

［116］连丽萍．在职培训对幼儿教师专业发展影响的研究［D］．福建师范大学硕士学位论文，2017.

［117］梁小丽，樊婷婷．农村幼儿教师质量保障机制研究——基于贵州普及学前教育进程中的调查［M］．成都：西南交通大学出版社，2019.

［118］梁转壮．幼儿教师专业发展需要的现状研究——以S省R县为例［D］．山西师范大学硕士学位论文，2019.

［119］林李楠．农村教师专业发展的动力现状与促进机制——基于辽宁省B市416个农村教师样本的调查分析［J］．现代教育管理，2015（9）：84－88.

［120］蔺红春，徐继存，苏敏．教师专业发展：从经验主导走向理论自觉［J］．当代教育科学，2019（7）：43－47，77.

［121］刘飞，刘云艳，朱海雪．幼儿园教师专业品性模型建构研究［J］．西南大学学报（社会科学版），2021，47（4）：172－184.

［122］刘桂明．乡村小学教师专业发展现状调查研究——以江西省安福县为例［D］．江西师范大学硕士学位论文，2019.

［123］刘国艳．社会资本视角下的农村教师专业发展［J］．当代教育科学，2018（6）：72－75，79.

［124］刘慧．乡村初中教师专业发展困境及提升路径研究［D］．江西师范大学硕士学位论文，2020.

［125］刘荣棠．促进幼儿教师专业发展的因素分析——一位幼儿教师专业生活的叙事研究［D］．西北师范大学硕士学位论文，2013.

［126］刘天子，杨立华．普惠性民办幼儿园教师工资水平较低的理论阐释——一个经济学的分析框架［J］．教育学术月刊，2021（5）：59－65.

［127］刘铁芳．探寻乡村教育的基本精神［J］．探索与争鸣，2021（4）：15－18.

［128］刘伟民，孙红艳．乡村振兴战略中农村幼儿教师队伍建设：现实困境与纾解对策［J］．云南开放大学学报，2019，21（4）：36－43.

［129］刘文奎．乡村振兴与可持续发展之路［M］．北京：商务印书馆，2021.

［130］刘小红．乡村振兴战略下农村幼儿教育生态困境及重构的个案研究［J］．周口师范学院学报，2020，37（3）：41－44，55.

［131］刘焱，郑孝玲，宋丽芹．财政补贴对普惠性民办幼儿园教育质量的影响路径［J］．教育研究，2021，42（4）：25－36.

［132］刘颖，虞永平．我国幼儿园管理质量的现状、类别及其影响因素——基于潜在剖面分析的结果［J］．学前教育研究，2021（1）：17－28.

［133］刘颖．蒙氏教学法的运用对促进幼儿教师专业发展的研究——以成都爱乐外国语实验幼稚园为例［D］．四川师范大学硕士学位论文，2011.

［134］刘云鹏．农村公办幼儿园的发展困惑［N］．安阳日报，2019－03－30（2）.

［135］刘占兰．六问农村贫困地区幼儿园质量［N］．中国教育报，2016－02－21（1）.

［136］刘占兰．农村贫困地区幼儿园教育质量现状与提升建议［J］．学前教育研究，2015（12）：13－21.

［137］龙宝新．论国外教师专业发展的理念、形态与模式类型［J］．外国中小学教育，2016（5）：49－57.

［138］龙薇．校本培训对幼儿教师专业发展影响的个案研究［D］．西南大学硕士学位论文，2006.

［139］卢锦珍．美国农村教师补充政策研究［M］．北京：北京理工大学出版社，2020.

［140］卢尚建．乡村教师服务乡村振兴战略的能力结构问题调查研究［J］．当代教育与文化，2021，13（3）：78－88，107.

［141］鲁烨．教师专业发展须重视师德师风建设［N］．中国社会科学报，2018－05－03（4）.

［142］罗楚亮，刘晓霞．教育扩张与教育的代际流动性［J］．中国社会科学，2018（2）：121－140，207.

［143］罗国芬．乡村振兴与农村留守儿童教育［M］．南京：河海大学出版社，2019.

［144］罗杰，周瑗，陈维，潘运，赵守盈．教师职业认同与情感承诺的关系：工作满意度的中介作用［J］．心理发展与教育，2014，30（3）：322－328.

［145］罗旭．关注农村幼儿教师的生存状态［N］．光明日报，2010－03－06（10）.

［146］罗颖．非学前教育专业幼儿教师专业发展的个案研究［D］．鞍山师范学院硕士学位论文，2015.

［147］罗咏梅．重庆市农村幼儿教师专业发展需要研究［D］．西南大学硕士学位论文，2011.

［148］吕武，刘益东．推进民办幼儿园分类管理的现实困境与政策应对［J］．中国教育学刊，2017（3）：19－23.

［149］马红梅．农村教师工作环境的经济价值评估［M］．北京：科学出版社，2021.

［150］马丽君．基于《幼儿园教师专业标准》的农村幼儿教师专业发展研究——以山东省济南市农村幼儿园为例［D］．山东师范大学硕士学位论文，2014.

［151］马蓉．非学前教育专业幼儿教师专业发展动机研究［D］．陕西师范大学硕士学位论文，2012.

［152］马香莲．“互联网＋”时代教师专业发展的重新解构［J］．现代教育技术，2016，26（6）：41－46.

［153］马忠才，郝苏民．乡村教育振兴的困境及其内生性逻辑——基于深度贫困地区Y县的调查分析［J］．中南民族大学学报（人文社会科学版），2020，40（2）：169－174.

［154］苗培周．河北省乡村教师队伍建设困境检视与推进策略研究［M］．长春：东北师范大学出版社，2020.

［155］闵捷．农村幼儿园须加强留守儿童安全教育［N］．湖南日报，2018－02－02（8）.

［156］牛彦军．乡村振兴战略背景下农村教师队伍建设的困境之思与解决之道［J］．湖北开放职业学院学报，2019，32（16）：115－116.

［157］欧阳洁．湖南省农村幼儿园骨干教师职业认同现状研究——以湖南第一师范学院农村幼儿园骨干教师“国培班”为例［J］．湖南科技大学学报（社

会科学版)，2014，17（1）：163－169.

［158］欧阳茜子．受高等教育者职业代际流动的性别比较分析［D］．华中师范大学硕士学位论文，2020.

［159］庞丽．论农村教师专业发展的困境与出路［J］．继续教育研究，2016（7）：33－35.

［160］庞丽娟，杨小敏，金志峰，王红蕾．构建综合待遇保障制度　提升乡村教师职业吸引力［J］．中国教育学刊，2021（4）：34－40.

［161］浦月娟．提高信息素养，促进幼儿教师专业发展［J］．上海教育科研，2005（11）：94－95.

［162］戚万学，刘伟．乡村教育振兴的内涵、价值与路径［J］．国家教育行政学院学报，2020（6）：21－28.

［163］齐学红．网络时代新型家校关系的建构［J］．班主任，2020（12）：5－7.

［164］乔丽．农村幼儿园建设本土课程的意义与策略［J］．学前教育研究，2021（4）：89－92.

［165］乔中彦．广州市农村地区幼儿教师专业发展影响因素之研究［D］．广州大学硕士学位论文，2011.

［166］秦莉，谢鸿斌．农村幼儿园转岗教师状况及专业发展调查研究——以绵阳市为例［J］．中国教育学刊，2015（S1）：258－259.

［167］秦玉友，邬志辉．中国农村教育发展状况与未来发展思路［J］．东北师大学报（哲学社会科学版)，2017（3）：1－8.

［168］秦玉友．教育城镇化的异化样态反思及积极建设思路［J］．教育发展研究，2017，37（6）：1－7.

［169］宋京双．教师专业发展的三重指向：理论学习、现实审视与实践技能［J］．教育理论与实践，2021，41（16）：42－45.

［170］宋生涛．少数民族地区幼儿教师专业发展的现状与对策研究——以甘肃省甘南藏族自治州幼儿教师专业发展为例［D］．西南大学硕士学位论文，2008.

［171］宋雅洁．园本课程开发视域下幼儿教师专业发展研究——以鞍山市X幼儿园为例［D］．鞍山师范学院硕士学位论文，2014.

［172］隋立国，李鹏，刘正达．基于乡村振兴战略幼儿教师供给侧改革研究［J］．潍坊工程职业学院学报，2020，33（5）：58－64.

［173］孙百才．教育扩展与收入分配：中国的经验研究［M］．北京：北京师范大学出版社，2009.

[174] 孙畅．学前教育课程设置对幼儿教师专业发展的影响［J］．辽东学院学报（社会科学版），2020，22（6）：122－126.

[175] 孙德超，李扬．试析乡村教育振兴——基于城乡教育资源共生的理论考察［J］．教育研究，2020，41（12）：57－66.

[176] 孙丽华．乡村幼儿教师的生存困境——基于一所乡村幼儿园的生活体验研究［J］．西北师大学报（社会科学版），2014，51（5）：114－118.

[177] 孙兴华，薛玥，武丽莎．未来教师专业发展图像：欧盟与美国教师核心素养的启示［J］．教育科学研究，2019（11）：87－92.

[178] 谭细龙，王慧玲．论大别山区县域乡村教育振兴促进乡村振兴的发展路向［J］．湖北第二师范学院学报，2020，37（4）：83－86.

[179] 谭溆．浅析乡村振兴战略下的农村思想政治工作［N］．团结报，2021－07－12（5）.

[180] 汤颖，邬志辉．后扶贫时代教育扶贫应处理好的几对关系［J］．教育与经济，2021，37（1）：11－18.

[181] 唐淑艳，龚向和．学前教育立法中普惠性民办幼儿园的性质定位［J］．湖南师范大学教育科学学报，2019，18（6）：26－31.

[182] 唐智松．乡村教师队伍建设研究［M］．重庆：西南师范大学出版社，2021.

[183] 田景正，周芳芳．农村幼儿园转岗教师的职业适应问题与发展策略［J］．湖南师范大学教育科学学报，2016，15（3）：117－120.

[184] 田文中．河北乡村民办幼儿园存在的问题及对策建议［J］．统计与管理，2013（2）：17－18.

[185] 田园园，洪松松．新型城镇化背景下乡村教育振兴的机遇、挑战与应对［J］．继续教育研究，2021（3）：40－44.

[186] 王邦勇，傅淳．促进幼儿教师专业发展的园内管理制度探究［J］．现代教育科学，2009（6）：87－88，30.

[187] 王春燕．让农村幼儿也能享受优质教育［N］．中国教育报，2011－08－20（3）.

[188] 王谷权．乡村教育振兴的“六合”经验［N］．中国教师报，2020－06－10（15）.

[189] 王光雄．乡村教师专业发展支持路径研究——基于云南省乡村教师支持计划的实施情况分析［D］．西南大学博士学位论文，2018.

[190] 王海英，刘静，魏聪．“普惠之困”与“营利之忧”：民办幼儿园的两难困境与突围之道［J］．教育发展研究，2020，40（12）：23－30.

［191］王海英．分类改革背景下促进民办幼儿园良性发展的政策建议［J］．人民教育，2017（24）：44－46.

［192］王红．乡村教育在地化研究［D］．东北师范大学博士学位论文，2019.

［193］王欢．激发教师专业发展群动力［N］．中国教师报，2018－11－14（13）.

［194］王嘉毅，封清云．坚持系统观念："十四五"教育发展的重要实践遵循［J］．国家教育行政学院学报，2021（2）：3－9.

［195］王嘉毅，吕国光．西北少数民族地区基础教育发展现状与对策研究［M］．北京：民族出版社，2006.

［196］王嘉毅，吕国光．西部地区农村教师计算机应用状况的调查与分析［J］．电化教育研究，2006（8）：34－39.

［197］王鉴．论教师专业发展之"教"与"学"及其关系［J］．云南师范大学学报（哲学社会科学版），2019，51（6）：104－110.

［198］王金霞，王吉春，张雪芬．农村幼儿园女教师工作—家庭平衡及其与工作满意度的关系［J］．中国心理卫生杂志，2016，30（11）：876－880.

［199］王晋．嵌于单位的项目制：教师专业发展的组织支持［J］．高等教育研究，2020，41（6）：49－56.

［200］王凯．留城培育：应对农村新任教师专业发展校本资源匮乏［J］．教育研究与实验，2013（1）：63－66.

［201］王凯．农村教师专业发展的保障状况与对策——基于浙江省的调查研究［J］．全球教育展望，2011，40（11）：20－24.

［202］王蕾．青海藏族聚居区幼儿教师专业发展的影响因素研究——以青海海南藏族自治州为例［D］．青海师范大学硕士学位论文，2015.

［203］王露．协同合作模式下乡村幼儿教师专业发展的实践路径［J］．天津市教科院学报，2021（3）：77－83.

［204］王琼娟，王艳玲，苟顺明．我国幼儿教师专业发展政策的现状、问题和局限——基于对政策的内容分析［J］．西北成人教育学院学报，2019（6）：88－93，110.

［205］王全敏．基于同伴互助的幼儿教师专业发展的调查研究［D］．鞍山师范学院硕士学位论文，2015.

［206］王善迈．社会主义市场经济中的资源配置［M］．北京：经济科学出版社，2017.

［207］王书胜．让农村孩子"上好园"［N］．德州日报，2020－11－18

（B3）.

［208］王文娟，陈亚萍．幼儿教师专业发展存在的问题与对策——基于黔南民族地区幼儿教师的调查［J］．安顺学院学报，2016，18（1）：60－63.

［209］王艳．农村优秀教师专业发展的叙事研究［D］．东北师范大学硕士学位论文，2009.

［210］魏聪，王友缘，王海英．民办幼儿园营非之选中缘何“名实分离”——基于全国范围的实证调研［J］．中国教育学刊，2021（7）：29－34.

［211］魏风云．乡村教育振兴研究［M］．北京：人民出版社，2020.

［212］魏海政．“当农村幼儿教师更有尊严了”［N］．中国教育报，2013－06－16（1）.

［213］魏红云．幼儿教师心理资本与工作投入的关系研究［D］．沈阳师范大学硕士学位论文，2019.

［214］魏士军．农村教师专业发展影响因素之研究——以甘肃省白银市靖远县为个案［D］．西北师范大学硕士学位论文，2009.

［215］魏爽．乡村教育振兴的路径探索［J］．人民论坛，2020（30）：58－59.

［216］魏颖．寻找教师专业发展的通衢大道［N］．天津教育报，2013－10－09（3）.

［217］温菲．延安市幼儿教师专业发展自我评价研究［D］．延安大学硕士学位论文，2014.

［218］邬志辉．中国农村教育：政策与发展（1978～2018）［M］．北京：社会科学文献出版社，2019.

［219］邬志辉．中国农村教育发展的成就、挑战与走向［J］．探索与争鸣，2021（4）：5－8.

［220］吴康宁．教育社会学［M］．北京：人民教育出版社，2019.

［221］吴康宁．重新发现教师［M］．南京：南京师范大学出版社，2017.

［222］吴丽萍，陈时见．美国幼儿教师专业发展策略——技术协助（TA）及其实施［J］．外国教育研究，2013，40（10）：95－101.

［223］吴玲，汪秋萍，葛文怡．农村幼儿园布局调整的挑战、评价与策略——基于安徽省各地市学前教育的调查分析［J］．安徽师范大学学报（人文社会科学版），2016，44（6）：771－779.

［224］吴琼，刘玥彤．农村幼儿园转岗教师职业适应过程的个案研究［J］．教育理论与实践，2018，38（8）：32－34.

［225］吴韦．学前意识——一个关于幼儿教师专业发展的根本追求［D］.

首都师范大学硕士学位论文，2009.

［226］吴文涛，徐赟．十年来国内幼儿教师专业发展研究的热点、趋势及展望——基于 CiteSpaceⅡ可视化分析［J］．现代教育管理，2015（2）：87－91.

［227］吴雨洪．幼儿教师专业发展激励机制研究——以西安市为例［D］．陕西师范大学硕士学位论文，2013.

［228］吴雨荣．乡村振兴战略背景下的乡村教师队伍建设研究［J］．连云港师范高等专科学校学报，2019，36（4）：93－96.

［229］吴愈晓．社会分层视野下的中国教育公平：宏观趋势与微观机制［J］．南京师大学报（社会科学版），2020（4）：18－35.

［230］吴云鹏．乡村振兴视野下乡村教师专业发展的困境与突围［J］．华南师范大学学报（社会科学版），2021（1）：81－89，195.

［231］武莉莉．高校教师职业认同、组织认同和工作满意度影响因素分析［J］．统计与决策，2017（4）：124－126.

［232］夏正保．农村幼儿园如何有效利用本土资源［N］．江苏教育报，2016－10－21（3）．

［233］肖海月．农村幼儿教师专业发展的新路径［N］．中国教师报，2011－11－09（9）．

［234］肖杰．幼儿教师专业发展研究［J］．教育探索，2011（6）：112－113.

［235］肖庆业．农村小学教师培训需求意愿影响因素研究——以乡村振兴战略为视角［J］．闽南师范大学学报（哲学社会科学版），2019，33（3）：121－128.

［236］肖正德，卢尚建．乡村振兴战略中的农村教育变革［M］．上海：华东师范大学出版社，2019.

［237］肖正德．乡村振兴战略中乡村教师新乡贤角色担当意愿的相关影响因素分析［J］．华东师范大学学报（教育科学版），2021，39（7）：92－106.

［238］胥兴春，莫莹．“互联网＋”时代下幼儿教师专业发展的困境与出路［J］．沈阳大学学报（社会科学版），2019，21（4）：489－492，511.

［239］徐阿根．如何有效促进教师专业发展［N］．江苏教育报，2018－06－27（3）．

［240］徐迪．民办幼儿教师专业发展现状与对策研究——以山东省聊城市为例［D］．河南大学硕士学位论文，2019.

［241］徐光明．江西定向培养农村幼儿教师［N］．中国教育报，2011－03－10（1）．

［242］徐好好．农村小规模学校教师的乡村教育信心研究——基于甘肃省三

县（区）的实证分析［D］．西北师范大学硕士学位论文，2020.

［243］徐红，董泽芳．改善我国教师专业发展机制的八大建议［J］．教育研究与实验，2019（3）：55－60.

［244］徐红．促进新招录乡村教师专业发展的新路径［N］．中国教师报，2019－07－17（12）．

［245］徐明霞．农村幼儿教师教育观念必须做到“四个转变”［N］．江苏教育报，2016－06－24（3）．

［246］徐晓东，李王伟，曹鑫．如何在教师专业发展项目中指导教师转变？——来自质性研究的发现［J］．电化教育研究，2021，42（7）：99－105.

［247］徐晓新，张秀兰．将家庭视角纳入公共政策——基于流动儿童义务教育政策演进的分析［J］．中国社会科学，2016（6）：151－169，207.

［248］徐秀玲．生态学视野下幼儿教师专业发展研究［D］．山东师范大学硕士学位论文，2008.

［249］徐学．农村幼儿教师教学信念影响情绪劳动［N］．中国社会科学报，2019－03－07（4）．

［250］徐莹．乡村教师专业发展的社会支持系统现状调查及优化［D］．广西师范大学硕士学位论文，2017.

［251］许涛．中国乡村振兴与农村教育调查——来自千村调查的发现［M］．上海：上海财经大学出版社，2020.

［252］严辉．非编幼儿教师专业发展路径研究——以宁波市Z区为例［D］．宁波大学硕士学位论文，2017.

［253］严钟连，李容香．农村幼儿教师专业发展的特殊性及策略［J］．东北师大学报（哲学社会科学版），2016（6）：219－223.

［254］颜维琦．上海教师专业发展活动参与率高于全球平均水平［N］．光明日报，2016－02－22（6）．

［255］阳曼超．课题研究与幼儿教师专业发展——兰州市K幼儿园个案研究［D］．西北师范大学硕士学位论文，2008.

［256］杨东平．乡村教育要以乡土为根［N］．社会科学报，2021－04－01(1).

［257］杨汉洲，王坤庆．教师专业发展的规范性及其实践——基于教育哲学视角的分析［J］．湖南师范大学教育科学学报，2019，18（4）：106－111，125.

［258］杨家笛．领域教学知识视域下的幼儿教师专业发展——基于社会领域教师培训实证研究［D］．华东师范大学硕士学位论文，2018.

［259］杨莉君，陈思．农村幼儿教师专业发展途径的现状与建议——以湖南

省 C 县为例［J］．湖南师范大学教育科学学报，2010，9（6）：92－95.

［260］杨启光，徐婷婷．移动学习促进教师专业发展：实践、挑战与回应［J］．首都师范大学学报（社会科学版），2021（3）：171－180.

［261］杨晓萍，殷洁．浅析校本课程开发中影响幼儿教师专业发展的因素［J］．学前教育研究，2005（4）：49－51.

［262］杨跃．普惠性民办幼儿园政策运行研究［M］．成都：西南交通大学出版社，2020.

［263］殷洁．幼儿教师专业发展的个案研究——以重庆市沙坪坝区幼儿园校本课程开发为例［D］．西南师范大学硕士学位论文，2005.

［264］殷玉新，马洁．国外教师专业发展研究的新进展［J］．全球教育展望，2016，45（11）：84－98.

［265］于洁，孙百才．规范幼儿教师流动：——一个关于事业编制角色的解释框架［J］．当代教育与文化，2020，12（5）：88－92.

［266］于铁夫．乡村教育振兴背景下乡村教师面临的困境与对策［J］．吉林省教育学院学报，2019，35（11）：44－47.

［267］余萍．骨干教师示范引领促进幼儿教师专业发展的个案研究［D］．西南大学硕士学位论文，2013.

［268］余应鸿，常宝宁．乡村教师配置政策及其优化研究［J］．教师教育研究，2020，32（3）：73－80.

［269］俞芳．信息技术支持下的幼儿教师专业发展研究——以信息技术支持“幼儿数学学习观察与评价”的园本教研为例［D］．华东师范大学博士学位论文，2015.

［270］虞永平，王海英，张斌等．儿童·国家·未来：学前教育体制机制改革研究［M］．南京：南京师范大学出版社，2020.

［271］袁静．美国幼儿教师专业发展政策研究［D］．福建师范大学硕士学位论文，2013.

［272］袁利平，姜嘉伟．关于教育服务乡村振兴战略的思考［J］．武汉大学学报（哲学社会科学版），2021，74（1）：159－169.

［273］袁梦．场域视角下乡村教育资源转化能力问题研究——以湖北省 X 县 W 镇为例［D］．南京大学硕士学位论文，2019.

［274］袁小燕．教育叙事——教师专业发展的重要途径［N］．贵州民族报，2006－05－25（3）.

［275］袁月．乡村振兴战略下乡村教师队伍建设的理性思考［J］．教学与管理，2019（21）：59－61.

［276］张百加．河北省乡村幼儿园教师专业发展路径的调查研究［D］．河北师范大学硕士学位论文，2020.

［277］张超．农村幼儿教师专业发展途径调查研究［D］．信阳师范学院硕士学位论文，2012.

［278］张定强，闫佳洁．移动互联时代教师专业发展的特征、现状及路径［J］．当代教育与文化，2017，9（3）：73－77.

［279］张建平．生态化培养模式促进教师专业发展［N］．中国社会科学报，2013－04－10（B5）．

［280］张剑．回归教育本原的教师专业发展［N］．光明日报，2016－12－30（14）．

［281］张剑辉．教育生态学理念下建构县域乡村幼儿教师专业发展服务体系的实践探究——以贵州省榕江县“幼师国培”试点项目为例［J］．教育理论与实践，2019，39（32）：29－31.

［282］张轲．园本课程开发助推农村幼儿教师专业发展的个案研究［D］．成都大学硕士学位论文，2020.

［283］张立新．以名师工作室助推教师专业发展［N］．中国教师报，2020－05－13（12）．

［284］张丽，刘焱，裘指挥．农村小微型幼儿园发展的价值、困境及路径［J］．教育学报，2016，12（5）：91－96.

［285］张丽．云南省幼儿教师专业发展现状调查研究——基于《幼儿园教师专业标准（试行）》的背景［D］．云南师范大学硕士学位论文，2013.

［286］张明．幼儿教师专业发展激励研究［D］．华中师范大学硕士学位论文，2016.

［287］张赛园．新培训制度下幼儿教师专业发展培训目标体系的构建［J］．宁波教育学院学报，2013，15（3）：27－30.

［288］张三花，袁爱玲．我国幼儿教师专业发展研究：盘点与梳理［J］．教育学术月刊，2008（4）：13－15.

［289］张顺，祝毅．代际流动轨迹与分配公平感——影响机制与实证分析［J］．社会学评论，2021，9（3）：199－218.

［290］张小迎，冷小黑．乡村教育振兴背景下师范生乡村从教意愿影响因素及其激励研究［J］．宜春学院学报，2020，42（1）：109－114.

［291］张晓亮．我国西南地区乡村教师专业发展的现状调查与对策研究［D］．西南大学硕士学位论文，2015.

［292］张晓霞．乡村教师专业发展的现状及应对策略——以泰州市三所乡村

普通高中学校为例［D］．扬州大学硕士学位论文，2018.

［293］张晓晓．农村幼儿教师专业发展的现状研究——以山西省孝义市农村幼儿教师为例［D］．辽宁师范大学硕士学位论文，2012.

［294］张新征，杨道宇．“互联网＋”时代教师专业发展的危机与对策［J］．教学与管理，2018（6）：59－62.

［295］张学敏，赖昀．乡村振兴战略背景下小规模学校教师精准补充机制研究［J］．湖南师范大学教育科学学报，2019，18（6）：47－54.

［296］张亚男．乡村小学教师专业发展现状调查与策略研究——以鲁西北S县为例［D］．聊城大学硕士学位论文，2018.

［297］张岩莉．不同体制农村幼儿园教育环境质量现状调查与思考——以河南省为例［J］．教育研究与实验，2013（5）：44－47.

［298］张真真．课程游戏化背景下农村幼儿教师专业发展现状的调查研究——以Y市为例［D］．青海师范大学硕士学位论文，2018.

［299］张忠华，王子朦．教师专业发展影响因素研究与分析［J］．当代教育科学，2017（4）：62－65.

［300］章亚骏．教师专业发展的影响因素研究［J］．教育探索，2016（1）：27－30.

［301］赵红霞．农村幼儿教师专业发展的现实挑战与可能对策——基于西蒙的适应性理性视角［J］．教育文化论坛，2020，12（5）：86－91.

［302］赵力涛．中国农村的教育收益率研究［J］．中国社会科学，2006（3）：98－109，206.

［303］赵琳琳．赋权增能视角下的幼儿教师专业发展研究［J］．教育观察，2020，9（8）：88－90.

［304］赵雅静．基于省级区域的教育代际流动测度及影响机制研究［D］．南开大学硕士学位论文，2020.

［305］赵月．构建教师专业发展的良好生态［N］．中国教育报，2016－06－01（10）.

［306］赵志纯，安静，王景．农村教师教学效能现状及其特点的实证研究［J］．当代教育科学，2016（8）：50－56.

［307］郑洁，蔡迎旗．幼儿园环境对教师学习投入的影响：基本心理需求的中介作用［J］．学前教育研究，2020（1）：54－63.

［308］郑金洲．教师专业发展的新挑战、新特征、新角色［J］．人民教育，2014（7）：15－18.

［309］郑名，马娥．西北农村幼儿园办园模式分析与现实选择［J］．中国

教育学刊，2006（9）：63－65，68.

［310］郑小燕．农村幼儿教师专业发展的困境及对策研究——以四川省安岳县为例［D］．四川师范大学硕士学位论文，2018.

［311］郑益乐，周晔，史文秀．西部连片特困地区普惠性民办幼儿园教师队伍建设的现实困境与突围路径［J］．教师教育研究，2021，33（1）：75－79，98.

［312］郑益乐．情感激励在幼儿教师专业发展中的缺位、失位与归位［J］．教育评论，2016（6）：114－117.

［313］钟文平．农村幼儿教师专业发展现状及对策研究——以赣州市为例［D］．赣南师范大学硕士学位论文，2018.

［314］钟映，谢秀莲．西北农村幼儿园多媒体教学的现状调查与分析［J］．山西师大学报（社会科学版），2013，40（S3）：183－185.

［315］周忻．幼儿教师专业发展：问题与对策［D］．江南大学硕士学位论文，2009.

［316］朱德全，郑秀敏．民族地区教师专业发展的人力资本模型建构——以贵州三都水族自治县为例［J］．教育与经济，2014（2）：34－39.

［317］朱敏，高湘萍．教师专业发展的自我心理结构模型研究［J］．教师教育研究，2017，29（1）：56－62.

［318］朱明，周鹏．乡村振兴战略背景下农村幼儿教师专业发展的有效途径［J］．太原城市职业技术学院学报，2021（2）：87－89.

［319］朱胜晖，孙晋璇．乡土文化转型与乡村教师专业发展［J］．当代教育科学，2018（8）：78－81.

［320］朱宗顺，李小婷．学前教育功能的新视阈：滋养社会资本——基于浙江省安吉县农村幼儿园的调查与分析［J］．教育研究与实验，2018（3）：75－79.

［321］庄玉昆，褚远辉．乡村教师专业发展的支持体系建设［J］．教育科学，2020，36（1）：51－57.

附　录

附录一　问卷

《乡村教育振兴与幼儿教师专业发展研究》调查问卷

尊敬的老师您好：

《乡村教育振兴与幼儿教师专业发展研究》调查问卷旨在了解乡村幼儿教师专业发展的相关信息。本问卷将采取匿名的方式进行相关信息数据的收集，收集到的信息数据等仅供学术研究使用，填写的问卷信息都会被严格保密。您作答的相关信息对我们的研究至关重要，希望您根据实际情况客观如实回答。请在"（　　）"内填写相对应的答案，如果题项没有特别说明，选择题均为单选题。谢谢您对本研究的支持与帮助！

第一部分　基本情况

1. 您的性别为（　　）。

A. 女

B. 男

2. 您的年龄为（　　）。

A. 20 岁及以下

B. 21 ~ 25 岁

C. 26 ~ 30 岁

D. 31 ~ 35 岁

E. 36 ~ 40 岁

F. 40 岁以上

3. 您的教龄为（　　）。
A. 1 年及以下
B. 1 ~2 年
C. 3 ~5 年
D. 6 ~10 年
E. 11 ~15 年
F. 16 年及以上
4. 您的学历为（　　）。
A. 初中及以下
B. 中专（高中）
C. 专科
D. 本科
E. 研究生及以上
5. 您所学的专业为（　　）。
A. 学前教育专业
B. 师范类其他专业
C. 教育学专业（不含学前教育）
D. 其他
6. 您的教师级别为（　　）。
A. 一级教师
B. 二级教师
C. 三级教师
D. 高级教师
E. 未评级别
7. 您是否持有幼儿园教师资格证（　　）。
A. 有
B. 无
8. 您是否拥有幼儿园编制（　　）。
A. 是
B. 否
9. 您所任教的幼儿园班级为（　　）。
A. 小班
B. 中班
C. 大班

D. 其他

10. 您目前所在的幼儿园的性质为（　　）。

A. 公办园

B. 民办园

C. 企业附属幼儿园

D. 高校附属幼儿园

E. 其他

11. 您目前的月收入为（　　）。

A. 1500 元以下（含）

B. 1500～2000 元（含）

C. 2000～3000 元（含）

D. 3000～4000 元（含）

E. 4000～5000 元（含）

F. 5000 元以上

12. 您平均每天工作的时间为（　　）。

A. 少于 6 小时（含）

B. 6～8 小时（含）

C. 8～10 小时（含）

D. 10 小时以上

13. 目前，幼儿园为您提供的社会保障为（　　）[可多选]。

A. 养老保险

B. 医疗保险

C. 失业保险

D. 工伤保险

E. 生育保险

F. 住房公积金

G. 以上都未缴纳

第二部分　专业发展情况

14. 您选择幼儿教师职业的主要原因为（　　）。

A. 自己的理想

B. 当教师收入稳定

C. 听取他人的建议

D. 无奈的选择

E. 其他

15. 您学习过的幼儿教育基本理论知识为（　　）［可多选］。

A. 幼儿心理学

B. 幼儿教育学

C. 幼儿卫生与保健

D. 五大领域教学法

16. 您希望做得更好的方面为（　　）［可多选］。

A. 从工作中获得快乐

B. 增强自主学习的自觉性

C. 对工作有更多的热情与耐心

D. 勇于创新

E. 更加有见识

F. 更加具有奉献精神

17. 您需要的幼儿教师专业发展方式为（　　）［可多选］。

A. 专家指导

B. 自学研修

C. 参与课题研究

D. 园际之间相互观摩

E. 幼儿园教研活动

F. 教学反思

G. 园本培训

18. 您认为目前专业发展过程中欠缺的知识为（　　）［可多选］。

A. 普通文化知识

B. 专业学科知识

C. 幼儿教育理论知识

D. 个人实践知识

19. 您认为目前专业发展过程中欠缺的能力为（　　）［可多选］。

A. 教学能力

B. 组织能力

C. 沟通能力

D. 学习能力

E. 教育科研能力

20. 您最希望得到的专业发展学习内容为（　　）。

A. 最前沿的教育理念

B. 新颖的教学形式
C. 不断创新的教学能力
D. 一日活动的范本
E. 较为典型的集体教学范式
F. 区域活动范例
21. 您参加过的专业发展活动为（　　）［可多选］。
A. 校本研究
B. 上公开课
C. 网络培训
C. 进修培训
E. 国培
D. 其他
22. 您认为阻碍您提升专业素养的最主要因素为（　　）。
A. 学历低，专业素养不够
B. 工作压力大
C. 工作经验不足
D. 个人惰性
E. 幼儿园未进行相应指导
F. 未进行相关职前培养
23. 您在遇到幼儿教学问题时的主要处理方式为（　　）。
A. 依靠经验
B. 与同事探讨
C. 查找书籍资料
D. 请教专家
24. 您认为幼儿教师专业发展的动力来源为（　　）［可多选］。
A. 增进专业知识和技能
B. 提升学历
C. 晋级加薪
D. 方便调动
E. 幼儿园发展需要
25. 在专业发展过程中您面临的阻碍为（　　）［可多选］。
A. 教育行政部门相关政策不支持
B. 工作压力大
C. 幼儿园领导不支持

D. 自我发展意愿薄弱

E. 家庭经济压力大

26. 您认为幼儿园要想促进教师专业发展应该解决的问题为（　　）［可多选］。

A. 多提供幼儿教师培训机会

B. 营造良好的学习氛围

C. 建立健全幼儿教师专业发展导向的规章制度

D. 建立合作学习小组

E. 聘请专家进行指导

27. 幼儿园专业发展水平较高的教师拥有的共同特点为（　　）［可多选］。

A. 有专业发展方面的个人需求

B. 勤奋刻苦

C. 悟性高

D. 参加培训的机会较多

E. 领导的重视和支持

F. 人际关系和谐

G. 心理健康

H. 其他

28. 您在幼儿园参加培训的情况为（　　）。

A. 参加过培训

B. 参加过县级以上培训

C. 参加过市级以上培训

D. 参加过省级以上培训

29. 您近三年参加市级及以上培训的次数为（　　）。

A. 0 次

B. 1 ~2 次

C. 3 ~4 次

D. 5 次及以上

30. 您参加幼儿教师专业培训的最主要原因为（　　）。

A. 上级规定

B. 评定职称需要

C. 自我发展需要

D. 晋升加薪

31. 您参加过的幼儿教师专业发展培训的时间一般集中在（　　）［可多选］。

A. 工作日
B. 周末
C. 非寒暑假的节假日
D. 寒暑假

32. 您参加的教育部门组织的幼儿教师培训中存在的问题为（　　）［可多选］。

A. 培训内容单一，不够深入
B. 培训内容与教学实践脱节
C. 与工作时间相冲突
D. 占用太多业余时间
E. 培训机会少
F. 培训模式陈旧
G. 其他

33. 您觉得影响您进行科学研究的主要因素为（　　）。

A. 教学工作繁重
B. 科研水平不足
C. 幼儿园对科研并不关注
D. 科研没有太大的意义
E. 自己对教学研究理论知识掌握不够

34. 您在提升专业发展的过程中采用的方式为（　　）［可多选］。

A. 写反思日记
B. 阅读幼儿教育书籍
C. 写科研论文
D. 与同事合作交流
E. 提升学历

35. 您对个人发展规划并实施的情况为（　　）。

A. 有规划且实施
B. 有规划未实施
C. 无规划
D. 想规划但并未规划

36. 您对自己未来专业成长前景的态度为（　　）。

A. 很乐观
B. 较乐观
C. 一般

D. 较悲观
E. 很悲观

第三部分 其他内容

下面是关于幼儿教师专业发展的描述，请您根据真实想法回答，在您认为符合的选项里打“√”。

内容	完全符合	比较符合	不确定	不太符合	完全不符合
1. 我对《幼儿园教师专业标准（试行）》《3—6 岁儿童学习与发展指南》和《幼儿园教育指导纲要》的基本内容相对了解熟悉					
2. 当我向幼儿园园长提出进修培训或学习的要求时得到了相应的支持与帮助					
3. 我认为幼儿教师专业发展在一定程度上取决于其自身发展的态度					
4. 依据自身发展需求，我认为幼儿教师没必要做科学研究					
5. 依据现实的需求和发展的需要，我对当前自己专业发展的程度非常满意					
6. 在幼儿园现实教学活动中，我能发现教学问题并且经常反思自己的教学行为，同时坚持写教学反思日记					
7. 我对幼儿保教工作的意义有一定的理解，也热爱幼儿教育事业，具有一定的幼儿教育职业理想和敬业精神					
8. 在我参加幼儿教师专业发展培训之前，培训机构会对专业发展需求进行调研					
9. 我会积极参加相关教育部门或幼儿园组织的幼儿教师专业发展知识及技能培训					
10. 我注重自身幼儿知识的学习且拓宽相应的知识，同时可以及时回答幼儿的问题					
11. 幼儿园重视和加强教师队伍建设，对不同需求的教师有不同的培养目标和要求					

续表

内容	完全符合	比较符合	不确定	不太符合	完全不符合
12. 我认同幼儿教师是专业人员，明晰其专业性和特殊性，注重自身专业发展					
13. 我对幼儿教师的工作充满了热爱和激情					
14. 幼儿园管理及评价制度民主合理，能促进我们的专业发展知识和操作技能的提升					
15. 我为自己制定了专业发展规划且积极参加专业知识和技能培训，继续提高自身专业素质和知识水平					

问卷到此结束，感谢您的配合和支持!

附录二　访谈提纲

《乡村教育振兴与幼儿教师专业发展研究》访谈提纲

尊敬的老师：

您好！此次访谈旨在了解幼儿教师专业发展的现状。为了消除您的顾虑，课题组郑重向您保证本问卷仅供学术研究使用，访谈将采用编码匿名的方式进行。您所回答的所有信息都会被严格保密，绝不会被泄露给任何人。您的认真回答对我们的研究至关重要，希望您根据实际情况客观如实回答。谢谢您对本课题的支持!

1. 您有提升学历的愿望吗？如果有，您如何规划自身的学历提升呢？

2. 您主要通过哪些途径或者方式进行专业知识的学习？

3. 贵幼儿园举行过哪些幼儿教师专业发展培训讲座？幼儿专家是否到幼儿园进行相应的专业发展指导？同时您觉得这些专家的指导对您的专业发展是否起到了帮助？

4. 您参加过哪些类型的园外培训活动？对您的专业发展起到作用了吗？

5. 您对您自己规划的专业发展有哪些期待？影响您专业发展规划的因素或者困难有哪些？

6. 您主要通过哪些途径或者方式进行您专业技能的提升？

7. 如果您是幼儿园园长，您会从哪些方面提升幼儿教师的专业知识和技能？

从哪些方面对幼儿教师的专业发展进行提升？

8. 在政府教育部门组织的培训中，您最想获得哪些方面的培训知识？为什么想获得这方面的培训知识？

9. 在日常工作中，您如何将自己的发展规划与幼儿园的发展规划融合在一起？

10. 您认为国家在经费投入分配中应该侧重哪些方面，如幼儿园建设、幼儿的玩教具及幼儿教师的保障待遇等？

11. 您觉得社会公益组织应该从哪些方面为乡村幼儿园的发展提供支持与帮助？

12. 您觉得幼儿园为您提供的专业发展机遇如何？

13. 您在城乡幼儿园之间的交流中发现需要提升的知识有哪些？这些知识是如何影响您的专业发展需求的？

14. 您在工作中需要的学前教育理论方面的知识是如何获得的？您是如何与时俱进更新发展进而丰富和储备这些理论知识的？

15. 您在工作中是如何提升自己的实践技能和知识的？如学前儿童科学教育及学前儿童艺术教育等方面的知识，您是如何将其融入幼儿园的教育教学之中的？

访谈到此结束，感谢您的配合和支持！

后　记

乡村是我童年生活的地方，充满着我对童年美好的回忆；城市是我工作生活的地方，饱含着我对美好未来的憧憬。

著作付梓之时，我心中充满了感恩和感慨。首先要感谢恩师吕国光老师，吕老师宽厚仁慈、严谨治学，指导我做人做事做学问，引导我向成为“幸福进取者”不懈努力，在老师悉心的指导和帮助下，我对乡村教育社会学有了新的认知，拓宽了我对乡村教育社会学的研究视野，开启了我对乡村教育社会学探究的新征程，其次感谢南京师范大学吴康宁老师对我的指导，吴老师高尚睿智的人格和丰厚的教育社会学思想深深地影响着我，进一步延伸了我对乡村教育社会学的研究领域。

感谢山东管理学院校领导对我教学、科研等工作的指导与支持；感谢马银华书记、侯雪丽院长、李明书记、王洪丽处长、胡美玲处长、王玉副院长、代建军副处长等领导对我的关心与爱护；感谢屈玉霞教授、董吉贺教授、罗鸣春教授、任京民副教授、卢圣旭副教授、潘敏老师、刘慧老师、逯璐老师、刘涛老师、乔胜男老师、赵俊芳老师、贾修建老师、王琳老师、李月颖老师、王光雨老师、万传菲老师、朱文静老师、宫晓璇老师等对我的支持与帮助；感谢学前教育教研室的李妹老师、王静雅老师、佘翠花老师、王玉廷老师、李娟老师等对我的信任与鼓励，李妹老师对问卷进行了发放，王静雅老师对文献资料进行了收集，佘翠花老师同我交流了新的学术思想，王玉廷老师向我分享了幼儿园一线的经验，李娟老师启发了我的分析思路，大家同心同德，志同道合，组成了“学前教育温暖的家”。感谢幼儿园为研究提供的帮助，感谢被调研对象为研究提供的支持；再次向大家表示感谢。

感谢崔旭、侯宝珍、金金、黄未未、王芳、张燕、沈丽丽、付耀华、曹盈月、吴雪峰、王明等好朋友对我的支持和帮助，感谢父母及亲人对我的支持和帮助，你们辛苦了，谢谢你们。

感谢我的学生，教学相长，共同进步，他们是我教学和科研创新的动力源泉之一。郝雪洁、王佳慧、聂芝红、乔铭、刘可馨、赵雅琪、林千会、薛晓婷、孙静、徐紫怡、贾海颖、刘小瑜、杜如意、辛怡、张圆圆、吴向向、林维政、姜奕孜、王梦佳、刘雅钰、王敏、黎祥、张妮、王佳文、张哲、朱龙妹、智叶梅等同学对本书做出了大量贡献，文献的收集、CiteSpace 软件图谱的制作、问卷的设计、数据的录入与分析、内容的分工合作撰写、进入幼儿园开展调研等都凝聚着同学们的智慧和汗水，很高兴能成为你们的老师，我真心为你们的优秀、聪慧和进步而高兴，谢谢你们，你们辛苦了。

本书在撰写过程中融入了山东省教育科学“十三五”规划 2019 年度课题“乡村振兴战略中山东农村幼儿教师专业发展路径的多元化研究”（YC2019183）的成果。感谢所有文献作者对本书提供的支持和帮助，感谢出版社对本书出版提供的帮助。本书的出版得到了山东管理学院学术著作出版基金的资助，再次深表感谢。同时本书中难免有纰漏和不足之处，敬请各位专家和读者批评指正。

衷心感谢关心、爱护、支持、帮助和指导我的领导、老师、亲人、朋友及同学们。

刘伟民

2021 年 7 月 28 日于丁香苑